汉语儿童早期阅读与读写活动的教育指导

周　兢○主编

华东师范大学出版社
上　海

图书在版编目(CIP)数据

汉语儿童早期阅读与读写活动的教育指导/周兢主编. —
上海:华东师范大学出版社,2023
ISBN 978 - 7 - 5760 - 3570 - 4

Ⅰ.①汉…　Ⅱ.①周…　Ⅲ.①学前儿童-阅读教学-教
学研究②学前儿童-语言教学-教学研究　Ⅳ.①G613.2

中国国家版本馆 CIP 数据核字(2023)第 019819 号

汉语儿童早期阅读与读写活动的教育指导

主　　编　周　兢
项目编辑　蒋　将
特约审读　程云琦
责任校对　侯心怡　时东明
版式设计　卢晓红
封面设计　冯逸珺

出版发行　华东师范大学出版社
社　　址　上海市中山北路 3663 号　邮编 200062
网　　址　www.ecnupress.com.cn
电　　话　021 - 60821666　行政传真 021 - 62572105
客服电话　021 - 62865537　门市(邮购)电话 021 - 62869887
地　　址　上海市中山北路 3663 号华东师范大学校内先锋路口
网　　店　http://hdsdcbs.tmall.com

印 刷 者　上海市崇明县裕安印刷厂
开　　本　787 毫米×1092 毫米　1/16
印　　张　14.5
字　　数　278 千字
版　　次　2023 年 10 月第 1 版
印　　次　2023 年 10 月第 1 次
书　　号　ISBN 978 - 7 - 5760 - 3570 - 4
定　　价　69.00 元

出 版 人　王　焰

(如发现本版图书有印订质量问题,请寄回本社客服中心调换或电话 021 - 62865537 联系)

　　这本《汉语儿童早期阅读与读写活动的教育指导》，是研究团队在前期出版《汉语儿童早期阅读与读写发展研究》一书的后续，也是团队集十五年早期阅读教育研究成果而形成的成果。在前期探讨汉语儿童早期阅读和读写发展特点的基础上，我们试图寻求在中国开展早期阅读教育的正确路径和规律，从而形成了一系列观点和做法。

　　这本书的内容主要分成三个部分：首先，在第一章和第二章中我们从国际早期阅读教育的观念出发，探讨在中国教育文化情境中，如何奠定有利于儿童终身阅读和全面发展的早期阅读教育认识；讨论基于汉语儿童早期阅读能力构建、早期文字意识形成和早期书写经验获得，以及我们在教育过程中应当具备的正确的早期阅读观点。其次，从第三章到第六章，分别从关注儿童早期大脑发育、自我发展、社会性关系建立和探索世界的角度，讨论儿童阅读图画书的特别价值，从而帮助读者理解早期图画书阅读对儿童发展的意义。第三部分内容聚焦早期阅读教育的方法策略，从第七章到第十一章，分别阐述早期亲子阅读、对话式阅读、游戏化阅读、自主阅读和早期读写活动的指导策略，给读者提供教育实践的方法和案例分析。作为研究者的我们深知，任何研究成果的结集出版都是前期研究的积累反馈。我们的研究还在路上，我们有关早期阅读教育探讨的过程远未结束。

　　自二十世纪末美国出台《在早期预防儿童阅读困难》报告之后，全球性的重视和提倡早期阅读教育已经得以广泛普及。我国社会各界在过去近二十年的努力中，已经充分认识到早期阅读对于儿童的全面发展具有重要的价值。立足于中国文化和教育情境，我们如何更加审慎地、更加自信地寻找符合我国儿童和我国社会发展需要的教育路径，这是我们这一代教育工作者必须从理论和实践两个层面认真回答的考卷。

　　我们特别希望我国的早期阅读教育立足于我国国情，充分考虑我国文化教育情境对早期阅读教育所提出的不同需求，充分观照不同层面儿童阅读教育可能存在的问题。我们需要向国际先进的教育理念和教育方法学习，但是一味照搬国际儿童阅读教育的做法，显然有可能忽略掉很大一部分儿童阅读成长发展的机会。这个问题应当引起教育工作者的广泛重视。

　　因此，我们希望更多的早期阅读教育研究，可以确立中国儿童的多元性阅读教育观念。这个多元性阅读教育应当包含针对所有儿童的不同阅读成长需求，充分关注在不同经济发展区域给所有儿童提供适合他们阅读成长的环境条件，帮助他们从小获得足够的阅读学习的机会。与此同时，我们在讨论我国儿童早期阅读教育的时候，需要研制多层面阅读教育方案。传统上"一刀切"的阅读教育模式，我们以为应当不能很好地完成不同区域、不同层面、不同家庭背景儿童阅读成长的教育任务。在诸多因为家庭条件不足以支持儿童阅读发展的地方，需要教育机构采取补偿性阅读干预与教育措施，为儿童创造出良好的促进发展阅读的成长条件。此外，我们需要选择多层面的阅读教育方案，继而也就一定要有多样化的阅读教学方法，其中就有各级各类研究者开展创新的早期阅读教育探讨的空间。从学习模仿已有的教学方法入手，切中我国儿童教育场景的需要，一点一滴地创造出适合我国儿童阅读教育需要的教育方法，是我们这一代乃至下一代阅读教育研究者和实践者需要时刻牢记的使命。

感谢研究团队和出版团队的共同努力，我们将继续行进在我国儿童早期阅读发展与教育研究的路上。

编者

目　录

第一章／

汉语儿童早期阅读与读写教育的基本认识

周　兢

　　近年来，早期阅读与读写教育成为我国幼教界普遍关注的热点话题，有关早期阅读的价值意义，已经获得社会方方面面的充分认识。在讨论汉语儿童早期阅读与读写教育的指导工作时，站在国际早期阅读教育的大视野维度，清楚认识中国文化情境中早期阅读与读写教育的基本规律与特点，可以帮助我们更好地开展儿童早期阅读与读写教育的活动指导。因此，本章开宗明义地介绍国际早期教育的现状与走向，讨论中国文化情境中汉语儿童早期阅读与读写教育的基本观念，希望借此引发读者有关我国早期阅读与读写教育的进一步思考。

第一节　国际视野中的儿童早期阅读与读写教育

　　21世纪初,来自美国国家研究院的一份研究报告引发了国际间的早期阅读革命。由哈佛大学教育研究院教授、国际著名的儿童语言学家凯瑟琳·斯诺领衔,并由北美地区18名著名学者组成的早期阅读委员会,经过三年(1997年—2000年)的系统研究,回溯和整合了国际有关阅读教育与早期阅读的主要研究成果,就美国的早期阅读教育问题提交了题为《在早期预防儿童阅读困难》的研究报告。这份报告以及稍后出版的一系列相关著作,重建了早期阅读的系统理论,提出了培养儿童早期阅读能力的教育目标、教育措施和教学建议,因而引起了美国社会以及其他国家教育界的强烈反响。20多年来,世界各国对儿童早期阅读与读写的重视,重点关注了三个方面的问题。

一、关注符合儿童发展规律的早期阅读与读写教育,为培养良好的终身学习者打下坚实的基础

　　一系列国际实证研究结果表明,在儿童出生之后便开展的早期阅读活动,可以从小培养儿童的阅读兴趣和爱好,让儿童享受阅读的乐趣,为他们成长为一个良好的终身学习者打下坚实的基础。因此,我们可以看到国际教育界在过去20多年中,出现了"早"字当先的儿童阅读和读写教育。

　　在英国图书基金会发起的基础上,英国政府支持了一个支持儿童早期阅读活动的"阅读起跑线"(Bookstart)计划。这个计划致力为出生不久的儿童及其家长提供各类图画书阅读资源,支持家长与孩子开展阅读图画书的活动,让所有的孩子都能够在快乐的早期阅读中受益。这个"阅读起跑线"计划,将早期儿童分为6—12个月、13—36个月和3—4岁三个年龄阶段,免费给每个孩子发放图画书阅读包;每个年龄阶段的儿童早期阅读包,根据儿童的发展水平与阅读的不同需要,装入不同内容的图画书和阅读指导材料。在"阅读起跑线"计划实施过程中,项目重点关注的几个工作要点是:(1)培养0—4岁儿童阅读图画书的兴趣与习惯;(2)帮助家长认识阅读对促进儿童学习与发展的作用;(3)在家长带领孩子阅读的过程中,帮助儿童理解

3

图画书内容,从而获得语言和认知等各方面的发展,做好学习的各种准备。

英国的"阅读起跑线"计划在逐步推行的过程中,受到了来自社会各个方面的关注,越来越多的社会慈善组织、企业和儿童出版社加入并且提供资金、物质和服务上的支持。2004 年,英国政府将"阅读起跑线"计划纳入政府管理与资助体系之中,使之变成英国政府早期教育项目"确保开端"的组成部分,为"阅读起跑线"计划提供经费支持和辅助管理,从而加强了全民提倡早期阅读的社会意识和推进了"阅读起跑线"计划的实施。

"阅读起跑线"计划进行了一些研究,主要探讨阅读计划对幼小儿童产生的具体影响,并分为短期、中期和长期三个阶段。研究发现,对于儿童来说,早期开始的阅读奠定了儿童的阅读和学习能力,提高了儿童入学之后的表现,增强了儿童在今后就业和健康方面的优势,还增加了儿童与家长之间的高质量互动时间。换句话说,阅读营造了儿童身心健康发展的良好环境;对于家长来说,"阅读起跑线"计划使得家长更加懂得如何与孩子有高质量的互动,营造和谐的家庭氛围,并且提升了家长的自我成就感。在收集了一系列数据并利用模型计算之后,英国的早期"阅读起跑线"计划得出了这样的结论,"阅读起跑线"计划可以为儿童、家庭与国家创造价值,创造的总价值用投入回报的比率计算,约为投入 1 英镑,可以获得相当于 25 英镑的回报。这个研究结果轰动了全世界,早期阅读被社会普遍认为是最有价值并且最为便宜的早期教育投入方式。

在英国"阅读起跑线"计划执行的过程中,越来越多的国家看到了零岁起步的早期阅读可以带来的社会效益,因此出现自愿加入"阅读起跑线"计划的潮流。从 1999 年到现在,已有日本、韩国、泰国、澳大利亚、美国、智利、意大利、墨西哥、波兰、南非和印度等国家参加到"阅读起跑线"计划中,在本国推行了早期阅读的项目。因此可以说,"阅读起跑线"计划已发展为一个专为学前儿童提供阅读支持和指导服务的全球性计划。

二、关注具有教育公平意义的早期阅读与读写教育,为所有儿童的共同发展创造更好的学习条件

如前文所述,之所以斯诺教授所在的美国国家研究院早期阅读委员会的研究报告提出从预防阅读困难的角度重视早期阅读,是因为这项研究发现,整个北美范围里存在着严重的儿童阅读困难的危机问题。有研究数据表明,美国大约有 256 万名学龄儿童存在阅读困难,占美国全部 6—21 岁学龄人口的 4.43%;美国学习困难儿童大约有 80% 属于阅读困难之列。这些阅读困难儿童的存在,实际上已经影响了北美地区人口的素质。在反思美国的阅读教育状况时,研究者们认为美国的阅读现状存在很大的问题。有关研究的统计数据显示,美国公民中 40% 的人不能有效阅读,甚至不能阅读,这影响到他们的日常生活和社会工作系统。

在社会和经济发展迅速的今天,人的阅读能力被视为重要的具有很高价值的能力。近来,美国两项国家级长期追踪的教育研究项目结果公布,揭示了近 20 多年来学校学生中存在的最为普遍的个人学业期望:一是"有一份稳定的工作";二是"成为成功的工作者"。在研究中同时发现,现代社会有关"在工作中获得成功"的条件已经有了新的含义,人们普遍认为阅读能力是学业成就的主要表现,也是一个人未来成功从事各项工作的基本条件。另一项研究也表明,那些在小学三年级阅读方面的差生,一般都会成为高中阶段成绩很差的学生,他们中的许多人甚至可能无法从高中毕业(Burns,Griffin,and Snow,1999)。因此研究者们大声疾呼:阅读是学习的基础;诸多研究也关注阅读教育,希望能够找到提升国民阅读能力的方法。

由预防社会阅读困难问题所引发,国际教育界重新审视儿童早期阅读教育的价值。研究发现了早期阅读与后期阅读的关系,即对未来阅读能力和学业成就具有预测作用。哈佛大学的一项 3—19 岁儿童语言和阅读能力追踪研究的结论告诉我们,儿童早期语言和阅读的条件、环境、能力与他们的未来阅读能力以及所有学业成就存在很高的相关关系(Burns,Griffin,and Snow,1999)。儿童早期口语词汇的丰富性,口语词汇的复杂程度,早期阅读行为的建立——动机、兴趣、习惯、方法等,是预测他们未来阅读能力发展的重要指标,也是早期检测发现儿童是否可能存在阅读困难的指标(Pan,2002)。

进一步讨论预防阅读困难的问题,近年来,许多研究致力探讨阅读困难产生的因素。研究发现,导致儿童阅读困难的产生有遗传因素、环境因素和教学因素,其中由于环境因素和教学因素而产生阅读困难的问题,需要引起我们的高度重视。在这样的基础上,阅读困难三级预防的概念是:(1)初级预防,即降低阅读困难的发生率,如确保所有适龄儿童都能上学,接受系统有效的指导;(2)二级预防,即降低阅读困难现有儿童流行率,因此,二级预防需要推行补偿技巧和补偿行为。比如,在贫困环境中成长的儿童就需要优秀的学前环境或学校,通过高效集中的指导来满足他们的具体需求。对更有可能遇到阅读困难的儿童应采取额外措施,以免出现严重的长期阅读困难;(3)三级预防,即降低已有阅读困难问题或情况的复杂程度。在这个层面,计划、策略以及干预有明确的治疗和康复目的。如果儿童的二级预防没有成效,在现有指导之外,他们还需要从阅读专家那里接受专门设计和补充的教育和辅导。因此,专家团队告诉人们,预防永远好于干预。所有的预防始于早期阅读,早期阅读是儿童成为成功阅读者的基础,同时也是儿童成为终身学习者的开端。

美国教育界的早期阅读革命逐渐推广,影响了全世界的早期教育界。人们从中获得了几个方面的认识。

阅读是学习的基础,阅读能力是学业成就的主要表现,也是一个人未来成功从事各项工作的基本条件。理解是阅读的主要目的,也是阅读的五项重要技能之一。儿童在进入小学正式阅读之前,早就开始通过与环境中书面语言的互动来发展其早期读写能力,而且这种早期读写能力能够预测儿童今后在学校的阅读理解、写作和数学成绩。

图画书阅读正是学前阶段的儿童与书面语言互动的普遍方式。许多研究证明,在儿童与父母的图画书分享阅读活动中,父母读故事给儿童听,给儿童的口头语言表达能力、书面语言知识以及阅读理解发展带来好处,并且自然地带来了社会文化的学习机会。随着时代的发展,从图画书起步的阅读,还可以扩展到多种媒介的图像、动画的阅读。但是,阅读的起步必须从图画书开始。

婴儿自出生之日起就开始发展阅读与读写能力。婴幼儿以看、听、尝、摸等方式探索与理解外部世界,成人则在抱、摇、抚摸、展示等各种与儿童的互动中有意或无意地传达文化意义。在婴幼儿的日常生活环境中,衣服、床单、食物包装、玩具、影碟、书籍等物品上,充满了图画、标志、数字等表征特定对象、角色和事件的符号。在阅读适合的图画书时,父母给儿童讲故事常常会一边说一边表演,在涂鸦时也会一边画一边用语言解释,儿童的绘画里则常常会出现图形、数字和文字等各种符号。研究表明,儿童在很小的时候已能够意识到各种符号系统之间的区别,知道画和写是不同的,如他们在假装写字时,笔离开纸的次数会比在假装画画时更多;他们用不同的图形表示画和写,一个圈是画的,一条线则是写的;这表明,幼小的儿童理解阅读时,通过自然而然地接触书面语言文字,获得对于文字符号的敏感性。这些是早期阅读支持儿童后期书面读写最为重要的经验。

进入21世纪以来,美国的早期阅读革命在各个州都产生了很大的影响,政府不断加大投入进行阅读教学的改革,同时投入经费进行早期阅读师资培养。近期的走向是,开展从婴儿开始的阅读干预项目,通过对家长的培训帮助幼小儿童更好地阅读图画书,从而培养儿童良好的阅读习惯和阅读能力。

三、关注提供积极支持的早期阅读与读写教育,为儿童的阅读成长构建社会系统工程

有关研究结果一再表明,儿童不是天生就具备了自主阅读能力的。他们自主阅读能力的发展,有其形成过程与规律,在儿童自主阅读能力成长的历程中,需要父母师长的正确引导与温暖陪伴。因此,早期阅读与读写教育,不仅是家长和教师的工作,而且是整个社会的责任。换言之,早期阅读教育是一项社会系统工程。

（一）阅读与学习习惯养成

从婴儿阶段开始的图画书阅读，实际上是儿童阅读习惯建立的最初经验，也是儿童学习习惯养成的开端。研究已经告诉我们，0—8岁是儿童阅读行为和能力发展的关键期。在这个时期，儿童首先需要养成阅读的习惯，形成自主阅读的能力。阅读兴趣和习惯的建立，是成为好的学习者的根本原因。早期读写经历的社会情感关系，直接影响着孩子今后学习阅读的兴趣。研究发现，父母认为阅读是快乐的源泉，他们的孩子对阅读有着更加积极的态度，这是孩子走向自主阅读的第一步。这里所说的自主阅读能力，是指儿童在阅读学习过程中逐渐做到能够独立思考，尽管他们还不完全识字，但是他们能够自己阅读各种图文并茂的书，能够自己与书对话，成为成功的自主阅读者。唯有成为自主阅读者，才算真正具备了基本的阅读能力。因为具备了自主阅读的能力，人的阅读才不会只是一时的兴趣和热情，才会在阅读中跨越时空、纵横古今。与此同时，儿童可以在自主阅读中获得知识的广度和心灵的高度的培养。

（二）阅读与良性社会互动

阅读给孩子和成人提供高质量互动的机会，帮助孩子建立在成人帮助下主动积极学习的行为和方法。婴幼儿阅读图画书通常伴随着与父母或老师之间的互动。研究表明，婴幼儿每天在家大约可以有40分钟和父母共同阅读图画书的时间；在成人指导下，幼儿首先开始学会辨别图画及其所指代的真实世界中的物质对象，然后才开始借助书中的图画了解故事的角色、情节等，并以此打开认识外部世界的大门，这个过程向幼儿传递着一种如何学习的思路。他们可以通过和父母、成人共同的阅读，来认识自己不了解的知识，来获取自己没有的经验，来大胆探索周围的世界。亲子共读图画书，也给父母提供一种和孩子交流情感、温暖互动的载体，让父母和孩子有话可以不断地讲，有知识可以分享讨论，有情感可以更多方式地交流。

（三）阅读与认识外部世界

图画书是"成人送给孩子最好的礼物"（松居直，2007，1997），阅读图画书可以帮助幼小儿童感知无法现实感知的外部信息，扩展他们想象和创造的内容与范围，为他们提供很多使用口头语言进行交往的机会。一本《农场》的图画书，让孩子集中认识了农场里的牛、羊、马等各种动物，知道这些动物的特征和生活习性，还可以触摸感知这些动物的差别；一本《荷花开》的诗歌类图画书，让孩子在阅读时认识不同的植物，并且在念念、唱唱、玩玩的学习过程中，发展起他们的语言、想象、思维和社会性情感等各方面的能力。图画书阅读是针对0—3岁儿童进行早期阅读教育活动的主要内容，是早期阅读教育活动的重要载体。

（四）阅读与审美经验成长

阅读好的图画书是幼小儿童审美艺术经验的奠基。人们常常认为，儿童阅读的第一目的和动机来源于娱乐，其次他们在阅读中通过对故事人物的确认参与到故事之中，这样便产生了为学习而阅读，通过阅读获取信息的阅读过程。好的图画书以图画述说故事，富于趣味性的图画、恰当的色彩运用、合理的节奏展开和细节描写等，符合幼儿心理发展特点，能激发幼儿阅读的兴趣和动机，促使幼儿通过图画书获得快乐和情感上的满足。与此同时，图画书中的艺术语言也会潜移默化地滋润着孩子们的心灵，丰富他们的艺术感觉。幼小儿童甚至会在绘画中不知不觉地吸收图画书中的构图、线条以及对色彩的运用，逐渐成为一个真正的艺术欣赏者。

（五）阅读与早期读写经验获得

阅读是从书面语言材料中获取信息、建构意义的过程。幼儿的阅读不同于成人的阅读，其中最大的区别体现在阅读材料和阅读对象上。学前儿童主要以阅读图画书为主，并遵循"从图画到文字"的规律逐渐增加阅读的经验。0—3岁儿童的前阅读经验，重点在于通过学习阅读图画书，建立热爱阅读的行为习惯；逐渐学习观察图画书内容，感知图画和文字、口头语言与书面语言的关系。另外，在孩子阅读图画书之后，让他们写写画画，通过涂鸦、图画、像字而非字的符号进行前书写。这样的早期前书写经验对儿童整体的语言发展具有非常重要的作用，同时也可以给孩子获得与汉字的纸笔互动的体验，建立书写行为习惯的经验。

总之，0—8岁儿童的阅读，始于拥有自己的图画书，需要有自己随时可以翻阅的图书，需要有人给他们讲述和朗读书上的内容，还要有机会经常看到别人阅读和写字。通过这样一些互动的过程，幼小的孩子可以感受到书本和文字的价值意义，同时获得良好的学习阅读倾向，建立热爱阅读的情感动机，这也是成为一个好的终身学习者的必要准备。

第二节　聚焦中国儿童开端正确的早期阅读教育

以"教育工作的最终目标是促进幼儿的全面发展"为基本指导思想,教育部在2012年10月颁布了《3—6岁儿童学习与发展指南》(以下简称"《指南》")。《指南》在对中国儿童研究的基础上,对3—6岁儿童的整体学习和发展做了全面而深入的分析,并分健康、语言、社会、科学和艺术5个领域提出了合理的目标期望。《指南》在语言部分开宗明义地指出:"语言是交流和思维的工具。幼儿期是语言发展,特别是口语发展的重要时期。幼儿语言的发展贯穿于各个领域,也对其他领域的学习与发展有着重要的影响:幼儿在运用语言进行交流的同时,也在发展着人际交往能力、理解他人和判断交往情境的能力、组织自己思想的能力。通过语言获取信息,幼儿的学习逐步超越个体的直接感知。"这段话非常清晰地说明了儿童语言学习和发展对全面发展的价值,为制定出中国3—6岁儿童语言学习目标框架提供了基本思路。

一、中国3—6岁儿童语言学习与发展目标

按照儿童语言发展规律,《指南》提出了早期口头语言学习和早期书面语言准备的目标,要求创设良好的语言教育环境,有效促进幼儿的语言发展(图1-1)。

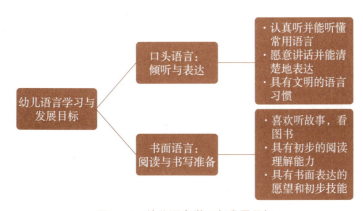

图1-1　幼儿语言学习与发展目标

在着重关注幼儿口语交流能力学习与发展的同时,《指南》对学前阶段儿童早期书面语言准备提出了一系列的目标要求。这个纲领性文件让我们认识到:在社会和经济发展迅速的今天,人的阅读能力被视为当今社会获得成功的基础,而3—8岁是儿童学习早期阅读和读写的关键期。教育者要切实把握这个发展的时机,在培养儿童口语交流能力的同时,帮助幼儿做好书面语言学习准备。

《指南》根据3—6岁儿童阅读与书写研究结果,提出三个方面的早期书面语言学习与发展的目标要求,值得我们予以关注。

(一) 阅读兴趣习惯的目标要求

提出培养幼儿喜欢听故事,看图画书。《指南》强调了图画书是儿童阅读的主要材料,建议每天给幼儿看书的时间,养成他们"阅读图书"的兴趣与习惯,并注重引导幼儿口述自己听到的或者看到的"故事",让幼儿扮演"讲故事人"的角色来编和讲自己的故事。在此过程中帮助幼儿理解书面语言的价值意义,建立起热爱阅读的情感动机,这是为成为一个好的阅读者所做的必要准备。

(二) 初步阅读理解能力的目标要求

《指南》建议3—4岁幼儿能听懂短小的儿歌或故事,会看画面,能根据画面说出图中有什么,发生了什么事等,并能理解图书上的文字是和画面对应的,是用来表达画面意义的;提出4—5岁幼儿能大体讲出所听故事的主要内容,能根据连续画面提供的信息,大致说出故事的情节,还能随着作品的展开产生喜悦、担忧等相应的情绪反应,体会作品所表达的情绪情感;提出5—6岁幼儿能说出所阅读的幼儿文学作品的主要内容,根据故事的部分情节或图书画面的线索猜想故事情节的发展,或续编、创编故事,对看过的图书、听过的故事能说出自己的看法,还能初步感受文学语言的美。事实上,幼儿在阅读中接触到的图画书语言具有书面语言的特点,当幼儿在日常生活中阅读图画书时,他们可以通过阅读与图画和文字符号互动,用口头语言来说说他们对图画书内容的理解,获得口头语言与书面语言对应关系的认识,这样便逐渐形成初步的阅读理解能力。早期的阅读理解经验将为儿童未来的阅读理解能力发展奠定扎实的基础。

(三) 早期书写行为的目标要求

研究发现,幼儿在阅读中萌发初步的书写意愿,他们能够通过观察和注意周围环境中的文字信息,逐步积累一些初步的书面语言知识,学习握笔、涂画和书写的基本方法。《指南》提出3—4岁幼儿喜欢用涂涂画画表达一定的意思;4—5岁幼儿愿意用图画和符号表达自己的愿望和想法,在成人的提醒下,写写画画时姿势正确;5—6岁幼儿愿意用图画和符号表现事物或故事,会正确书写自己的名字,并且做到写画时姿势正确。这样的目标要求鼓励幼儿在未能集中地识字和写字之前,积极与文字互动,乐于"画字"或模仿方块字的一些简单特点,并能够用口头语言交流这些图形代表的意思。使用多种方式表现的"非正规"的文字书写，能够帮助儿童建立和巩固纸笔互动的经验，感知文字组成的一些基本规律，并熟悉书面文字字形，有效地提高儿童早期书面语言准备水平。

二、中国文化情景下幼儿早期阅读教育存在着诸多的特定性

在贯彻落实《指南》的过程中，教育工作者认识到，幼儿园的早期阅读教育活动需要在帮助儿童获得高质量的口语词汇、口语表达和倾听理解能力的基础上，提供机会让幼儿获得前阅读、前识字和前书写的经验，从而为他们进入小学之后的正式读写学习做好经验准备。

第一，如同《指南》所明确指出的，"幼儿的语言学习需要相应的社会经验支持，应通过多种活动扩展幼儿的生活经验，丰富语言的内容，增强理解和表达能力"。幼儿阶段的语言学习活动，应当首先是早期教育的活动，具有符合学前儿童学习规律的三个基本特征：（1）在活动中学习语言。组织幼儿语言学习活动的核心概念是，除了创造一个和谐融洽的师幼互动环境，让幼儿在轻松、愉快的学习氛围中学习交流之外，还需要考虑采用灵活多变的教学方法，激发幼儿运用语言进行交往的兴趣，让幼儿带着乐意、愉快的心境在活动中学习，在学习中活动，从而达到积极主动、卓有效率的学习效果；（2）在游戏中学习语言。游戏可以帮助幼儿更好地理解学习内容，连接个人的经验与所学内容之间的联系，通过游戏促进幼儿学习语言包括早期阅读和读写的动机愿望，他们可以不断获得学习的快乐，加深对学习内容的理解；（3）在创造中学习语言。宽松的语言学习环境是愉快的，是积极互动的，也是富含语言创造机会的。在创造中学习语言，意味着给幼儿提供质疑提问的机会，让他们大胆思考和表达自己的想法；在创造中学习语言，还要求鼓励幼儿大胆想象，在学习诗歌时可以仿编自己的诗句，在理解故事之后可能想象表达自己的故事结尾，在阅读图书之后还可以画画自己的小书。在创造中学习语言，还要求允许幼儿表达不同于别人的意见，并且坚持观点尝试说出己见。在创造中学习语言，将贯穿和融合在教育过程的一切活动之中。

第二，需要充分考虑汉语语言文字与其他印欧语系语言的差异，寻找我国儿童早期阅读与读写教育的特别规律，这是我们不能忘记的重点工作。汉字表意文字较强的图形特征和形象性、整体性以及"以形表意"的特点，对汉语儿童早期阅读与文字习得发展形成独特影响，成为具有特别价值意义的重要问题。因此，汉语语言文字的文化特性，提醒我们在思考和研究汉语儿童阅读和读写发展的问题上，应当具有的中国文化和中国教育立场。鉴于汉语文字的文化特殊性，我们认为，汉语儿童阅读与读写的认知加工与发展过程中，儿童视觉阅读与读写的以下 4 个方面值得予

以高度关注。

（1）汉语儿童从图像到文字的视觉关注水平发展。在早期阅读与读写发展过程中,汉语儿童如何关注阅读的信息以及怎样获取读写对象的信息,是研究首先需要回答的问题。基于已有关于儿童阅读和汉语文字特征的研究信息,我们的研究使用眼动仪观察不同年龄汉语儿童阅读眼动轨迹,的确发现了汉语儿童从视觉关注图画起始,在增加对于图像关注水平的过程中,逐渐增长对汉语文字的视觉关注水平的发展过程。

儿童最早的阅读材料是图画书,儿童图画书由图画和文字两个部分组成。考察2—6岁汉语儿童在图画和文字上的阅读眼动注视次数比例以及阅读眼动注视时间比例,我们可以发现,不同年龄汉语儿童阅读图画书的主要视觉关注点先在图画;在2—4岁间,从注视次数和注视时间比例两个角度看,儿童阅读图画的视觉关注水平呈现不断增长的态势;4岁之后,汉语儿童在不断提高从图画中获取信息的前提下,开始将视觉关注分配到文字区域中去,他们在阅读中注视文字的次数比例明显增加,注视时间比例亦有所增长。在整个2—6岁期间,儿童对文字注视的水平低于图画上的水平,但随着年龄的增长,在注视时间和注视次数上都显著增加,尤其在5—6岁期间发展尤其迅速。通过捕获视觉关注水平的变化,我们可以获得汉语儿童阅读与读写过程中的成长情况。

（2）汉语儿童从图像到文字的关键信息关注水平的发展。儿童在阅读过程中如何逐渐获得对于阅读内容的理解? 以图画书为阅读材料的早期阅读,儿童对阅读内容关键信息的视觉信息捕获能力是评价他们阅读能力的关键指标,其中包括对图画关键信息的视觉捕获和对图画书文字作为关键信息的关注。从图画阅读能力来看,儿童要理解图画书的内容和意义,必须通过对图画画面中关键信息的注视来实现,即图画书阅读中最能帮助儿童理解故事内容的信息。图画书中有关主角的画面信息往往是最重要的关键信息。此外,文字在图画书中常常具有"画龙点睛"的功能作用,因而也应归属于关键信息部分。分析儿童图画书阅读对关键信息的视觉注视范围,对图画的关键信息的关注度,比较儿童在关键信息图画主角和文字上的注视水平差异,可以进一步揭示儿童图画阅读能力的发展状况,并验证儿童阅读从图像到文字的发展过程。

可以参考的具体指标是:3—6岁儿童视觉捕获图画关键信息的范围扩展增长,儿童是否随着年龄的增长,对图画书中关键信息的注视范围越来越多,越来越广;儿童阅读关键信息注视时间占总注视时间的比例,和阅读关键信息注视次数占总注视次数的比例。从这些指标可以提炼出,儿童视觉上能迅速关注到多大部分的关键信息,能不能比较有效地提取图画中的关键信息,获得对阅读画面的理解。汉语儿童图画阅读能力提高,特别是从图画阅读中获取重要信息的能力发展的同时,是否逐渐将母语文字作为阅读的重点信息从而不断加强视觉关注水平。

（3）汉语儿童从图像到文字的汉字视觉解析能力发展。汉字是一种有规则的文字，最重要的视觉特征就是"方块字"。由于汉字的这种特别性，汉语儿童早期阅读和读写的文字意识以及文字认知过程有无独特的发展规律？他们对于汉字的视觉解析能力是如何逐步形成的？从视觉认知的角度来看，汉字作为表意文字的字形特征是：由笔画构成部件，由部件组合成"方块字"。因而儿童对于汉字的部件与整体关系的感知，是汉字文字意识和文字认知的重要表现。

进一步考察儿童的汉字解析能力，我们观察儿童对于汉字"方块字"视觉特征的认知水平，同时了解儿童对一些汉字部件位置特殊性的意识。儿童有关汉字部件位置知识和字形构造的概念，说明汉语儿童正在逐步学习将文字作为一个有特定规则的对象来进行加工，也揭示了汉语儿童从"图像到文字"的文字习得过程。

（4）汉语儿童从图像到文字的汉字视觉表现能力发展。已有研究告诉我们，儿童学习阅读过程中较早出现了前书写行为，他们可能通过涂鸦、涂画、画图、像字而非字等符号形式，表达他们萌发的对于文字知识的理解。汉语儿童的前书写能力究竟是怎样发展起来的，是否具有汉语文字视觉表现的独特性？在研究中观察分析不同阶段汉语儿童的前书写作品，我们可以清楚地发现儿童早期书写所经历的发展变化过程。早期书写反映出儿童有关汉字视觉表现的童年经验，也呈现出儿童在一定语言文字的文化情景中的成长，他们潜移默化地受到来自母语语言文化的影响。因此，我们的早期阅读和读写教育，必须充分关注汉语儿童的这些学习发展规律，这样才能真正促进中华文化情境中的儿童阅读和读写发展。

第三节　中国儿童早期阅读教育的主要工作任务

　　早期阅读教育是一项社会系统工程,教育是儿童早期阅读和读写能力成长的不可或缺的因素。整个学前教育阶段,我们的早期阅读教育工作,需要围绕着帮助儿童打下终身学习坚实基础的大目标,踏实完成每一个阶段的任务。

一、零岁起步:帮助儿童养成早期阅读好习惯

　　有关研究结果一再表明,儿童不是天生就具备了阅读能力的。儿童阅读能力的成长发展,有其形成过程与规律,教育必须为每个儿童打下良好的阅读基础。新近的研究告诉我们,需要站在培养终身学习者的高度看待早期阅读。一系列的国际研究已经发现,零岁起步的早期儿童阅读活动,可以从小培养儿童的阅读兴趣和爱好,让儿童享受阅读的乐趣,为他们成长为一个良好的终身学习者打下坚实的基础。

　　第一,零岁起步的早期阅读,给儿童提供了最初的学习概念和与书互动的环境。纵览国际社会有关儿童学习品质培养的研究,不同国家给予了共同的高度重视。来自美国、英国和加拿大的追踪研究都显示,儿童早期的学习品质表现对其未来的发展具有奠基作用。研究显示,儿童在3—6岁时所表现出的注意力水平与坚持性,能够预测其小学、中学以及大学时在语言和数学学业方面的成绩,同时,也能预测儿童完成大学学业的可能性(张莉,2020)。由此,英国、澳大利亚、加拿大、韩国、挪威、日本、新加坡等国家和地区的"儿童早期学习与发展标准"及"课程标准"提出,早期儿童的学习品质可以划分为学习态度、学习意志、学习方法和学习思维等四个方面。其中,学习态度包含好奇性和兴趣、主动性、积极性和独立性等;学习意志是指儿童在学习过程中所表现出的意志品质,包括专注力、注意的灵活转换、应对挫折的能力、情绪和行为调控能力、冒险精神等;学习方法包含计划能力、问题解决能力和合作性等;学习思维则是指儿童在学习过程中所展现的思考和创造能力,包括想象力、创造力、反思能力及评判性思维能力等(张莉,2020)。

　　《3—6岁儿童学习与发展指南》明确提出,要"重视儿童的学习品质","充分尊重和保护幼儿的好奇心和学习兴趣,帮助幼儿逐步养成积极主动、认真专注、不怕困

难、敢于探究和尝试、乐于想象和创造等良好学习品质"。在中国文化情境中,儿童学习的意志品质得到更加充分的关注。从这样的角度看,零岁起步的儿童早期阅读活动,可以从小培养儿童的阅读兴趣和爱好,引导他们与书互动,儿童在享受阅读乐趣的过程中,自然而然地养成专注力、坚持性和自控行为,为他们成长为一个良好的终身学习者打下最初的基础(图1-2)。

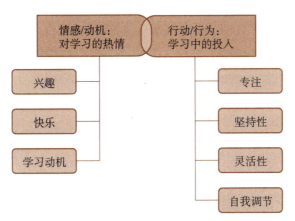

图1-2 学习品质框架:关键维度和要素

第二,零岁起步的儿童阅读教育,是完全的图画书阅读教育。从最为早期的阅读开始,我们为儿童提供各种不同语言水平,适应他们不同发展需求的图画书。图画书具有吸引幼小儿童目光的外在特征,包括材质、造型、色彩等;同时,图画书所展现的人、事、物,又具有吸引孩子心灵的内在属性。从一个角度看,给幼小儿童的图画书,从不同质地材料构造的布书、洗澡书、触摸书、声响书、嗅觉书和立体造型书、洞洞书读起,用游戏的方式吸引和适应幼小儿童获得很早期的阅读经验;从另外的不同角度分析,那些不同的图画书内容充满各种好吃、好玩、好看和好多的人与事情,带领着幼小儿童去认识自己身边和外面的世界,建立起儿童最早探索世界的途径和通道。

第三,零岁起步的早期阅读,还是逐步递升发展阶梯的从图像到文字的阅读教育。我们提倡让儿童在图画书阅读中培养起浓厚的阅读兴趣和良好的阅读习惯,因为有了这样的兴趣和习惯,孩子就有了终身阅读的最重要动力,最终热爱阅读、主动阅读,并在阅读中专注学习、坚持学习,不畏挫折,想方设法解决问题,直到完成任务。当孩子具备了这样的品质后,在阅读中自然而然地发展出对文字的感知和认识,在阅读时表现出对书中真善美的判断和喜恶,甚至在未来学习中获得学业成绩的进步,健康、积极人格的养成就是如此水到渠成了。特别需要提醒的是,成人(包括家长和教师)在幼小儿童零岁起步的阅读过程中,需要注意在儿童阅读开端的时候,给予他们温暖的陪伴。成人的陪伴阅读,可以让孩子自然感受到阅读的价值;成人的陪伴阅读,也是一种良性的互动过程;在成人的陪伴阅读中,可以通过语言的互动,引发孩子好奇的观察;与此同时,成人的陪伴阅读,还可以加强孩子的关注度和自控力。

二、点亮人生:在高质量的早期阅读中促进全面发展

从语言学习的功能角度来看,儿童通过语言阅读的学习其实是有两种功能的。一方面,儿童在早期阅读的学习过程中,可以逐渐获得扎实的语言和阅读的核心经验。比如阅读那些丰富有趣的图画书时,学前儿童自然地进行着前阅读、前识字和前书写的学习;而在这个阅读过程中,也会自然而然地学习包括语音、语义、语法和语用等各种语言学习要素。在提倡儿童进行早期阅读的时候,作为教育工作者和家长,我们还可以进一步认识,语言和阅读学习还具有另外一个方面的对成长中儿童更为重要的学习功能,即儿童在通过阅读图画书学习的过程中,可以不断获得各种认知概念,获得各种社会知识,获得各种交往能力,获得各种信息的支持。这个观点,在近年"贯通语言学习理论"(Learning Through Language)的研究中,得到各界的广泛关注(Grouber,et. al,2020)。

首先,希望所有的读者可以认识到,每一本高质量的图画书,都含有高质量的语言信息和超越语言信息的学习内容,因而可以让学前阶段大量阅读图画书的儿童,沉浸于其中从而获得各种学习机会。如图1-3所示,儿童在阅读时,将会有语言维度的学习内容,有认知维度的学习内容,有社会性维度的学习内容,还有渗透于语言和图像中的文化维度的学习内容,这样每一点每一滴的阅读过程中,我们需要认识的是,阅读学习很重要,但是通过阅读的学习更加重要。

图1-3 高质量的图画书含有高质量的语言信息和学习内容

其次,在儿童通过阅读学习语言和其他内容的过程中,我们需要用超越语言学习的概念思路,给早期儿童足够的时间机会、空间机会和材料机会,为他们通过语言和阅读的学习创造良好的环境。在幼儿园里,一本或者一系列好的图画书可以引发

孩子和老师一起学习,一起去很好地打造通过阅读学习的空间。这样的做法要比我们老师重新和孩子一起做一个生存发展的课程,相对来说是容易一点的。而且哪怕是做主题课程的过程当中,相关内容的图画书的确是相当支持我们的课程内容学习的。例如,一个幼儿园班级在讲做房子的主题,小朋友很感兴趣。但是做房子对于中班上学期的孩子来说,他们对建筑物内部的结构,房子的种种功能的认知还是有一定局限性的。因为儿童无论哪方面的经验都不够,所以就只能造出一个空空荡荡的房子。当幼儿阅读《100层的房子》这本书的时候,他会超级有兴趣地拉开很长的折页内容,从而对房子的概念有了更深的理解;进一步阅读《天空中的100层房子》和《海底的100层房子》等等,这样幼儿就有了更拓展的学习。人的一生累积的各种经验,有自身遇及的直接经验,也有阅读带来的间接经验;人们能够拥有的直接经验是非常有限的,但我们可以有的间接经验几乎是无限的。当图画书与儿童学习的直接经验相结合的时候,通过阅读的学习实际上也给了孩子非常多的间接经验。因此,在幼儿园让小朋友围绕主题利用废旧材料搭建一个房子的手工作品时,具有阅读经验的小朋友的作品里,就出现了《100层的房子》的种种痕迹。这里我们想说,我们跟孩子的阅读,要尽可能地考虑创造在阅读习惯建立的基础上,再打造更加好的环境:给他们足够的时间机会、空间机会和材料机会,让他们去超越仅仅是阅读的局限。

最后,阅读和通过阅读的学习,需要成人着力与儿童互动,构建促进他们全面发展的互动式阅读过程。我们需要理解,对儿童语言阅读和全面发展而言,是"更好"的语言信息和阅读经验,同时还有更丰富的知识和概念内涵。要实现这样的目标,仅仅提供高质量的阅读材料——图画书,还是不足以完成任务的。我们需要教师和家长在阅读指导中关注互动过程:提问—讨论—思考—谈话!这些代表儿童真正需要的互动式阅读,通过成人与儿童的讨论、问答、沟通等,形成高质量的互动过程,是我们不容忽视的大问题。当然,利用图画书进行共读活动,我们可以自然而然地讨论孩子感兴趣的图画书内容,基于图画书的主题提问讨论,成人提供给孩子信息丰富的对话,就是十分有效的、支持儿童学习和发展的方法。

三、幼小衔接:搭建终身学习的成长桥梁

为什么要关注儿童语言与阅读能力的幼小衔接?一系列的国际追踪研究告诉我们,儿童在小学初期的阅读能力能够显著预测其高中时期的理解能力、词汇能力以及通识知识,它是终身阅读习惯的重要基础;也有研究发现,在这个过渡阶段,阅读方面表现很差的儿童,一般都会成为高中阶段的"差生",许多人甚至无法从高中毕业。这些已有研究充分说明了小学初期儿童阅读水平的重要性。但需要注意的

是,儿童在 8 岁左右时能否达到预期的阅读水平,不仅受 6 岁以前幼儿园阶段阅读活动的影响,还取决于是否能够顺利跨越 6—8 岁的"疾风骤雨期",即幼小衔接阶段。

(一) 认识幼小衔接语言与阅读教育的重要性

"衔接"指事物之间的互相连接。"幼小衔接",顾名思义,指"幼儿园"和"小学"这两个阶段之间的互相连接,或者更具体地说,指幼儿园大班教育和小学低学段(一二年级)教育之间的连接。为什么幼小衔接多年来受到全球的广泛关注? 这是因为,虽然儿童在这两个阶段年龄差距不大,但由于幼儿园和小学处于两个不同的教育阶段,它们在教育目标、内容、形式上有明显的区别,也因此给儿童带来了身体、心理、学习习惯和能力等方面的一系列挑战,成为儿童成长历程中的关键一大步(a big step)。

幼小衔接的质量关系到儿童当前和未来的发展,教育部在《幼儿园教育指导纲要(试行)》中明确指出"幼儿园教育要与小学教育相互衔接";它还关系到教育成效能否延续,如经济合作与发展组织发布的《强势开端Ⅴ:幼小衔接》号召,要保障幼小衔接工作顺利开展,确保早期教育的成效能够延续;此外,它还对教育公平和社会公平有促进作用,如英国政府在过去的 20 余年中将"重视贫困地区'幼小衔接'课程质量,高度关注贫困儿童的语言发展"作为教育干预的重要部分,甚至将其重要性提升到促进贫困人群的社会流动性的战略高度。可见,衔接幼儿园和小学阶段儿童的阅读经验和能力,有着重要的意义。

如前文所述,幼儿园阶段重点发展儿童的口头语言能力,在阅读上以与成人共读图画书为主。但是,儿童在 6 岁之后进入小学阶段,《全日制义务教育语文课程标准》明确要求小学低学段以发展儿童书面语言为主,阅读要逐步走向纯文字阅读和独立阅读。总体来看,6—8 岁的儿童要经历从形式到内容的诸多转变,挑战巨大。恰如本书开篇所说,儿童能否顺利跨越这一阶段,很大程度上决定了能否延续幼儿园阶段的阅读成效,能否在未来成为一名成功的阅读者,因此,长久以来,社会各界对阅读能力的幼小衔接问题有着持续的高度关注。然而,遗憾的是,虽然人们认识到了幼小衔接的重要性,也感受到幼儿园和小学在阅读能力发展要求上的明显差异,却一直未能找到适宜的衔接路径。在我们周围,经常看到喜欢阅读图画书,却迟迟不能迈向文字阅读的儿童,也时常看到从幼儿园阶段就开始大量识字,却始终对阅读提不起兴趣的儿童……无衔接、小学化式的衔接、理念转变但缺乏切实可行的操作方案等问题屡见不鲜。

要思考学前儿童从前阅读、前识字到前书写发展,逐步在进入小学之后跨入全面的文字学习过程。他们的口头语言为书面语言学习奠定了重要的基础,他们的早期阅读和读写经验也为他们进入文字阅读和读写提供了扎实的经验。那么他们如何实现这个跨越式的幼小衔接阅读发展过程呢？我们的语言教育怎样为他们提供更好的促进发展的环境呢？这是值得我们积极探索的大问题。

（二）幼小衔接阶段儿童阅读成长的三个衔接

处于幼小衔接阶段的6—8岁儿童面临着从阅读形式到内容的整体性变化。那么，处于这一关键节点的儿童，充分考虑儿童阅读学习成长的发展梯度，他们的阅读规律和发展需要有哪些呢？

1. 实现从成人共读到独立阅读行为习惯的衔接发展

与成人共读，是近年来得到广泛关注和推荐的早期阅读教育方式，它最早源于西方提出的早期阅读阶段亲子共读的思潮。成人与儿童共读，提倡的是一种建立在交流与对话基础上的阅读形式，目的在于在共读过程中，提高孩子阅读、思维、表达等多方面的能力和建立和谐的亲子关系。成人与儿童共读，有利于帮助儿童建立喜欢阅读图画书的行为习惯，有利于儿童早期阅读内容的选择和环境的创设，并且有利于儿童对图画书内容的深入探讨。研究也已证明，在幼儿园和家庭的成人与儿童共读过程中，儿童可以获得良好的阅读理解力，能够构建和谐的亲子关系，并且营造适宜的共同阅读环境。

然而，在提倡早期成人共读的时候，我们不能忘记，人的阅读发展大致可分为两个层面的发展，即获得阅读能力的学习和通过阅读获取信息的方法能力的学习。一般来说，8岁以前的儿童应当掌握的是基本阅读能力，而他们在8岁以后就可以通过这些基本阅读能力去进一步形成获取信息的方法技能，即通过阅读获取信息的能力，从而去学习各学科知识。简单地说，当儿童能够通过阅读学习独立思考、解决问题时，他们才有良好的在校学习适应性与学业成就，才具备个人终身学习的倾向与能力。可见，3—8岁是儿童学习基本阅读能力的关键期，家长和老师要切实把握这个发展儿童阅读能力的时机。

因此，在儿童3—8岁期间，我们要帮助他们奠定的基本阅读能力，首先是独立阅读的意识与技能。换言之，在这个阶段，孩子的口头语言发展速度惊人，同时开始认识符号、声音与意义的关联性，学习如何看待一张纸、一本书，尝试用自己所学的语言解释周围生活中的所见所闻。唯有逐渐成为独立阅读者，儿童才算真正具备了基本的阅读能力，这是近年来儿童阅读在全世界都受到重视的根本原因。

2. 实现从阅读理解图画为主到关注文字阅读的衔接发展

国际已有研究发现，对儿童阅读学习至关重要的早期阅读基础是：（1）儿童口语的丰富性以及对语音的敏感性。这个方面的充分条件，决定了儿童在看到书面文字的时候能否将之与所听到的口语字词对应起来，或者听到所说的话又能否将之用书面语言表达出来。毫无疑问，这是儿童学习阅读的基本能力；（2）学习并欣赏书面语言符号的动机。儿童对书面语言的兴趣和知识，是通过自身的经验而建立起来的。

在学前阶段,儿童需要拥有自己的书,需要有自己随时可以取到翻阅的图书,需要有人给他们讲述和朗读书上的内容,还要有机会经常看到别人阅读和写字。通过这样一些互动的过程,儿童可以理解书面语言的价值意义,同时建立起热爱阅读的情感动机,这也是为成为一名好的阅读者所做的必要准备;(3)儿童对文字的敏感性和有关文字的知识。有关文字的知识有助于儿童对学习阅读产生兴趣并能够比较快地学习书面语言。

我们的早期阅读是从图画书阅读起始的,儿童在阅读图画书的时候,逐步通过画面形象的理解、画面情景的变化,认知图画所传递的信息。随着他们阅读理解图画书形象水平的不断提升,他们会关注到图画书画面对应的文字,在早期阅读过程将书面语言信息与自己已有的口语经验对应起来,更好地理解图画书内容并且逐渐增长对文字的辨识度,这是从口头语言发展逐渐衔接进入书面语言发展的重要步骤。

3. 实现从简单阅读策略到多种阅读策略的衔接发展

儿童在3—8岁的早期阅读奠基阶段,有一个重要的任务,就是要获得成为流畅阅读者的策略预备能力。作为教师和家长,我们都知道学前儿童还不可能是流畅的阅读者。即使是识了不少字的幼儿,那些被人们视为惊奇地能够读报纸的幼儿,也不是流畅的阅读者,因为他们对阅读内容并没有也不可能真正地理解。要成为一个流畅的阅读者,需要各个方面的准备,其中最重要的是整合阅读内容的阅读策略准备,这是从学前阶段进入学龄初阶段儿童必须要掌握的阅读能力。

儿童成长为一个流畅阅读者的阅读策略,主要是指在理解阅读内容时产生作用的几种初步的技能:(1)反思的策略预备能力;(2)预期的策略预备技能;(3)质疑的策略预备技能;(4)假设的策略预备技能。儿童在听故事看图书的过程中,对故事里所发生的事情、人物的种种思考,对事件发展和人物的取向作出推测,多思考"为什么",以及让幼儿假设,换一个条件或者情景,故事里的人或者动物会怎么样,这些都有助于儿童比较深入正确地理解阅读内容。儿童有了这些策略技能之后,可以将之推到未来书面语言的阅读学习过程中去,这将会对他们未来的阅读和写作产生极好的作用。

(三) 指导儿童阅读适合幼小衔接的桥梁图画书

"桥梁图画书",由英文"Bridging books"一词直译而来,在欧美、日本等多个国家和地区已有几十年的研究经验,近年也受到我国出版界和阅读教育工作者的重视。桥梁图画书是一种过渡性书籍,主要针对幼儿园大班和小学低年级的儿童,其目的在于像桥梁一样将"幼""小"衔接起来,帮助儿童实现从读图画形象到读文字符号转变的同时,更好地完成从亲子共读到独立阅读的过渡。

我们对桥梁图画书的认识是,适用于幼小衔接阶段的桥梁图画书应当具备以下几个特征要求,方能很好地适应儿童跨越幼小衔接阶段阅读成长的需求。

1. 阅读文本内容的衔接

在跨越幼儿园到小学的阶段,儿童阅读需要伴随他们的成长,一方面向外拓展,有更加有助于他们了解世界的广泛的主题,另一方面向内深入,有更加贴近儿童内心世界成长的内容。因此,幼小衔接阶段儿童阅读内容的衔接,需要阅读主题更加广泛,阅读内容更贴近儿童的生活,这样可以更好地增进这个年龄段儿童的阅读兴趣,引起儿童的共鸣并启示他们思考,激发他们的想象力,同时培养他们的专注力、坚持性等学习品质。例如《我的名字克丽桑丝美美菊花》就是这样一本适合6—8岁儿童阅读的图画书。美国著名童书作家和插画家凯文·汉克斯,擅长以真实的生活素材,创作主题紧扣儿童内心世界并能反映儿童心声的作品。《我的名字克丽桑丝美美菊花》描写了爸爸妈妈为新生的小宝宝取了一个名字叫克丽桑丝美美(Chrysanthemum),在爸爸妈妈心里,这是个完美的名字,就像他们完美的小宝贝。克丽桑丝美美一天天长大,她喜欢这个名字,也认为自己的名字是绝对完美的。等到她开始上学时,她不断遇及同学的嘲笑,因为英文中克丽桑丝美美这个名字太长,又是个花的名字。因此,她日益沮丧难过、觉得自己的名字很糟糕,甚至不再想去上学。幸好经过父母的安慰与音乐老师的大大肯定,克丽桑丝美美才又开心地接纳自己的与众不同。这本书的人物形象以老鼠为主角,作者通过这些拟人化的老鼠去描绘小孩子在家庭、学校的生活情境,在捕捉小孩子的内在情绪方面,深刻而动人,而对于孩子成长过程中,父母、老师所扮演的角色,更提供深切的思考与反省。这样的图画书,从内容的角度看,非常符合幼小衔接阶段儿童阅读的需要,可以成为6—8岁儿童阅读和思考的桥梁文本。

2. 阅读文本形式的衔接

桥梁图画书在帮助儿童从纯粹依靠图像阅读逐步走向文字阅读的过程中,主要通过图画与文字在书中的比例变化等方式来逐步实现桥梁的作用。儿童需要阅读文本支持他们从阅读图画走向文图并重,甚至以文字为主的阶段,从而同步实现从成人伴读到独立阅读。从幼儿园阶段的读图到小学中高年级的纯文字阅读,儿童需要在过渡期内通过阅读逐步积累对文字的感知,但由于儿童识字量不多,还需借助图画来理解上下文的含义,这就需要阅读文本既有精美、严谨的图画,还要有适合低年级儿童学习的语言文字,图文之间要相辅相成,二者比例可以随着儿童阅读能力的发展逐步调整。

桥梁图画书有别于纯粹图画书的一个特征,就是图画书中的图文比例在发生着变化。例如《青蛙和蟾蜍》,这是一套美国著名童书作家及画家艾诺·洛贝尔创作的桥梁图画书,在文本形式上就有着非常鲜明的处理。这套书分别由《青蛙和蟾蜍:好朋友》《青蛙和蟾蜍:好伙伴》《青蛙和蟾蜍:快乐时光》和《青蛙和蟾蜍:快乐年年》一系列故事组成,描述青蛙和蟾蜍这两个好朋友在四季中发生的不同趣事。文字优美流畅,叙述方式幽默童趣,故事感人又好玩,这两个角色表现出的童心及纯真的友谊将使读者会心一笑。例如"工作表"故事,这个故事讲蟾蜍怕自己把要做的事忘记掉,就列了一张表,上面列着一天的工作。可是,他和青蛙去散步的时候,工作表被风吹跑了!青蛙与蟾蜍特殊的个性、出人意料的行为及想法,又让故事的发展充满幽默风趣的惊喜。作者洛贝尔运用日常生活中最平凡的场景及生活点滴,透过想象的魔力,直接带领读者打开神奇的幸福宝藏,品味最美丽、最真挚的友谊。书中没有严肃的教条味,也没有沉重的批判思考,满满是至真至情,挑动每一位小读者内心深处最原始而纯真的感动。特别值得我们注意的是,这套书的图文比例有别于一般的图画书,寄托着让儿童全部依赖图画形象阅读逐步变化到文字阅读的期望,毫无疑问,这样的做法由浅入深地为儿童独立阅读铺路架桥。

应当说,阅读文字水平的递增,是桥梁图画书的特征要素。儿童需要阅读文本支持他们增加对文字和符号等书面语言的感受。小学低学段课程标准无论是对儿童阅读能力,还是识字、书写及写作等书面语言和符号的习得与运用能力方面都提出了明确目标,那么无论从单方面发展阅读能力还是以此带动整个语言能力发展来看,都需要儿童读物中的书面语言使用准确、规范,其中汉字应难度适中,较为常见,语句简洁精练,以保障儿童高质量的书面语言输入。

3. 阅读文本组合方式的衔接

在学前阶段,一个喜欢阅读并且具备良好阅读经验的儿童,已经习惯并熟练阅读单本图画书;他们知道从左到右、由前往后翻阅画面,从而可以更好地把握图画书形象给他们带来的故事或者信息。进入幼小衔接阶段之后,儿童的阅读将向以文字为主的方向发展,原有的单本图画书在内容含载上也不能够完全吸引儿童渴望更多认知理解世界的需要。因此,桥梁图画书有一个特点,就是系列性阅读材料的组合。

桥梁图画书的系列组合方式,往往是由几个独立的短篇故事组成的,相同的人物、角色贯穿其中,或把一个长篇的故事划分成许多小章节。故事和情节有逻辑,能够培养儿童的高级思维能力等多方面品质。如果是科学知识类图画书,则以科学知识相关分类或者同类分层次组成系列。在这一方面,我们可以举出的例子有《亲爱的小熊》《神奇校车》《老鼠记者》等一系列具有长篇性质的系列图画书。标注着桥梁书版的《神奇校车》系列丛书是美国国家图书馆推荐给所有学龄前儿童和小学生的课外自然科普读物,也是全美最受欢迎的儿童自然科学图书系列,曾荣获波士顿环球图书奖、美国《教育杂志》非小说类神奇阅读奖。这套鼓励儿童独立阅读的系列桥梁书一共有20本,内容涵盖太空、气象、海洋、植物、动物、地理、身体等各方面的自然科学知识,另外还涉及一些有趣的社会研究课题,如"自由女神像的建造过程""旧物是如何回收利用的"。书中将奇特的想象和抽象的科学知识完美融合,充满童稚,并且科学知识清晰严谨,展示了一种另类的自然科学教育方式。

(四) 通过指导帮助儿童进行幼小衔接的阅读学习

在认识了桥梁图画书后,教师和家长需要进一步做的是,提供儿童跨越学前到小学低学段的阅读环境,并对儿童阅读桥梁图画书给予一定的指导。为此,我们向这个阶段的教师和家长提供一些建议。

1. 创设适合幼小衔接阶段儿童阅读的良好环境

幼小衔接阶段儿童阅读的良好环境创设,包括有利于儿童独立阅读行为的条件。在幼儿园和家庭,都需要考虑给儿童可以独立阅读的区域设施,应当让儿童拥有独立的小书桌和椅子,放置台灯、笔筒和其他学习用品,让儿童可以自己摆放、更新和整理的书架。当儿童在这样的环境中阅读学习的时候,就有进入小学书面语言阶段学习的体验和经历,从而也有利于幼小衔接阶段儿童独立阅读能力的发展。

2. 支持儿童从前阅读学习逐渐走向文字阅读

如前文所述,阅读是从书面语言材料中获取信息、建构意义的过程。学前阶段幼儿的阅读不同于成人的阅读,其中最大的区别在阅读材料和阅读对象上。在阅读材料上,成人主要阅读报纸、书刊、网络信息等,而幼儿主要以阅读图画书为主;在阅读对象上,成人的阅读主要以文字为主,而幼儿的阅读遵循着从"图画到文字"的过程,而且主要以图画为阅读对象。对于进入幼小衔接的儿童,我们的阅读指导策略应当有一些改变,支持跨越这个阶段的儿童更好地获得阅读能力的成长。

有几个阅读指导的重点值得关注。(1)重点抓阅读细节。具有一定阅读经验的儿童,基本熟悉了图画书的结构,能熟练地翻阅图画书,认真观察图画书的画面和文字信息,并能较长时间专注地阅读。此时的儿童应当能细致观察画面中主角或主要人物的状态,包括动作、表情、姿态等,理解主角的心理状态,如情绪、想法等;能有意识地观察画面中的细节,并将细节与主要情节联系起来,通过对图画书画面布局、构图、视角、笔触、色彩等的感知进一步理解图画书内容,能准确理解完整图画书的内容。(2)引导儿童讨论有关图画书的内容,让他们准确地解释主角或主要人物出现的行为、状态的原因。(3)在指导儿童阅读的过程中,关注主题内容、主角形象的变化,帮助幼小衔接阶段儿童把握整体故事发展过程,更好地感知理解阅读的内容。例如阅读《14只老鼠去春游》,对封面上的老鼠角色特点和故事图画中的各种隐藏细节,可以引导儿童仔细观察,并作出自己的预测和判断;讨论老鼠家庭人物的不同特征和行为;延伸认识系列故事的联系和变化。

3. 帮助儿童从早期读写进入真正的读写学习阶段

进入幼小衔接阶段桥梁图画书的阅读过程,儿童会表现出对母语文字符号的进一步学习兴趣,同时有着对文字功能的进一步理解,并将符号和文字功能的意识运用到生活和阅读当中。在这个阶段,儿童会主动关注并寻找符号和文字的意义,更多地尝试通过文字和符号在形式上的变化来理解图画书的故事内容,同时随着阅读经验的丰富,儿童会逐渐从对图画的关注转移到对图画书中的文字的关注。因此,作为教师和家长,在观察和指导儿童阅读桥梁图画书的过程中,需要指点儿童认识文字与图画和其他视觉符号是有区别的;感知汉字是方块字,由部件构成;意识到同一个汉字有多种表现形式(横排和竖排;印刷体和手写体);并且通过一定的线索(语法线索或部件线索)来猜测字词的含义。在儿童没有完全认识足够文字来阅读的时候,可以考虑让他们观察图片猜测情节。比如《青蛙和蟾蜍》"工作表"的阅读,可以跟儿童一起阅读开头部分,让他们猜测情节发展,然后成人念出图书内容来确认儿童的猜测是否正确。在这个过程中,可以特别观察被"划掉"的日程,让儿童实现图画、文字和口头语言的三对应,由此增加儿童从前识字走向识字的机会。

在桥梁图画书阅读过程中,创造机会让儿童进行纸笔互动,用多种方式表达自己的想法,是我们培养儿童从前书写逐步走向书写的策略方法。在幼儿园的大班和小学一年级,儿童尚未掌握真正用文字书写的能力,即使是小学语文要求让儿童进行"写话"作业,他们能够用文字表达的水平也是十分有限的。此时在桥梁图画书阅读过程中,教师或者家长可以让儿童采用多种方式进行"书写"表达。比如讨论《14只老鼠吃早餐》:谁最快起床? 谁和谁外出采树莓? 他们遇见了什么小动物? 谁的头上戴了漂亮的帽子? 老九为什么哭了? 最后大家吃到了什么样的早餐? 在讨论之后,让儿童用自己的方式写下来,可以综合使用汉字、拼音、图像、符号来流畅地记录表达自己的想法,有条件的情况下还可以让儿童交流自己的"书写"内容。这样的做法将有利于儿童用口头语言来支持书面语言的学习,从而随着文字识得和书写量的增加,不断提升自己的写作水平。

总之,幼小衔接阶段的儿童语言与阅读发展具有特殊的规律和特点,但是仍然需要我们认识到一点,他们的语言与阅读学习需要相应的社会经验支持,应通过多种活动扩展生活经验,丰富语言的内容,增强理解和表达能力。

第二章／

汉语儿童早期阅读与读写发展的特点与规律

刘宝根

在教育实践中，家长和教师往往会产生很多困惑和疑问。如：在和幼儿一起阅读图画书的时候，应该引导幼儿关注画面还是文字，应该提什么问题？幼儿在入学前会认识字、认识什么字、认识多少字、通过什么方式认字？教师和家长需要提前教幼儿认识一些常用字吗？现在许多专家和幼儿园提倡幼儿进行前书写，前书写的"前"到底体现在哪里？小朋友总是用画画来表达自己的想法，该怎么办？小朋友偶尔写字，但把字写错了，该怎么办？

要回答这些问题，首先要了解汉语儿童早期阅读与读写具有怎样的发展特点，其发展的核心经验是什么。在本章中，我们主要讨论儿童早期读写发展特点及发展核心经验，并在此基础上提供一些促进早期读写能力发展的教育建议。

第一节　汉语学前儿童图画书阅读的特点与规律

一、汉语学前儿童图画书阅读的特点

图画书,也称绘本,被认为是给孩子的第一本书,也是学前阶段儿童最主要的阅读材料。那么汉语学前儿童在图画书阅读中会关注什么?对图画书内容的理解有哪些发展阶段?近年来,汉语学前儿童阅读的研究者(周兢、高晓妹、李林慧等)通过观察法、眼动研究法、行为实验法等开展了系列研究,揭示了汉语学前儿童图画书阅读的基本特点。

(一)汉语学前儿童图画书阅读的视觉关注特点

研究者(高晓妹,2009;周兢等,2011;韩映红等,2016)采用眼动仪技术,对汉语学前儿童在图画书阅读中的视觉关注进行了分析,结果发现,汉语学前儿童在图画书阅读中的视觉关注呈现出以下特点。

1. 儿童对画面的关注度随年龄的提高而逐步增加

对学前儿童在图画书阅读中的眼动研究发现,随着年龄的增长,学前儿童阅读图画书时,在图画书上的视觉关注点(注视点)和注视时间都逐渐增加;幼儿在图画书页面上的关注时间占全部阅读时间的比例越来越高,这说明随着年龄的增长,幼儿阅读的专注度在不断提高。

2. 儿童对图画书信息获取能力随年龄发展而逐渐增强

研究发现,随着年龄增长,学前儿童在关键信息上注视时间的潜伏期越来越短,说明儿童越来越快地关注到了图画书中的关键信息;并且在单个人物形象上的注视点时间越来越短,说明幼儿越来越快地从画面形象中获得了信息,理解了画面内容(高晓妹,2009)。

研究进一步发现,学前儿童往往对于图画书中新出现的画面信息表现出更强的敏感性,相比已出现的信息(人物形象等),学前儿童能够更快、更多地关注到新的信息;同时,学前儿童对画面中央位置的信息的关注优先于边缘信息的关注,学前儿童容易被大色块、大想象的物体所吸引;对色彩鲜艳的信息更感兴趣(高晓妹,2009)。

3. 学前儿童对图画书中关键信息的关注随年龄发展而逐渐增强

随着年龄增长,儿童对图画书中关键信息的关注越来越多,儿童在图画书阅读中视觉关注的热点越来越集中,说明大部分幼儿具有共同的关注特点;同时研究发现,儿童在图画书阅读中的视觉关注热点与图画书本身的关键信息越来越匹配,这说明学前儿童对图画书中重要信息的把握能力越来越强。

研究发现,3 岁儿童把握图画中视觉关键信息的能力较差,而 4 岁儿童把握图画中视觉关键信息的能力显著提高,和 5 岁组、6 岁组儿童的能力接近。这表明,4 岁可能是学前儿童图画书阅读能力中读图能力发展的重要时期。

(二) 汉语学前儿童图画书阅读理解的特点

理解是阅读的目的之一。那么,学前儿童在图画书阅读中,能否理解故事内容,理解了故事的什么内容呢?

儿童对图画书阅读内容的理解被认为有三个层次(McNamara and Magliano,2009):第一个层次是对图画书中显性内容的基础理解,包括细节和顺序;第二个层次是对图画书中隐含信息或知识的理解和概括;第三个层次是对图画书内容的评价和批判,包括情感、想法以及个人观点等。儿童对外显信息的理解(人物、背景、问题)好于推论性知识(感情、推断的因果关系),幼儿对推论性理解的发展随着年龄发展而迅速提高(Paris and Paris,2003)。

研究发现,3 岁以前的幼儿只能抓住图画书中显性内容的某些元素,3—5 岁期间,儿童逐渐表现出对图画书内容结构的理解,5 岁的儿童甚至能理解一个复杂结构的图画书内容(Dempsey and Skarakis-Doyle,2019);6 岁儿童一般可以在显性层面上理解故事,并且开始发展理解隐含知识的能力(Van den Broek et al.,2005)。

汉语学前儿童图画书的阅读理解能力有什么特点? 为此,研究者(李林慧,2011)对汉语学前儿童图画书阅读中的理解能力进行了研究,总结了汉语学前儿童图画书阅读理解的以下特点。

1. 从理解图画形象到理解事件行动,再到理解角色状态

从故事本身的要素来说,主要包括时间、地点、角色、事件、状态等,而图画书最容易呈现出角色形象、角色的行动(动作)和角色的状态(表情)。研究发现,汉语学前儿童对图画书内容(故事)的理解遵循由图画形象到事件行动再到角色状态的发展顺序。

3—6 岁是儿童图画故事书阅读理解能力大发展的重要时期,3 岁儿童以图画形象理解为主,能迅速理解图画书中的角色,尤其是主角的形象;3—5 岁期间,儿童对角色行动的理解有了较大的提高,并持续发展;到 6 岁左右,儿童能够从角色的表情和上下文的关系中推断角色的心理状态(情绪),但对角色产生这些情绪的原因理解,仍处于发展之中。

2. 图画书视觉认知水平及已有语言能力影响着儿童图画书的阅读理解

研究发现(李林慧,2011),汉语学前儿童图画书阅读能力随着年龄的增长而不断提高,这种提高伴随着汉语学前儿童对图画书中关键画面信息(比如动作、表情)关注的提高,这说明随着年龄的增长,汉语学前儿童在图画书阅读中能够更加快速、准确地关注关键信息,从而获得画面意义,理解作者意图。

同时,研究还发现(李林慧,2011),汉语学前儿童已有的理解性词汇、表达性词汇及语法能力影响着汉语学前儿童在图画书阅读中的理解水平,呈现出"马太效应",即汉语学前儿童的语言能力越强,其在图画书阅读中的理解能力就越高,通过阅读获得阅读理解能力提高的幅度也越大。

(三) 汉语学前儿童图画书阅读的年龄阶段特点

综合国内外相关研究,我们可以总结出不同年龄阶段汉语学前儿童图画书阅读具有如下特点。

1. 3—4 岁汉语儿童图画书阅读的特点

这个阶段儿童正逐步学习养成图画书阅读的习惯,需要成人或教师引导,形成一定的常规(比如餐后或睡前阅读图书),幼儿才会主动阅读图画书;儿童在选择图画书时,往往选择图画形象比较突出、操作性强、贴近儿童生活经验、具有较强互动感的书。

在阅读过程中,儿童常常把书当成玩具,会出现乱翻书的表现;儿童的专注力有待进一步提高,受周围环境、自身情绪和伴读者的朗读与互动的影响较大。

阅读图画书时,儿童主要关注的是图画形象,对关键信息的把握还处初级水平。儿童对图画书故事萌发初步的理解能力,最先发展对图画形象的理解能力,3 岁儿童以理解图画故事书中的图画形象为主,能够看懂形象比较明显、自己比较熟悉的人物或动物形象,但不同页之间没有形成连续性故事,也还难以准确理解图画书故事中的情节过程和角色状态。儿童在图画书阅读中,有着丰富的想象,也容易脱离图画书内容进行想象和交谈。

2. 4—5 岁汉语儿童图画书阅读的特点

这个阶段儿童基本已获得了有关图书的基本概念,能正确地拿书、翻书,并有着主动阅读的愿望,有着自己独特的阅读倾向,喜欢看某一类型或某一主题的书。

儿童读图画书时,对图画形象的关注度较多,并逐渐开始关注文字。这时,儿童对图画书中关键信息的把握能力迅速提升,对图画书中故事的理解水平迅速发展。4 岁是儿童图画故事书阅读理解,尤其是事件行动和角色状态理解发展的一个关键起点,对角色状态的理解能力较上一阶段有较大提升。儿童开始能够理解主角行动的原因,能初步识别角色的情绪,并能初步猜测图画书内容的发展。

在阅读过程中,儿童会积极回应父母或教师的提问;独自阅读时,常常会边翻书边自言自语,能够用自己的语言把画面内容描述出来,并且形成了前后之间的联系。

3. 5—6岁汉语儿童图画书阅读的特点

在这个阶段,儿童会主动与人分享自己阅读的图画书,在与同伴共同阅读图画书的时候,会积极与他人进行讨论、分享,并能较长时间专注于阅读内容,能一次性把一本图画书读完。

这一阶段,儿童已经能够迅速及准确地把握图画书中的关键信息,并开始关注到诸多细节。在理解能力方面,儿童对图画形象和事件行动的理解发展水平呈逐渐平缓趋势,对角色状态的理解有较大提高。

儿童在读图画书时,既关注图画,也关注文字,能够识别图画书的标题。在这个阶段,儿童已经能迅速理解图画书的基本内容,包括主人公、事件、大部分情节,基本能准确说出人物的动机、意图,能够准确描述人物的心理状态;能够用较为连贯、丰富的语言转述图画书的画面内容或整体故事情节;能够用比较准确的语言对人物的外形、性格、心理特征进行概括和描述;能够在成人的引导下,联系自己的生活,说出自己对图画书内容的看法。

二、学前儿童图画书阅读的核心经验

图画书阅读的核心经验是支持幼儿在终身学习中成为一个成功阅读者必备的经验,是一个有着良好阅读能力的幼儿必备的态度、行为和能力。通过对汉语学前儿童图画书阅读发展特点和规律的分析,综合各国幼儿教育阶段对幼儿在阅读上的期望或标准,我们认为一个有着良好阅读能力的幼儿,应该表现出对阅读的浓厚兴趣和正确的阅读行为,在成人指导或独立阅读过程中获得所阅读图画书的基本内容,能初步通过多种方式表达对所阅读内容的理解,形成和表达自己的看法,对人物特征和内容主旨进行评判。我们根据儿童图画书阅读能力发展特点,将幼儿图画书阅读过程中所需要学习和发展的核心经验划分为三个范畴:良好的阅读习惯和阅读行为;阅读内容的理解和阅读策略的形成;阅读内容的表达与评判。

(一)良好的阅读习惯和阅读行为

《3—6岁儿童学习与发展指南》中指出幼儿要在3—4岁的时候从"主动要求成人讲故事,读图书"逐渐发展到5—6岁的时候"喜欢与他人一起谈论图书和故事的有关内容",这正反映了对幼儿在阅读习惯上的期望,同时指出幼儿要在3—4岁的时候从"爱护图书,不乱撕,乱扔"逐渐发展到5—6岁的时候能"专注地阅读图书",反映的是对幼儿在阅读行为上的期望。我们认为这个核心经验主要包括三个方面:一是良好的阅读习惯,二是获得图画书的基本概念,三是形成正确的图画书阅读行为。

良好的阅读习惯主要表现为幼儿愿意亲近图画书,愿意与成人一起阅读图画书,在空余时间(如餐前、睡前)会积极、主动地选择阅读图画书,养成每天阅读的习惯。获得图画书的基本概念主要表现为知道图画书的标题,能指出图画书故事开始和结束的页面,熟悉图画书的结构,了解环衬和扉页在图画书中的作用。形成正确的图画书阅读行为主要表现为幼儿不撕书、不乱扔书,会整理图画书;掌握图画书的翻阅规则(如从前往后翻、一页一页翻);能跟随成人的阅读指认图画书中的物体,认真观察图画书的画面和文字信息;逐渐能专注地、保持较长时间地阅读。

(二) 阅读内容的理解和阅读策略的形成

幼儿独自翻阅一本图画书或在成人的带领下阅读一本图画书时,需要通过画面或成人的讲述了解图画书的基本内容。如果是一个故事,幼儿就要通过阅读了解故事中有谁、在哪里、发生了什么事情,从而获得对故事中的时间、人物、地点的感知和情节的理解。因此,学前儿童在图画书阅读过程中需要获得有关"阅读内容的理解和阅读策略的形成"的经验。《3—6 岁儿童学习与发展指南》建议 3—4 岁幼儿"会看画面,能根据画面说出图中有什么,发生了什么事等",5—6 岁幼儿"能说出所阅读的幼儿文学作品的主要内容",反映的正是对幼儿"阅读理解"的期望。同时,在阅读的过程中,幼儿需要逐步获得一些基本的阅读策略,如预期、假设、比较、验证等,这些策略的获得有助于幼儿更准确地理解图画书的内容,有益于他们在后期学校教育中自我调节,最终走向自主阅读。具体来说,这个范畴的核心经验包括"阅读内容的理解"和"阅读策略的形成"。

阅读内容的理解主要指对主角形象的感知,对主角行动和主角状态的理解,对图画书内容前后关系和意义的理解。一个幼儿要能读懂图画书,就必须在阅读过程中迅速识别图画书中的主角,观察图画中人物的形象、动作、表情和姿态,理解不同人物之间的关系,理解每个画面所传递的内容,通过对细节的观察,进一步理解图画书中人物的心理状态,如情绪、态度和想法等。

阅读策略的形成是指幼儿在阅读的过程中要发展出猜测(猜测发生过什么事情,猜测事件的原因)、预期(预期会发生什么事情,主人公会经历什么事件,有何种情绪)、假设(对已发生事情的另一种假定,从而想象一个可能不同的结局)、比较(对人物情绪、动作、状态前后变化的比较)和验证(根据画面内容评判自己的预期或猜想是否正确)等阅读策略。一本图画书,尤其是故事图画书往往有着因果关系,前面的故事往往是后面故事的原因,因此幼儿要获得对图画书内容的完整理解,就要在图画书阅读过程中学习进行预期、假设;在阅读之后进行比较和验证,从而获得对图画书多样化的认识,在图画书阅读过程中充分发挥自己的想象,锻炼自己的观察力和思维能力。

（三）阅读内容的表达与评判

一个有着良好阅读能力的幼儿，在阅读一本图画书之后，不仅能知道图画书的作者说了什么，还应能较为完整、准确地叙述图画书的内容，初步结合自己的阅读和生活经验，通过多种方式表达自己对图画书的理解，并在生活中运用图画书阅读中获得的经验；同时还应能对图画书中的人物、主旨形成自己的看法，进行自己的判断和思考。这就是幼儿在阅读过程中对阅读内容的表达与评判的经验。《3—6岁儿童学习与发展指南》提出幼儿在5—6岁的时候，应"对看过的图书、听过的故事能说出自己的看法"，反映的正是对幼儿在这个经验上的期望。根据已有研究（杨凤，2010），我们认为这个范畴的核心经验主要表现为能叙述阅读内容，并在生活中回忆和迁移图画书内容；对图画书的人物特征、故事主旨形成自己的理解和判断。

能叙述图画书阅读内容主要是指幼儿能完整、准确地将图画书中的人物，事件发生的时间、地点、经过和结果等叙述出来，在叙述的过程中能表现出图画书中人物的情绪、动作、形态，能使用准确的词汇，甚至使用与图画书一致的词汇或句子来叙述图画书故事；在生活中回忆和迁移图画书内容主要是指在生活和阅读中会回忆图画书阅读中相同或相似的情节、画面，能尝试用图画书中的人物行为来指导自己在日常生活中的行为，会在生活和阅读中使用图画书阅读中所学习到的词汇；对图画书的人物特征、故事主旨形成自己的理解和判断，是指幼儿在阅读完一本图画书之后会表达自己对图画书的喜欢与否，并明确自己喜欢的原因和具体喜欢哪一部分；会对图画书中的人物进行评价，对主要人物的道德品质、人格特征进行总结和判断；表现出对故事中相关主题或内容的质疑，并说明自己的理由。

第二节　汉语学前儿童前识字发展的特点与规律

前识字是指儿童在接受学校教育之前，获得的有关符号和文字在功能、形式和规则上的意识，并在有目的、有意义的情景中初步习得符号与文字的能力。

相比较在小学阶段的正式识字，"前识字"的"前"主要体现在：（1）时间上的"前"，前识字是儿童入小学以前与文字、符号互动产生的意识和能力，因此在识字的内容和数量上不会有标准化的要求；（2）内容上的"前"，幼儿在前识字活动中接触的内容是生活中的符号和功能文字；（3）活动情境中的"前"，前识字活动是在有意义、生活化的情境中进行的，而不是专门性的识字活动中进行的；（4）方法上的"前"，前识字活动是随机性、游戏化的方式进行的，而不是简单、机械、枯燥的大容量训练；（5）活动目的上的"前"，前识字活动的目的不是为了让儿童认识更多的字，而是激发幼儿对文字的兴趣，发展幼儿的文字意识。

一、汉语学前儿童前识字发展的特点与规律

研究者分别在两种情境中对学前儿童前识字的发展特点进行了分析，分别研究了汉语学前儿童在图画书阅读中对文字的关注特点，以及汉语学前儿童文字习得的特点。

（一）汉语学前儿童图画书阅读中对文字的关注特点

刘宝根（2011，2013a）等人对汉语学前儿童在图画书阅读中对文字的关注进行了系统研究，发现了汉语学前儿童在图画书阅读中对文字的关注，呈现出以下特点。

1. 学前儿童图画书阅读经历"从图画到文字"的过程

儿童在图画书独立阅读过程中首先注视图画，并在阅读过程中主要关注图画。独立阅读情境下，汉语儿童在图画书阅读中对文字的视觉关注比例远远高于亲子阅读研究中所发现的比例。随着年龄的不断增长，4—6岁汉语儿童在图画书独立阅读过程中文字注视的水平不断提高，文字面积通过年龄对儿童在图画书独立阅读过程中的文字注视起作用。儿童早期阅读能力经历了"从图画到文字"的发展过程。

儿童的文字注视能力的发展存在性别差异。男孩对文字的注视能力于4—5岁

期间获得迅速提高,而女孩的迅速发展期在5—6岁,男孩对文字的注视能力先于女孩发展。

随着年龄的增长,儿童逐渐将文字视为关键信息。4—6岁期间,儿童在文字这一关键信息上的注视还未达到成熟水平,但已成长为初步的文字阅读者。5岁可能是儿童图画书独立阅读过程中文字注视水平发展的重要时期。

2. 随着年龄增长,儿童对文字的关注度逐渐增强

随着年龄的增长,儿童对文字的关注程度不断提高。到6岁的时候,几乎所有儿童都会在阅读过程中关注文字,这种关注是儿童文字意识发展的途径和表现。从儿童文字注视的特点和模式来看,儿童并不是在寻找自己认识的字,而是在文字意识的驱动下形成图画信息和文字之间的联结,以及开始类文字的阅读。

3. 儿童对文字意识的认知加工过程逐渐从"自上而下"发展到"交互式"

儿童是在对图画信息有了较为成熟的注视(循环型)之后才开始关注文字,从而试图从文字上获得信息,并试图去理解文字。循环型的注视是儿童把握图画信息、掌握故事内容的途径。在图画书的阅读过程中,4—6岁儿童文字注视反映出文字意识的加工是一种"自上而下"的加工过程,即儿童是在对图画信息有了较为成熟的把握,初步理解图画或故事内容之后才开始关注文字,并试图认识和理解文字所代表的意义。但到了6岁的时候,儿童在图画书独立阅读过程中可能呈现出的是"自上而下"和"自下而上"两种方式并存的加工方式,即"交互式"的加工方式。

(二) 汉语学前儿童文字习得的特点

曹思敏(2011)等人通过对4—6岁儿童在汉语儿童沟通量表上所列汉字上的习得状况进行分析,结果发现汉语学前儿童在入小学前就已经对文字产生了兴趣,并已习得一些文字,其文字习得具有如下特点。

1. 学前儿童随年龄增长逐渐能以部件为单位对汉字进行视觉分析

学前儿童从4岁开始能够以部件为单位对汉字进行视觉分析。但他们对汉字的理解并不完善,是将汉字当成一幅图画来解构的。随着年龄的增长,儿童对汉字内部结构的理解越来越精确,逐渐开始熟练地以部件为单位分析汉字,并随着年龄的增长越来越成熟。对于学前儿童来说,汉字的视觉复杂程度影响了其对汉字的视觉分析,部件越多,儿童对汉字视觉分析时越难。在以部件为单位对汉字视觉分析时,2个部件的字最简单,独体字其次,3个部件的字较难。对汉字部件的视觉认知和汉字习得随着年龄的增长而不断发展。

2. 学前儿童已经逐渐发展对汉字部件位置规则的理解,并发展出部件再认意识

儿童在接受正式的识字教学之前,对汉字部件的位置规则已经有了一定的理解,并且随着年龄的增长,这种理解在不断发展。对于学前儿童来说,其对部件位置

规则的理解在 4—5 岁时提高最快。

4 岁儿童还不理解汉字部件的位置规则,从 5 岁开始,儿童逐渐开始理解一些汉字部件的位置规则,但这种理解是一种粗略的理解,常会受到形状相似部件的影响。这说明儿童最初接触汉字时,大多是从视觉上记住了字形,是一种图像认知。到了 6 岁,儿童在拼字任务中受部件形状的影响越来越少,渐渐开始了对汉字的文字认知。

在接受正式的识字教学之前,汉语学前儿童能够记忆一些汉字部件并在新字中将这些部件辨识出来。随着年龄的增长,儿童的成绩有着显著提高,记忆和辨识汉字部件的能力在 5 岁时发展最快。部件出现的频率影响了儿童对部件的视觉记忆和辨识,从而决定了儿童在记忆和辨识汉字部件时,非字部件意识要好于成字部件意识。

3. 在接受正式的识字教学之前,儿童已经能够从日常生活和阅读中自然习得一些汉字

儿童在接受正式的识字教学之前,就已经能够从日常生活和阅读中自然习得一些汉字。在口头语言发展的基础上,汉语学前儿童早期自然习得的汉字多为笔画简单的独体字,随着年龄的增长,汉语学前儿童自然习得汉字的数量逐渐增加,认识的汉字也越来越复杂。汉语学前儿童从视觉上对汉字部件的认知有助于更好地学习汉字。

汉语儿童的识字发展遵循图像记忆阶段—粗略理解阶段—分析字形阶段的发展特点。在图像记忆阶段,儿童能够认识少量汉字,但这些汉字是儿童通过机械记忆记住的,并没有理解汉字的内部结构。此时,儿童把汉字当成一个个完整的由若干线条组成的图形来识记。

在粗略理解阶段,儿童开始对汉字及其构成有了一定的理解,如汉字是方块字,由一些笔画组成;儿童能够以笔画或部件为单元对汉字进行视觉分析;能够粗略地认知部件所处的位置,但常常混淆形状相似的部件;此时儿童已发展出了一些策略(如象形)来帮助其记忆和辨识部件。

到了分析字形阶段,儿童已经能够较好地从视觉上认知汉字部件,他们在视觉上分析汉字时,放弃了效率较低的笔画,而以更大的、有意义的部件作为汉字视觉分析的单元。他们理解了部件在构字时的一些规则和功能,知道了某些部件在构成汉字时常处在固定的位置,部件也是有一定意义的。虽然偶尔还会有混淆相似部件的情况,但儿童已经能够一次记住多个部件并成功地在新字中将它们找出来。

二、汉语学前儿童前识字学习与发展的核心经验

对许多家长和教师而言,虽听说过"前识字",但不清楚"前识字"和"识字"有何

区别。教师在教学活动中因避免受"小学化"倾向,在教学活动中"恐文字",不敢开展有关文字方面的活动。目前家长在儿童识字方面还存在许多误区和疑惑,这些往往是对幼儿识字的目的、特点和发展规律认识不清导致的。要解决这些问题,就需要了解"前识字"的核心经验,以此来明确"前识字"的活动目标和培养方式。

根据汉语学前儿童前识字发展特点,我们将前识字核心经验总结为以下三点:文字功能意识;文字形式意识;符号和文字规则意识。

(一) 有关文字功能意识的核心经验

符号和文字具有表征功能,能表达特定的意义。因此,"有关符号和文字功能的意识"的核心经验主要指幼儿能理解符号与文字的功能和意义。具体表现为:知道符号和文字能够表达一定的意义;知道文字有记录的作用,能够将口头语言或意义记录下来;理解文字和符号与口头语言之间的对应关系。幼儿文字功能意识核心经验的三个发展阶段表现如下。

第一阶段:幼儿主要获得两方面的经验,一是会有意识地关注生活中的各种符号和标识,他们往往容易关注功能性的标识和符号,比如商场标志、交通标志、学校名称等。二是知道生活中和图画书中的符号和标识有特定的意义,虽然他们还不认识这些标识的汉字,但开始会有意识地对其关注,并通过无意识的方式对这些符号和文字留下记忆。

第二阶段:幼儿要基本了解符号与文字在传递信息和口语转换方面的功能。因此,幼儿不仅需要有意识地关注生活环境中的符号与文字,还需要逐渐了解这些符号和文字的意义,通过对文字和符号与意义的链接,逐渐了解符号和文字在传递信息、表达意义和记录口语方面的功能。在图画书阅读中,幼儿知道教师读的是对应图画的文字,这些文字能表示自己所看到的图画的意思,从而初步形成"图画-口语-文字"三者之间的联结。在生活中,幼儿看到商店门口的标牌,虽然不认识字,但能意识到这些字表示商店的名称;看到图画书的封面,能意识到封面上大大的、黑黑的字是图画书的名称;了解到公共卫生间门上穿裙子的人像表示女厕所,烟斗表示男厕所;遇到交通标识时,知道红灯表示停、绿灯表示行;看到五星红旗,知道表示中国;看到五环旗,知道表示奥运会;等等。

第三阶段:幼儿会进一步理解符号和文字的功能,并将其运用到生活和阅读中。当幼儿开始意识到文字和符号能表示特定的含义时,他们会对符号和文字表现出更大的兴趣和热情。因此,幼儿会主动关注并寻找符号和文字的意义,尝试通过文字和符号在形式上的变化来理解图画书的内容。幼儿在生活中经常会指着符号或文字问成人"这是什么意思"。同时,随着阅读经验的丰富以及对一本图画书越来越熟悉,幼儿会逐渐从关注图画转移到关注图画书中的文字,甚至会假装像阅读文字一样地来朗读图画书。此时,幼儿对符号和文字功能的意识基本形成,这种意识是幼儿发展有关文字规则和形式的意识的基础。

(二) 有关文字形式意识的核心经验

文字的外部形态具有独特的特点,形成对这种形式独特性的意识是幼儿辨析、识认汉字的基础。因此,这个范畴的经验主要指幼儿获得有关对文字尤其是母语文字独特性的认识。具体表现为:知道文字与图画和其他视觉符号是有区别的;知道汉字是方块字,由部件构成。幼儿在该核心经验三个发展阶段的主要表现如下。

第一阶段:幼儿主要表现为能将文字与线描画、图画等区分开来,虽然说不出原因,但他们知道类似方块字的文字才有意义和发音。比如,幼儿面对线条画、图示、无意义字母和文字的时候,知道只有文字是成人可以阅读的。幼儿会表现出根据文字意义视觉的大小来判断汉字的意义,认为大的物体应该有更大的形式(占据更大的空间),即主要从视觉大小来分析文字的大小。例如,在视觉上,山比鸡大,所以文字"山"也应该比文字"鸡"大。

第二阶段:幼儿能明确地将汉字与图形、图画区分开来,在面对不同的汉字时,知道符合汉字形式的字才是成人能够认识的汉字。幼儿初步形成符号和文字在书写形式上的固定性表征,开始知道表示物体的文字不会因为物体大小的变化而有大小变化。幼儿开始意识到汉字是方块字,并根据表意性强的汉字在形式上的特点,猜测这些汉字的意义。

第三阶段:幼儿在图画书阅读中更多地关注文字,并且意识到同一个汉字有多种表现形式(横排和竖排,印刷体和手写体);同时,给予幼儿几个不同位置的部件,他们会拼成一个符合汉字正字法规则的汉字。

(三) 有关符号和文字规则的意识

文字是按照一定规则构成的,文字的阅读一般都是按照从前往后、从左到右、从上往下、一字一音的方式来进行的。形成对文字构成和文字阅读规则的意识,是幼儿未来文字习得和文字阅读的基础,因此,这个范畴的核心经验主要聚焦在文字上。对以汉语为母语的幼儿来说,主要是要获得有关汉字阅读规则、汉字组成规律,并运用各种线索习得一些汉字的经验。具体表现为:知道文字阅读要从左到右、从上到下,文字之间有间隔;初步了解汉字的部件组合规律;形成利用部件组合规律认识新字的策略,包括情景线索、语法线索和部件线索等策略。幼儿在该核心经验三个发展阶段的主要表现如下。

第一阶段:幼儿在关注文字的基础上,开始知道文字与文字之间有间隔,如他们会说出图画书名字有几个汉字,即能对汉字进行点数。在生活中,幼儿会积极地再认和回忆自己熟悉的各种标识和符号,对自己名字中的汉字特别敏感,能在各种场合认出自己的名字里所包含的汉字。

第二阶段:幼儿在假装阅读图画书的名称和书中文字的时候,会遵守从左到右、从上到下的文字阅读规则;会根据情景线索来猜测汉字的意义,如到了动物园,看到动物园门口的汉字,会指着文字说"动物园",虽然并不认识单个的字,但能完整地说出来,并且音与字之间会一一对应。同时,幼儿还会根据一些象形字的象形特点,如"山""人"等,来猜测这些汉字的意义。幼儿会在生活和阅读中自然习得一些汉字,比如自己、爸爸妈妈或其他小朋友的名字,幼儿园、居住小区等的名称,常去的超市、商店或餐馆的招牌,熟悉的图画书中的文字,等等。

第三阶段:幼儿在生活中遇到一个汉字,能基本正确地指出这个字里面有几个"字宝宝"(部件)。他们会对猜测和再认汉字表现出极大的兴趣,会经常问成人自己看到的汉字是什么意思,也会尝试使用情景线索、语法线索或部件线索来猜测字词的含义。例如,去饭店吃饭,当大人给幼儿念招牌"××饭……"的时候,他会知道下面一个字是自己平时知道的"店";当看到一个"很"字中有"艮"字的时候,幼儿就会想到自己常常看到的"银行"的"银"中也有这个字,所以就会猜"很"字是"银行"的意思,还会根据"银行"的"银"的发音来命名"很"。一旦经过成人纠正,他们就会迅速掌握"很"的正确发音。

第三节 汉语学前儿童前书写的特点与规律

前书写是指儿童在采用文字正式书写之前,采用线条、图画、符号、图示、文字等来表达书写内容的一种书写形态或活动。

与"前识字"类似,学前阶段儿童的前书写重点也在"前",这个"前"主要体现在以下方面:一是时间上的"前",学前阶段的前书写不同于小学阶段的前书写,因此没有专门的教学目标和教学内容,但学前阶段的前书写不只是小学阶段书写能力发展的基础阶段,更是儿童终身书写能力发展的重要阶段;二是内容上的"前",前书写在内容上不是抽象化、脱离学前生活经验的简单抄写,而是书写学前儿童自己所思、所想、所经历、所感受的经验、想法、事件和感受等;三是学习情境的"前",前书写在学习情境上不是大容量、枯燥的简单训练,而是在有意义、有目的、有功能的生活情境中,在丰富的读写环境中进行的,是以儿童自主为导向,成人适宜引导的活动;四是学习目的上的"前",前书写的目的不是为了让学前儿童写多少正确的字,按照笔顺来抄写字,而是激发学前儿童书写的主动性,发展有关前书写的核心经验,帮助儿童成为积极、主动、有效的文字和符号使用者。

一、汉语学前儿童前书写的发展特点与规律

(一) 汉语学前儿童在前书写上的年龄发展特点

刘宝根等人(2014)对不同年龄儿童前书写的特点进行了比较分析,结果发现,汉语学前儿童的前书写呈现出以下特点。

1. 3—4 岁汉语儿童前书写的特点

这个阶段,儿童往往自发性地用涂涂画画(线条、图形、线条画)来进行标记或表达自己想要表达的意思,边涂画边念念有词。儿童所书写的线条、图形、线条画的表征意义不明显,成人需要幼儿解释后才能理解。如图 2-1 中,幼儿在书写自己名字的时候,就是采用点和线来表示;儿童在书写的时候自我监控能力较弱,没有特定的主题,或者在主题间不断切换,所书写的内容尚缺乏完整性。

图 2-1　儿童书写自己的名字

2. 4—5 岁汉语儿童前书写的特点

儿童在成人的鼓励下，愿意尝试采用图画、图示、符号来表达一句话或一个故事。在书写内容上，儿童往往书写自己所要表达内容的关键信息，缺乏完整性，比如自己的生日愿望，可能就书写出自己想要的礼物；书写自己想要讲的故事，可能就把故事中的人物画出来。在书写形式上，儿童采用图画形式进行书写的时候，图画往往具有"全息性"，即一幅画就展现了幼儿所要表达故事中的时间、地点、人物和事件；随着儿童经验的发展，儿童越来越多地使用图示和符号来进行书写，使用这种书写符号，儿童往往将所要表达内容中的人物、地点和时间等要素进行切分，用不同的图示和符号来表达人物、地点、时间等要素，但儿童还未能将口头语言采用书写语言的形式进行记录。在这个阶段，儿童书写的可理解性进一步增强，图画、图示和符号的指代意义越来越明显，成人可以通过结合儿童的生活和阅读经验猜测出儿童所要表达的内容。如图 2-2 所示。

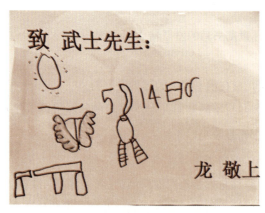

图 2-2　儿童用图画表达故事

这名儿童用高出地平线的"太阳"的图画表示"上午"，用"树木"的图画表示"森林"，用"月亮"表示"月"，用"一个人"表示"武士"，用两把"枪"相向表示"比武"，这些都使用了图画来表达了"时间""地点""人物"和"事件"。同时，因为习得了一些数字,儿童会使用数字和文字这种图夹文的方式来补充自己的表达。整个"战书"的意思是"5月14日上午,在森林里和你(武士)比武"。不过在这个阶段中,儿童可能表现出对文字的兴趣,获得了初步的文字功能意识和文字规则意识,反而不敢尝试书写,觉得自己写得不对,认为自己不会写,所以不敢写,这就需要成人对孩子的肯定和鼓励。

3. 5—6岁汉语儿童前书写的特点

儿童逐渐主动尝试用各种符号来表达自己所要表达的意思,具有强烈的书写意愿。在书写的内容上,开始有意识地用图画、图示、文字表示所书写汉字的音或形,所书写的内容范围逐渐扩展,包括自己的生活故事、想象故事、日常生活经验、自己的想法、购物清单等。在所使用的书写形式上,逐渐地从用图画转向用图示、文字或图夹文的方式进行书写,积极尝试用不同的符号来进行创意表达,能够在书写中有意识地一一对应口头语言。儿童的书写表达在表征意义上进一步清晰,可读性进一步增强,成人或其他儿童根据主题大致能猜测出儿童书写所代表的书面语言(即儿童所要说的话,而不只是所要表达的意思)。在握笔和坐姿上进一步规范。以下是两位儿童书写"早期读写能力发展与教育研究"这句话的例子(图2-3)。

图2-3 两位儿童书写"早期读写能力发展与教育研究"

可以发现,这两位儿童会使用图画来表示一个单字的意思,如用"√"来表示"能",用博物馆的恐龙和展览馆的大门来表示"展",但更多的是用图画来表示字的读音,如用"毒蛇"来表示"du"(读)的音,用"7"来表示"qi"(期)的音,用"鱼"来表示"yu"(与)的音等。这两位儿童都让自己的每一个图画或符号来表达口语中的一个字,做到一一对应。在遇到困难的时候,儿童会努力想办法利用生活中常见的事物〔如用盐来代表"yan"(研)〕、自己熟悉的经历(恐龙展览和博物馆展览)、自己感兴趣的事物〔男孩子用枪的声音来表示"jiu"(究),女孩子用鸟的叫声来表示"jiu"(究)〕来加强表达。

(二) 汉语学前儿童在汉字书写上的发展特点

研究者(陈思,2011)等人采用主题书写方式,通过分析学前儿童书写的内容和特点,发现学前儿童在汉字书写上呈现出如下阶段和特点。

阶段一:无意义的涂鸦。儿童的书写以随意的线条、无意义的涂鸦为主,儿童回答不出所写内容是什么。在这一阶段,如果问儿童:你会写字吗? 能够得到肯定的回答,但当儿童拿起笔,开始在纸上书写,他并不能将书面语言的经验很好地应用,而是只能通过涂画表现写的状态,询问儿童书写的内容时,儿童则回答不出。

阶段二:有结构的线条。如像方块字的曲线或线条,表现一行行字的波浪线等。这一阶段儿童所书写的内容虽然不能被汉字熟练书写者识别,但融入了在环境中观察书面语言的经验,具有了初步的方块字意识,并对汉语中一字一音的重要原则有了模糊的概念。儿童在这一阶段能够解释自己所涂画的内容。

阶段三:简单的曲线和符号,包括数字、英文字母、箭头等。儿童倾向于书写一些简单的曲线,以及由这些曲线组成的数字。符号等曲线组成的字母等是儿童较容易掌握的书写内容。

阶段四:以图画或者以其他简单的字替代目标汉字。儿童能根据汉字的意思画出图形,或者用同一个汉字代替其他的字。

阶段五:像字而非字的符号,抽象的汉字字形。儿童能抽象出汉字的字形,写出像汉字而非汉字的符号,但熟练书写者很难仅仅凭借这些符号了解儿童书写的内容。儿童能够模仿环境中的汉字,写出这些像字而非字的符号,是其早期阅读经验积累到一定程度的表现。

阶段六:有一些小错误但十分接近正确汉字字形的书写。儿童书写的汉字已经十分接近正确,只是有一些小错误,包括:使用现代汉语中不出现的笔画;笔画的冗余或缺失;笔画的方向错误;镜像书写等。阶段六与阶段五的根本区别是,儿童的书写符号虽然包含一些错误,但已经能被熟练书写者认读。

阶段七:基本符合规范的汉字字形。这一阶段的儿童能够书写的汉字符合规范汉字的字形标准,不排除存在汉字部件或笔画之间距离过大或过小,笔形与规范楷体有些区别等问题,但儿童书写的汉字已经非常接近规范汉字。

二、汉语学前儿童前书写的核心经验

前书写的核心经验主要指学前儿童在前书写活动中学习与发展的关键性、节点性的知识、能力与行为品质。这些经验的获得,有助于儿童更好地发展前书写能力,教师对这些核心经验的把握,也有助于判断儿童的发展水平并适时提供相应的有效支持。根据汉语儿童前书写发展特点,我们把前书写的核心经验总结为以下四个方面:书写主动性;书写内容;书写形式;书写姿势。

（一）书写主动性

书写主动性主要指儿童书写的兴趣和意愿。学前儿童在意识到书写的作用，文字和符号的功能后，在周围环境的熏陶下，往往会自发地书写。通过成人的适当引导，学前儿童形成书写的习惯，主动记录自己的想法、观念和经历，并在书写的过程中克服困难完成书写。

在学前阶段，儿童书写的主动性主要体现在：(1)在生活、学习情境中的自发书写行为；(2)在任务情境中的主动书写行为，即在有主题或内容要求的活动中，主动思考、积极表达、主动记录和书写自己的所思所想；(3)在书写过程中遇到困难时能够开动脑筋，坚持完成书写。学前儿童在书写过程中会遇到许多不会写的字、不会画的图、不会表达的意思，在这个过程中，学前儿童如果能够充分调动经验、开拓思维，从不同的角度，用不同的方式来表达，克服书写的困难，完成书写，则表明该儿童具有了较好的书写主动性经验。

（二）书写内容

书写内容是指学前儿童书写的内容，也是学前儿童书写所表达的内容。

书写是记录人们思想、语言、经历等的一种方式，前书写也同样如此，是记录幼儿的所思、所想、所行。学前儿童要知道自己需要或者应该书写哪些内容，通过不同的记录形式将书写内容记录下来。

学前儿童书写的内容主要有：(1)故事性的内容，包括经历、想法、幻想故事等，例如自己某次旅行、活动的经历、自己创编的故事等；(2)说明性的内容，包括某次活动操作的过程、人物或事物的介绍等；(3)标识性的内容，比如自己的名字、购物清单、注意事项等；(4)公文性的内容，比如邀请信、贺卡、快递、留言条等。

学前儿童书写内容的经验重点关注的是书写内容的完整性，无论何种书写内容，都有着各自内容的必备要素，比如故事性内容中的创编故事，要有人物、事件等要素；说明性内容中的人物介绍要有人物身份、人物特征等的介绍；公文性内容中的邀请信要有收信人、寄信人等要素。儿童在书写过程中，在相关要素上的内容上越丰富，则书写内容的经验水平越高。

学前儿童书写内容的经验还包括书写内容的逻辑性或循序性，也即内容的组织，比如故事发生的顺序、事物描述的顺序、标识性内容的次序等。学前儿童在书写的过程中逻辑性越清晰，则书写内容的经验水平越高；同时学前儿童在书写内容中所记录的口头语言在词汇和句子上的特点，也属于书写内容的范畴。学前儿童在书写内容中有更多高水平、生动的词汇和句子，则表明该儿童的书写内容经验水平越高。

（三）书写形式

书写形式是指学前儿童对多种表征符号的运用。学前儿童能书写的文字极少，因此儿童会用多种符号、线条、图画及文字等来进行书写，以表达自己的想法、经历或故事。

儿童在书写过程中，往往会使用涂鸦、线条、图画、符号、文字等多种形式进行书写。一般来说，学前儿童从最开始主要用涂鸦进行书写，逐渐发展到运用图画来进行书写，最后发展到主要运用符号和文字来进行书写。但在所有时候，儿童都不是单独只使用一种形式来书写，而是在一次书写中会综合运用多种书写符号。

书写形式重在表达，因此在书写形式上并没有水平高低之分，也即不是说书写中文字越多，水平就越高。而是重点关注所使用的书写形式是否表达了书写者的书写内容。

因此，书写形式的经验还需关注的是书写形式所表达的内容，一个书写形式可能表达全部意思，比如一个小班的儿童可能用一个涂鸦表示自己的名字；也可能表示一句话。比如一个小班的儿童可能用一个太阳表示"太阳升起来了"；也可能表示一个词。比如中班的儿童可能用一座房子表示"幼儿园"；也可能表示一个字。比如大班的儿童可能用一个○表示"园长"中的"园"字。

除此之外，书写形式的经验还需进一步关注儿童在书写形式中表征的语言属性，也即书写形式表达的是音、义还是形？比如一个儿童可能画一个手掌，表示"长大"中的"长"，说明该儿童在表达该字的音；而另一个儿童可能画一棵小树苗来表示"长大"中的"长"，说明该儿童在表达该字的义；也有儿童可能知道某个字的写法，但在笔画上会有错误，则说明该儿童在表达该字的形。

（四）书写姿势

书写姿势主要包括握笔、坐姿和书写的规则。

在学前阶段，儿童要逐渐掌握握笔的姿势，能够用比较正确的方式使用各种书写工具，常见的握笔姿势主要是三指握笔，而儿童常见的握笔姿势有捏笔、抓笔等方式，常出现握笔太高或握笔太低等现象，这些有可能发展成为横塔型、埋头型等错误的握笔姿势，因此学前儿童需要学会正确的握笔姿势。

儿童还需要习得正确的书写坐姿，也即保持手、眼、纸的适当距离。同时还需习得书写时的方向规律，即从左往右、从上往下的方式书写。

在儿童早期阅读与读写能力发展的过程中，家长和教师一方面要尊重儿童读写能力发展的特点和规律，不拔苗助长，也不因噎废食。另一方面要明确儿童早期阅读与读写需要学习发展的核心经验，从而根据儿童早期阅读与读写经验发展的特点和水平，因势利导，努力促进儿童早期阅读与读写能力中核心经验的发展，做到"授人以渔"而不只是"授人以鱼"。

第三章／

选择培育儿童早期大脑发育的游戏图画书

周 兢

在儿童早期阅读的图画书中,有一批图画书具有玩具游戏性质,对于儿童的早期大脑发育具有特别的意义。本章将向读者简单介绍儿童阅读、游戏与发展的关系,推荐一些具有玩具特点和游戏特质的图画书,希望每一位家长和教师根据儿童的年龄特征选择和运用。

第一节　儿童早期的阅读、游戏与脑的发展

提起儿童早期发展,阅读与游戏是他们学习成长必不可少的重要内容与方式,因为阅读和游戏是儿童早期大脑发育的良好刺激条件。有经验的父母与教师一定感受到,孩子具有游戏的天性,他们在游戏中连接日常生活经验,获得丰富的快乐体验。游戏往往是儿童自愿的活动,他们在游戏中产生积极的情绪体验,并且有着一系列的创造与想象的过程。在游戏中学习,不仅是早期儿童认识世界的方式,也是他们学习阅读的一种重要途径。

近年来,国际有关儿童发展与游戏研究的进展,对我们认识儿童早期阅读、游戏和脑的关系,有了一些新的值得重视的观点。

第一,研究发现儿童早期阅读和游戏有助于大脑发育。虽然幼儿在出生之前,大脑神经元便开始发育,但神经元细胞之间的突触连接,主要发生在出生以后,并且在 3 岁前都保持着较高的发展速度,直到 15 岁左右,大量神经元由于缺乏使用而逐渐消失,同时业已形成的突触连接网络由于持续锻炼和接受刺激而不断增强和增殖,这一修剪的过程促使大脑结构的发育和功能的生成。在这样的大脑发育过程中,影响突触连接的必要条件之一是外界学习经验的刺激,正是经验的刺激使得大脑保持长久的可塑性。早期阅读的图画书,早期玩具和游戏,正是给儿童大脑发育提供良好刺激的重要方式和途径。已有研究证明了儿童出生后的图画书阅读,来自图画书色彩图像和声音对儿童产生的刺激,有助于幼小婴童大脑发育。近年研究将儿童游戏与脑发育连接起来,探讨基于游戏的儿童活动与脑的发育关系,即儿童游戏过程受到大脑活动影响以及游戏能否促进大脑发育的问题(McFadden,2000)。研究证明,儿童积极参与的游戏活动,形成一种互为促进的大脑活动过程,出现类似于自我引导地进行大脑重塑的现象(Konner,2010)。游戏专家们认定,儿童游戏、脑的发展和丰富的环境之间存在着一种互益的关系;游戏是一种神奇灵活的、不可预知的,并且具有创造性反应的进化潜质的力量;通过丰富环境因素的介质,产生促进儿童大脑可塑性及其与现实连接的作用(Gould,1996;Sutton-Smith,1997)。因此,游戏不仅是儿童学习的重要方式和途径,也是阅读学习的重要方式,通过脑科学的研究,进一步得到了确认。

第二,有关儿童游戏研究逐渐出现两大类型的分化趋势。一类儿童游戏是传统受到广泛重视的儿童自主性游戏,如角色游戏、建构游戏等等。尊崇儿童的游戏天性,给儿童丰富快乐的游戏体验,让儿童在游戏中充分连接生活经验,从而获得自然整合的学习发展,是这一类儿童游戏关注的重点。与此同时,另外一类"有目的游戏"也成为游戏研究的重要内容。有目的的游戏又称"游戏工作",通过有游戏特征的图画书开展阅读,并且有目的地给儿童阅读游戏同步学习的情境,就是属于第二类游戏。这一类有目的游戏有更加清晰的教育目标,针对儿童某个领域发展的要求,采用游戏的方式引导和组织幼儿学习。早期儿童图画书的游戏特质,就是给幼小儿童创造了边玩边读的有目的游戏。

第三,成人参与儿童阅读和游戏中能够发挥重要的角色作用。休斯(Bob Huges,2012)指出,如果我们把儿童看成是学习与发展中的个体,我们就不能仅仅提供宽松舒适的活动场所材料,不能仅仅让孩子自然而然地操作游戏。同样,在把阅读和游戏连接起来的时候,我们成人需要考虑孩子的成长是一个不断进化的过程。来自日本的一项研究发现,对于 2 岁左右的婴儿而言,亲子分享式阅读情境下婴儿左右额叶激活强度要显著高于亲子观看视频阅读情境(Ohgi, Loo, Mizuike,2010)。亲子共读时,除了母亲阅读图书内容的话语,剩下的母亲话语被分类为引发注意、阐述评论、提问和反馈四个类别,儿童话语被分类为标签图书内容、回应母亲提问、自定义问题和评论四个类别,亲子之间的非言语互动行为主要指母亲与婴儿用手指向的关注行为。该研究发现,亲子分享式阅读情境下,母亲话语量、婴儿话语量和亲子非言语互动行为数量也都显著高于视频阅读情境,同时亲子话语量都与婴儿左右额叶的血氧浓度呈显著的正相关关系。这项研究表明母亲与婴儿之间语言和社会性互动调节着婴儿的大脑额叶激活状况,依托图画书开展的分享式阅读能够促进婴儿大脑认知功能的发展。因而,在家庭或者社区的环境中,无论是给孩子阅读一本图画书,还是跟孩子边玩边读图画书,这个过程应当都潜藏对孩子学习与发展的要求,期待着孩子通过游戏探索、学习、拓展各种有效的学习经验。因此,我们要说,家长或者教师在孩子阅读游戏的时候,不能处于无关旁观状态,而要有早期儿童在游戏中学习与发展的概念,要有符合早期儿童特点规律的、支持儿童学习与发展的游戏活动指导;否则我们的阅读和游戏,都不会自动形成对儿童学习与发展具有促进作用的环境。

简而言之,图画书是为了给孩子视觉经验,但是早期儿童处于人生发展初期阶段,他们的认知活动需要借助于身体的感知觉和手的操作,所以不只是看,还要玩图画书。对他们来说,书也是玩具,阅读过程中可以玩着读,读着玩,化游戏为阅读,将阅读视为游戏。我们应当记住儿童早期发展的规律特点,在带领孩子阅读学习的时候,选择具有游戏阅读特征的图画书,将一般的阅读变成具有游戏特征且又富有阅读意义的活动过程。一方面孩子可以把阅读当作游戏，通过激发孩子对于游戏的热爱来产生对阅读的兴趣，自发地阅读并获得阅读的快乐，另一方面则可以引导孩子在游戏中阅读并理解内容。这种将阅读和游戏结合起来的教育理念，可以很好地培养儿童对阅读的兴趣以及热爱阅读。

第二节　儿童早期阅读的游戏玩具书

具有游戏玩具特质的图画书,给儿童各种感官参与的阅读过程。调动幼小儿童的听觉、视觉、触觉、嗅觉等多种感觉通道,去连接他们的生活经验,去想象他们未知的世界。这样的全身心参与的阅读,对早期儿童具有特殊的重大的意义。

当我们认识了阅读、游戏与儿童早期发展的关系之后,我们可以进一步考察,什么是适合零岁起步提供给儿童阅读的游戏书。我们知道,传统意义上的儿童阅读的图画书,是以画面人物故事构造出来的纸质图画书;现在我们要来看看,具有儿童玩具特征的其他类型的游戏玩具书。一般而言,游戏玩具书可分为布画书、洗澡书、触摸书、声响书、嗅觉书以及立体书等。强调类似玩具的趣味和可操作的游戏功能,是游戏玩具书的主要特征。这些形式新奇、充满乐趣的儿童游戏图画书,可以充分地满足儿童早期的阅读需要,对他们零岁起步的阅读发展具有不可替代的重要价值。

一、布画书

布画书是使用布制的图画书。有的布画书嵌入可以发出声响的小玩具,捏一捏就发出声响,可以吸引出生不久的孩子的注意力,所以布画书又被称为啦啦书(图3-1)。

图3-1　布画书

布画书已有近100年的历史,近20余年在发达国家非常普及,并受到婴幼儿教育专家的广泛推崇。布画书一般是用棉布缝制的,页间填充棉花或海绵,给宝宝最初的触摸和玩弄带来柔软、舒适的感觉。布画书在棉布上印刷文字和图案,有的布画书含载一首短小的儿歌或故事,有的则展现婴儿最初认知的几个动物或者植物概念。有的布画书为了增强婴幼儿学习玩耍的乐趣,配有玩偶、摇铃、BB器、搭扣、魔术贴、安全的玩具镜、多种触觉训练材质等等,这是根据学习功能的需要,结合布书内容而精心安排的,给宝宝提供了最早的主动感知、探知的空间。

研究发现,布画书是婴儿和学步儿比较合适的阅读内容。这种图画书允许小宝宝抓握、撕扯,也允许小宝宝往嘴巴里面塞、用牙齿咬。更重要的是,在成人跟孩子一起阅读布画书的时候,孩子可以聚焦注意力,聆听成人的讲述,阅读中可以锻炼宝宝视力,增长小宝宝的手眼协调能力。所以说,布画书是最早可以给孩子阅读的一种图画书。

家长在选择布画书的时候,需要注意几个方面的要求:(1)注意布画书的材料安全性。布画书的布料一定要做到无毒、柔软、撕不烂、咬不破和易清洗,真正可以让婴儿和学步儿放在嘴巴里吃咬,对孩子不会产生任何引发过敏的问题;(2)布画书的色彩要比较鲜艳,画面形象比较简单而凸显,要容易引起小宝宝的视觉注意;(3)布画书上的文字不宜太多,主要用于提示成人指引宝宝阅读,过多文字将可能混淆阅读主要信息;(4)有的布画书通过不同材质、玩偶或活动件与画面内容结合,但需要注意避免过分复杂,否则反而影响小宝宝充分的主动感知与阅读。

兴趣是培养宝宝阅读的前提,也是宝宝探究事物的最大动力。每一本布画书都给家长和孩子提供了阅读起步的互动空间。在"学与玩"的过程中,家长要注意的几个要点是:(1)根据宝宝的年龄来选择布画书,真正让孩子有兴趣并有针对性地让宝宝明白和理解一些事物;(2)不要过早地把阅读放在认识文字和数字上面,阅读的重点是通过讲读图画内容,给孩子输入语言信息,帮助宝宝去理解这些简单的图画形象或者故事场景;(3)对宝宝的每一个细微的进步给予鼓励是非常重要的,和孩子一起阅读将促使他们建立最初的阅读兴趣。

二、洗澡书

洗澡书是另外一种具有互动游戏特征的图画书,专门为宝宝们洗澡时能够玩耍而设计,可供孩子边洗澡边阅读的特殊图画书。近年来洗澡书成为受到早期儿童教育界广泛欢迎的图画书类型。

洗澡书的制作非常特别,一般采用乙烯-醋酸乙烯共聚物材料,在页与页之间有海绵填充。高质量的洗澡书因其材料的特质,可以漂浮在浴缸、浴盆水面上,让宝宝边洗澡边玩边看,成为撕不烂、不伤手、不怕水、不怕脏和柔软无毒的游戏书。洗澡书也因其材料特质,一般页数不多,内容比较简单。家长在选择洗澡书的时候,可以考虑将材料安全可靠,色彩明朗鲜艳,图画形象清晰可爱作为选择的基本标准(图3-2)。

图 3-2　洗澡书

研究指出，洗澡书的图形、色彩可以刺激孩子的视觉发育和空间想象力。对小宝宝而言，在阅读洗澡书的时候，成人可以指点小宝宝观察漂浮在水面上的图画书，引导宝宝认识书中的内容，增加和宝宝的互动游戏。在宝宝们充满好奇地阅读洗澡书的过程中，玩耍也可以无形中帮助幼儿消除对水的恐惧，让宝宝渐渐爱上洗澡。对大一点的孩子来说，在他们阅读洗澡书的时候，成人可以辅助放置一些其他的玩水玩具，那么孩子在阅读洗澡书的基础上，可以拓展游戏范畴，加深对阅读内容的理解。

三、触摸书

为适应儿童早期感知觉发展的特别需要，有一类具有游戏特质的早期儿童图画书称之为触摸书。这类图画书一般采用硬纸板制作，图画色彩丰富，书中有与相应物体/动物材质一致的填充物材料，让儿童可以在阅读过程中触摸和感受。

请看这本《农场》（德纳，2012）图画书（图 3-3），孩子在阅读这本图画书时，不仅可以认识生活在大自然中美丽多姿、活泼可爱的动物们，更让家长和宝宝惊叹的是，一翻开书，竟然有各种皮毛长在动物身上，宝宝可以用指尖尽情地在各种动物

图 3-3　触摸书

身上"跳舞",触摸动物身上的皮毛,感受柔软、粗糙、坚硬的真实触感,辨别各种皮毛的差异;通过这种触摸体验和近距离入微的观察,儿童能够发展起感知觉和语言意识,这在电视上、动物园是完全感受不到的。由图3-4可以看到儿童喜欢不停翻页,触摸可以感受的填充物部分。

图3-4　儿童阅读触摸书

有的具有玩具游戏特征的触摸书,通过看、读、听、触摸的四维感官让孩子直观地感受各种不同的概念,比如"光滑的玻璃""毛糙的砂子""柔软的皮毛"和"坚硬的石块"等等。小宝宝阅读图画书时,可以直接感受柔软、粗糙、坚硬等前所未有的触感体验,有助于更好地获得那些相应的词汇和认知概念。所以说,触摸书对儿童阅读起步具有某种特别的价值。

四、声响书

声响书,指的是在图画书中嵌入一些可以发出声响的小设备,儿童在阅读过程中按下某个按钮,图画书就会发出相关的声音。这样的图画书也深受早期儿童的欢迎(图3-5)。

图3-5　声响书

例如《消防车快快》是"车轮转转转"系列中的一本,这本书巧妙地安置了一个声响按钮在书的左上角。当儿童阅读封面的时候,按一下按钮,图画书便会发出消防车的声音,可以很好地吸引孩子阅读的注意。在阅读每一页的时候,家长给孩子讲消防车的故事,孩子可以去按声响钮。这样的声响书,可以帮助保持幼儿的兴趣,增进他们对阅读内容的理解。

阅读声响书,还可以引导幼儿联系自己的生活经验。例如有一本声响图画书描述的是小宝宝上厕所的情景,书中有一个按钮可以发出冲马桶的声音。孩子在阅读时可以反复按这个按钮,反复听到冲马桶的声音。一方面,声响帮助孩子理解图画书的内容;另一方面,也让孩子的阅读增加了更多的乐趣,我们可以听到图画书阅读中儿童的欢笑。

五、嗅觉书

嗅觉书是一种特别的游戏玩具书。这种图画书收纳与图画书内容相关的气味,将之置入于图画书的某一页或者某几页。当幼儿阅读的时候,用手摩擦置入气味处,就可以闻到特别的味道。对于大量气味的识别和记忆,使嗅觉成为我们所有感觉中最为神秘的一种。嗅觉是儿童成长必须获得的一种感知觉能力。

引导孩子去阅读一本讲述大自然的植物图画书,图画书画面展现各种植物的美丽;在画面的下方有一处小方块,孩子在听成人念讲图画书时,经成人提示,可以伸手去摩擦这款气味处,这样就可以闻到相应的玫瑰、薄荷等植物的味道。读一读,闻一闻,多么有趣快乐的阅读呀!孩子在阅读中用自己出色的视觉看到了各种植物的长相,也在跟随的摩擦过程中"嗅"到了各种不同的气味。把这些经验带到生活中去,孩子将闻到越来越多的气味,分清各种不同的气味。他们的感知觉能力就在这样的阅读中成长起来。

六、立体书

立体书是儿童图画书中的一种特殊种类,可以说是最具游戏玩具特色的一类图画书。立体书在纸质图画书的基础上创新发展,蕴含着超凡出色的空间整合和卓越想象的立体设计。

我们将打破纸本平面设计的图画书均归入立体书的范畴。接下来我们介绍几种创意丰富的立体书:

(1)立体造型图画书。在平面图画书上,出现立体构造的人物风景图像。当我们打开《好饿的毛毛虫》这本书时,毛毛虫被翻开的瞬间跃然纸上,仿佛给孩子创造了一个3D的互动式学习环境,让宝宝体会到"玩中学,学中玩"的学习读书乐趣。

(2)洞洞造型图画书。在平面纸本图画书上,"洞洞书"则是根据图画书的内容设计出一些洞洞,配合故事内容在书页中打洞,这些洞洞巧妙地透露出下一页的部分内容,给孩子猜测推断的学习经验。《移动的积木》(米津祐介,2013)就是这样(图3-6),运用洞洞的造型,向孩子们介绍一系列的交通工具。因为有这些有趣的洞洞,阅读会变得非常新颖,给孩子带来生动活泼的学习之旅。

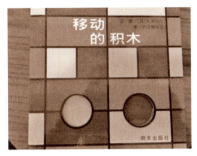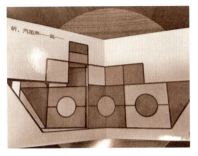

图 3-6　洞洞造型图画书

（3）玩偶造型图画书。在立体书的各种创意类型中,还有和玩具结合非常紧密的玩偶造型图画书。玩偶造型图画书之所以受到孩子们的青睐,除了它们有着立体生动有趣的设计之外,更为重要的是,玩偶的参与为阅读增添了表演的成分。

例如《小羊兰姆》(戈德霍克,兰伯特,2012)这本玩偶造型图画书(图 3-7),在图画书中巧妙地设计了小羊兰姆的布袋头像,故事封面就形象鲜明地出现在孩子们面前。随着故事的展开,小羊兰姆的布袋玩偶造型一直参与其中,并且可以根据情节变化而作出不同表情。这样的玩偶造型图画书,一方面将阅读模式变得更为人性化,更具互动性,另一方面也在潜移默化之中将阅读内容融于孩子与玩具游戏过程之中。

图 3-7　玩偶造型图画书

第三节 早期儿童游戏玩具书的选择和使用建议

当我们认识了这些富有创意的早期儿童游戏玩具图画书之后,接下来需要考虑的是如何有效地运用这些图画书,促进儿童早期阅读习惯和能力的成长。对此,我们为家长和教师提出以下建议。

一、选择安全且有创意的游戏书

毫无疑问,我们认为游戏玩具书是儿童早期阅读起步可以选择的读物。无论是洗澡书,还是立体书,这些具有游戏特质的图画书具有较高的教育价值,为儿童创造了一片创意阅读的天地。在选择游戏书时,我们可以考虑这样几个标准。

标准1:安全的材料制作。面对幼小的孩子,我们选择给他们阅读的游戏书,必须采用安全材料制作。无论洗澡书的塑料材质,还是布画书玩具的安全性能,都必须符合国际儿童用品的安全标准。劣质的材料或者粗制滥造的加工,都可能给幼小的孩子带来危害。因此,这是家长购买选择游戏书首先需要考虑的问题。

标准2:创意的形象内容。假如我们成人仔细寻找,我们会发现,优秀的图画书总是以非常丰富的创意内容取胜,游戏书也毫无例外。家长不要急于求成,选择玩具方式来让孩子认字数数,那样会获得相反的效果。请用儿童的眼睛去看,用儿童的耳朵去听,用儿童的心去想,寻找游戏书是否捕捉到生活中许多贴近儿童经验的形象。如果我们足够理解儿童,我们会知道,这些书中的小动物正是每一个孩子童年的好奇心所在,也是孩子很希望了解和特别喜爱的形象。

标准3:童趣的艺术表现。选择游戏书的时候,要考虑这些书既要有图画书特征,在色彩、造型上非常切合早期儿童心理,也要考虑这些书的游戏玩具特征,充满童趣的游戏书对孩子产生极大的吸引力,因而这样的书才真正具有游戏性。懂得儿童教育的人会知道,当孩子面对游戏的时候,他们的思维可以得到充分的激励,他们会让自己的想象在广阔的天空中驰骋,游戏的快乐当然就能够激发孩子的创意阅读,并且在创意阅读中锻炼自己的创造力。

二、和孩子一起读好游戏书

阅读不仅是给孩子提供具有创意的图画书,更重要的是跟孩子一起互动阅读的过程。值得我们家长和教师关注的是,当我们面对孩子和有创意的图书的时候,怎样挖掘并使这本书的价值得到充分利用,往往决定着我们的儿童阅读教育水平的高低。很好的一本书,我们只是毫无感觉地读给孩子听,或者让孩子反复记忆背诵;还是在充分理解这本图画书的同时组织有趣的活动,这样不同的阅读过程对儿童而言,是失之毫厘差之千里的事情。

在运用各种不同类型游戏玩具书的时候,成人需要记住"我们是在和孩子一起阅读",勿忘孩子需要我们的阅读指导。

(1)需要在阅读中帮助扩展孩子的口语词汇量,促进他们的语言发展。阅读是最为自然的语言学习活动,在阅读图画书时我们还在帮助扩展他们的口语词汇量,同时让他们学到一些比较复杂的词汇,增加他们口语表达的丰富性。家长可以在和孩子一起读游戏书的时候,引导孩子运用口头语言表达自己的想法。这样,当他们在生活中遇及各种词汇的时候,就可以辨认出这些词汇,并且理解这些词汇的意义。

(2)需要帮助孩子感知和辨识语音,发展他们对语音的敏感性。0—3岁阶段儿童出于对口语声音和意义的敏感程度,他们开始逐渐关注口语中的押韵现象,喜欢听有绕口令特征的语言,同时他们也开始注意到许多字词的发音相似之处。家长可以有意识地念图画书内容,指导幼儿学习感知和辨识语音,反复吟诵一些语言押韵的句子,产生语言游戏的效果。这些活动都将有效地提高幼儿对语音的敏感程度。

(3)需要帮助孩子养成好的阅读习惯。阅读是可以养成习惯的,好的阅读习惯来自好的阅读过程。游戏图画书给早期儿童带来很强烈的吸引力,有助于孩子建立起基本的阅读策略。家长应当注意每天给幼儿看故事书的时间为佳,并且做到和孩子一起阅读,这样才能真正帮助孩子养成"阅读图书"的习惯。

三、和孩子一起玩好游戏书

因为孩子拥有喜欢游戏的天性,也因为孩子可以从游戏玩具书的阅读中学习成长,家长就需要仔细琢磨,如何与孩子一起玩好游戏书。对此,给家长如下建议。

(1)真正做到和孩子一起玩游戏书。我们家长需要认识到,游戏书具有玩具的特质,但是家长和孩子一起玩游戏书很重要。有一种错误认识,是将游戏书当作儿童的保姆,将孩子和游戏书放在一起,家长就可以腾出精力去做别的事情。这样的情况很可能造成儿童迅速转移兴趣,无法专注地注意阅读,长此以往不利于孩子阅读习惯的建立,更不能帮助孩子建立良好的学习品质。

（2）根据每一本游戏书的特点进行游戏阅读。如前文所述，每一本游戏玩具书都有着不同的特点，游戏书的阅读需要抓住特点顺势而行。例如，嗅觉书的阅读，需要家长提前观察理解图画书，找到暗藏的嗅觉要点，在阅读中指点孩子用手指去摩擦发出气味的部分。再如，声响书的阅读，家长可以带着孩子先读一遍，手把手带着孩子按下可以发出声响的部分。当孩子明白声音出处，知道阅读内容与声响关系的时候，就由家长朗读内容，让孩子自己玩声响发出声音。这样的游戏阅读会让孩子越来越有兴趣。

（3）在游戏过程中有目的地提问。当孩子与父母边玩边读图画故事书时，家长应针对画面内容提出问题，让孩子思考和回答。幼小的孩子还无法回答父母的问题，家长可以采取自问自答的方式来完成。对孩子能够给予回答的情况，家长要对孩子的回答予以即时反馈，不管孩子对错与否，都要认可孩子的回答；然后再谈论自己对孩子回答的看法，同时加入新的信息，例如采用更加准确、优美的词语或者是完整的句子结构。在阅读的不同阶段，根据故事本身的特点以及儿童的反应，父母要有区别地提问。游戏书阅读过程中或者完成后，家长可以提问一些有关图画书内容的问题，来了解孩子对图画书的理解程度；家长还可以适当地提出一些开放性的问题，促进儿童的创造性想象力的发展。例如："假如你是小羊，你会怎么做呢？"有目的提问产生的效果是，一方面可以检查孩子对游戏书内容的理解程度，另一方面，家长也是向孩子示范了应该如何看书。

（4）在游戏书阅读中保护孩子发问的积极性。鼓励孩子提问，最重要的是保护孩子阅读中主动提问的积极性，因为孩子的脑袋中总会有许多千奇百怪的想法，不知道在什么时候就冒了出来。不少思维活跃的孩子经常会中途打断父母讲故事，千万不要把孩子的这种行为当作一种干扰，这说明孩子对故事有疑问或者是有自己的想法，也表示他对故事非常投入，是一件值得庆幸的事情。面对孩子的发问，成人首先要给予反馈。因为孩子的思维具有跳跃性、不稳定的特点，孩子的问题稍纵即逝，一旦没有抓住，等到讲完故事再去问，可能已经忘记自己提过什么问题了，这样就白白地丢掉了一次极好的教育机会。其次，成人的反馈是有区别的。如果孩子的问题是可以用几句话说清楚的，就简单明了地说出来，接下去继续讲故事；如果孩子的问题不是一句两句话说得清楚的，就应该给他以下的提示，比如：我知道你的问题了，等故事讲完了再跟你说。记得说完故事后要谈论孩子提过的问题，否则会给孩子留下言而无信的坏印象，无形中也会打击他提问的积极性。

（5）鼓励孩子阅读游戏书的表现与创作。从父母的陪伴到独立阅读是一个比较漫长的过程，当孩子对故事本身已经非常熟悉、了然如胸时，应该思考如何延伸孩子的阅读经验，通过扩展孩子的阅读经验，让孩子明白阅读的真正意义，明白阅读是一个听说读写的完整过程。

做法 1：把孩子讲的故事记录下来或者用录音机录下来，然后念给孩子听或放给孩子听。让孩子在这些活动中明白阅读不仅意味着听和读，还包括讲故事，成人记录故事。

做法 2：提供一些操作的材料，根据图画书的故事情节与孩子玩扮演游戏，鼓励孩子用自己的方式表现对故事的理解，可以用肢体动作表演、改编等。成人可以注意观看聆听，并忠实记录。

做法 3：让孩子学着把自己创作的故事写或画在纸上，并帮助孩子制作成书。提供材料一起来表演、画出来，这就是我们所提倡的前书写、前阅读的实质性内容，也是亲子共读的创造性活动。这样的活动将不仅有利于儿童的阅读能力的成长，而且对他们的全面发展具有促进意义。

总之，成人世界的书一般都是方方正正的，大小也没有很大的区别；成人的书一般都是纸质的，讲究书香墨香。成人阅读是一种自觉的解读文字符号系统的认知活动，有明确的阅读意识，因此成人的阅读活动是一种专门化的特定行为；而儿童早期的阅读具有泛化性的特征，他们的早期阅读则和其他活动是混沌的、未分化的，与其整个生活密切联系。对早期儿童来说，阅读是生活的一部分，需要具有游戏功能的读物来支持，需要成人的陪伴、分享，更关注图画书作品中声音、色彩和味觉刺激。因为上述特点，令早期儿童的图画书各具情态，斑斓多姿，和谐地完成游戏和阅读的双重功能。

第四章／
选择帮助儿童自我发展的图画书

张义宾

　　自我发展是孩子实现自我成长、建立友谊并发展社会交往能力的起点。从出生开始,儿童就已经走在"自我发展"的路上,自此,追随和发现自我、丰富和完善自我,就成了生命成长的要义。通过早期图画书阅读,儿童可以不断探讨周围环境的人、事、物,回应自己遇及的各种问题,不断增强自我认识,获得自我认同与成长。本章将从儿童的自我发展特征入手,讨论图画书与儿童自我成长的关系,以及介绍如何通过阅读图画书提升儿童的自我发展能力。

第一节　儿童的自我发展特征

儿童的自我成长机制,心理学上称之为儿童的自我发展。自我发展是一个非常广泛的范畴,传统的自我发展研究包括儿童的自我意识发展、情绪发展以及自我调节能力发展等(Kostelnik et. al,2011)。近年来,随着对弱势群体的研究增加,研究者普遍关注到儿童的心理弹性发展,当然,个体的自我意识发展、情绪发展以及自我调节能力的发展基本覆盖到了儿童心理弹性发展的方方面面。

一、自我意识的发展

自我意识,就是意识到自我的存在问题,意识到自己个体价值的过程。0—6 岁是儿童自我意识发展的基础阶段,这个阶段孩子最常会出现的问题便是"我是谁"。可以说,只有当孩子能够认清自己、接纳自己,发展出健康的自我概念之后,他们才能去认识别人、肯定别人,与他人建立良好的人际关系,建立尊重、互助、欣赏的人我概念。

婴儿出生的时候是不具备自我意识的,一直到 1 岁以后才开始出现自我意识的萌芽,或者说是一种自我的感觉,比如 1—2 岁虽然知道自己的性别,但是建立起性别意识要到 6 岁才能系统形成。3 岁儿童逐渐把对自己的称呼改成"我",到 4 岁左右的时候,儿童可以使用某些物理属性,比如尺寸、颜色和形状来形容自己,而且到 6 岁时,他对自己的描述就变得非常详细,从自己的姓名、性别、年龄、会做什么事情,一直到自己最喜欢的玩具等都有可能出现,但是很少会有幼儿给自己下一个概括性的结论,比如"我是一个内向的孩子"。儿童对自我概念的认知带有非常明显的年龄特征,3 岁幼儿对自己的描述多跟年龄有关系,比如"我 3 岁了,我是个男孩子";4—5岁的孩子将自己的身体特征、所有物以及爱好统合起来对自己进行描述;5—6 岁则更多地从能力(如自己会阅读图画书)和同伴关系角度来介绍自己(钱文,2015)。

性别意识的发展构成了儿童自我意识发展的重要维度。儿童发展心理学家劳伦斯·科尔伯格(Lawrence Kohlberg)认为,儿童对于自己是男性还是女性的基本理解是逐渐发展的,整个过程经历了三个阶段:第一阶段是性别标志,大概在二三岁的时候,儿童理解了自己"要么是男孩要么是女孩"这一事实,并且对自己有相应的标识;第二阶段是性别稳定性,幼儿开始理解性别是稳定的,男孩会变成男人,女孩会变成女人;第三阶段是性别恒常性,在6岁以后,大多数儿童理解了男性女性并不会随着情境或者个人愿望而改变,他们知道即使一个人"穿错了衣服",也不会改变性别。科尔伯格认为,性别恒常性是儿童性别认知发展中的一个重要里程碑。

二、情绪发展

任何文化中的人都有情绪,情绪主要由三个方面构成:身体感知、所表现出的反应以及认知反应。情绪一般包括两个维度:基本情绪和自我意识情绪(冯晓杭、张向葵,2007)。基本的情绪,就是我们常见的快乐、悲伤、厌恶、生气、惊讶、感兴趣、害怕等;高级的情绪即自我意识情绪,是随着儿童自我意识的发展而产生的害羞、羞耻和内疚等情绪。情绪具有非常大的能量,可以帮助儿童生存,比如快速躲开一辆疾驶而过的汽车时,是由情绪无意识促使儿童作出了自我保护的反应;情绪还可以给儿童提供有关幸福的信息,从而使儿童采取行动维持或改变他的情绪状态,比如高兴会让儿童感到踏实,而生气则会让儿童努力克服困难。此外,情绪还是一种交流的方式,不会说话的孩子主要是通过微笑或者哭泣来与成人进行沟通的。现有的脑科学研究还发现,情绪会影响儿童的认知能力。因此,儿童自我情绪的健康发展,是我们需要密切关注的(Kostelnik et al.,2011)。

儿童情绪能力是指儿童辨识、理解自己与他人情绪,并在此基础上调节、控制和适当表达自身情绪的能力,主要由情绪识别、情绪表达和情绪调节三个维度构成。早期儿童认为自己在一个时间内只有一种情绪,比如生气是彻头彻尾的,高兴也是酣畅淋漓的,随着年龄的增长,到五六岁的时候,儿童就能够识别自己的多种情绪了。

三、自我管理和调节

自我管理能力指的是个人在自我认识、自我评价、自我发展的基础上形成和发展起来的,管理自己的生理和心理、管理自己所能支配的资源时表现出来的能力(赵海燕,2006),包括生活自理能力和行为管理能力,自我管理的目的在于让儿童逐步融入社会生活、合理控制情绪、遵守社会规范。

3—5岁是幼儿生活自理能力发展的关键时期,其内容主要包括愉快地进餐,正确使用勺子和筷子,饭后擦嘴;按次序穿脱衣服和鞋袜,会系鞋带和整理床铺;会正确洗手、洗脸、刷牙,保持仪表整洁等。生活自理能力与幼儿的健康、认知、个性有密切关系,它的培养与提高也有助于幼儿独立性发展,从而使幼儿不断适应环境、适应生活(孙雁,2012)。

情绪调控能力是指通过有意识地干预自身某种自然产生的情绪,其中主要是指儿童保持积极情绪、遏制负面情绪的能力。观察研究中显示,大班幼儿已经意识到消极情绪需要控制,然而却不会调节,往往采取赌气、愤怒、哭泣等消极的方式(葛琳,2015)。儿童的情绪控制能力从婴儿期就已经开始发展了,他们会通过发出声音来吸引爸爸妈妈的注意,到幼儿阶段时,他们的情绪控制主要是通过如下策略实现的:控制表达一些情绪、安慰自己、寻求安慰、回避或者忽略一些可能会触动情绪的事、转移目标或者换一种方式表达等。

儿童的行为管理主要是指儿童的延迟满足能力和抵抗诱惑的能力。3—6岁儿童可以听从成人的指令和遵守一定的规则,并没有形成真正的自我控制。此时,儿童只有在成人的直接监督下才能根据要求完成任务。一旦缺乏成人的指令,那么儿童往往不能控制住自己的冲动或需求。在著名的延迟满足实验中,幼儿完成某项任务后,研究者告诉幼儿如果你现在就要奖励的话,你能获得一颗糖;如果你可以等待一会儿,那么可以获得两颗糖。处于遵从阶段的幼儿往往会要求马上获得奖励,因为此时成人并没有对他们提出要求,他们不能控制马上想要得到糖果的本能。

儿童的自我发展具有十分重要的作用。在幼儿时发展良好的自我意识,有利于幼儿在成长过程中形成对自己、他人以及周围事物的正确态度,使幼儿容易建立良好的人际关系,对学习有兴趣,情绪稳定。否则,幼儿对自己就会没有信心,对周围世界就会缺乏兴趣,就会产生较多的消极情绪,有的甚至会产生一种焦虑和恐惧心理,害怕与他人接触交往,行为退缩,也会产生自卑的性格特征,这将影响幼儿各方面的发展。图画书作为一种以文字和图片共同来传递信息的媒介,契合了儿童的心理发展特点,对于儿童的自我发展具有非常重要的作用和价值。图画书中的内容都是社会生活直接或间接的反映,幼儿阅读图画书时总是以自己的生活经验理解故事中的世界,并在与图画故事书的接触中认识自我、扩展经验、管理情绪和行为、养成良好习惯。

第二节 图画书与儿童的自我意识

一本好的图画书是孩子一辈子的陪伴,好的图画书提供了儿童能够发现自我的角色或事件,由此反思自己的行为、情绪和信念。孩子也常常会与图画书中的角色展开对话和交流,或者将自己替代成为书里的角色展开想象、遨游心灵,从而展现和打开属于心底的自己。可以说,图画书是提升自我意识,推动自我从认识自我、接纳自我并塑造自我过程发展的动力(火晓英,2015)。孩子最先认识或者发现的是生理上的物质自我,这包括对自己是从哪里来的,以及对自己身体特征的认知,这既是孩子构建自我认同的重要基石,也是孩子从自己出发开始认识他人的重要起点。

一、身体的自我

"妈妈,我是从哪里来的?"每当孩子问出这个问题时,也许是出于自身的那份内敛,父母一般会用谎言回答,搪塞过去,或者用"你是从石头缝里蹦出来的"或者"你是妈妈从山上捡回来的"予以回应,却很少给出真正的答案。事实上,对于生理上"我"的来源,往往使得孩子陷入矛盾。孩子对于生命起源的追问,实际上也是孩子探索精神的发端,也是自己的哲学追问,从科学问题来讲,这便是"性教育"的话题。

性教育是一种终身教育。3—6岁是性心理发展的"性蕾期",也是性教育卓有成效的时期。因此,从幼儿期便关注和开展性教育已是一个必然的趋势。《小威向前冲》是一本比较有名的性教育图画书。这本书通过一个浅显有趣的故事,让孩子在与图画和文字的互动中了解到精子"小威"是如何突破重围,最终和卵子结合、演变为小宝宝的过程。孩子在阅读之后,豁然开朗,不仅对自己的生命成长感叹不已,也为生命的认同打下坚实的基础。类似的图画书还有《人之初》《咕咕坠地》《我们的身体》等,利用图画书图文结合的特性,将生命孕育的过程展现在具有直观思维的孩子面前,避免了"文化"尴尬。

和歌山静子编著的性教育图画书系列中《我的故事(男孩篇)》讲到了生命的诞生、男女身体结构的不同,从精子、卵子又讲到父母的性接触;《我的故事(女孩篇)》用"私密地带"这个词告诉小朋友,要学会保护自己,预防性侵害;《两个人的故事》则以一个神话故事讲述了男人和女人为什么要结婚的问题。

随着孩子年龄的增大,孩子逐渐意识到自己身体的变化,比如掉牙、发现男生女生身体的差异,这也是孩子坦然面对自我、学习保护自我的第一步。图画书《一颗超级顽固的牙》(图 4-1)讲述了一段对爸爸妈妈和小朋友来说都非常熟悉的经历:掉牙。牙齿松动都会让人有一些不太舒服的感觉,可是塔比莎的爸爸却以微笑面对,让塔比莎觉得这件发生在自己身上的事情是太正常不过的了,坦然接受牙齿要离去的事实。爸爸用轻松乐观的态度让塔比莎学会应对变化,这为孩子的成长提供了稳定而温暖的情感支持,可以让孩子更加坦然地面对自己身体或生理上的变化。当然依托其他的图画书,比如《我身体的秘密》《可爱的身体》等,都可以

图 4-1　图画书《一颗超级顽固的牙》

让孩子认识到自己的身体特征,认识到自己有别于和相同于他人的身体属性,从而更好地认识自己和珍惜自己。

二、心灵的自我

认识自己,才能接纳自我;认识自我,才能在遇到困境时充分发挥好自己的优势,才能调整心态努力迎接挑战。对早期儿童来说,发展心灵的自我,是提升自信、培养能力、应对挑战等心理弹性能力的重要基础。

罗杰斯指出,儿童先是需要他人的积极关注,继而需要自己的积极关注,需要自己对自己的行为持肯定态度。图画书图文呈现的特征恰好满足了儿童的心理诉求,儿童在阅读图画书的时候,往往会把自己与图画书中的角色混淆起来,将自己幻想成为其中一个人物或者角色,与图画书开展一场面对面、心对心的精神之旅。这些过程都构成了儿童最初的精神底子,伴随并引导儿童建立起完善的人格和自我,这就构成了从图画书角色到自我认同的循环逻辑。最为重要的是,儿童在这个过程中逐渐了解了自己的心理状态,并不断从人物角色中学习优秀的品质,找寻迷失的自我。

在李欧·李奥尼的大部分作品中,个体与其所处的客观环境常常是格格不入的,不被主流大众所承认与接纳的,他们无法融入既定的社会环境,这构成作品主角自我认同的一种外在动力(车莹,2015)。故事的开头,主角就遇到特别的问题,产生

自我认同危机。这时,主角自我意识开始出现,认识到自我与他者的不同,受到他者认同的侵凌,原有的自我认知不断被否定,开始重新寻找和确认新的自我认知。《西奥多和会说话的蘑菇》中的小老鼠西奥多,《蒂科和金翅膀》中的生来没有翅膀的小鸟蒂科,《鳄鱼哥尼流》中生来直立行走的鳄鱼哥尼流,《一只奇特的蛋》中的小鳄鱼,《亚历山大和发条老鼠》中的真实老鼠,《自己的颜色》中的变色龙和《鱼就是鱼》中的米诺鱼等,都是在自我认同的危机中重新认识自我,发现和接纳自我。

三、道德的自我

自我建构的最高层次是成就和实现自我,这一层次的发展更多地关注儿童的品性。图画书阅读可以促进儿童的道德认知和道德情感的发展(陈睿睿,2013),很多图画书的确包含道德价值取向,对于促进道德认知的发展具有重要作用。图画书将良善的品格,如尊重、关怀、负责等信念融入故事中,协助幼儿达到自我学习的目标。

0—6岁是儿童个性倾向和道德观念形成的萌芽期,是培养良好道德行为的黄金年龄段,这个时期的儿童通常具有很强的模仿性,图画书通过图文并茂的方式所描绘的人物形象栩栩如生,要比单纯的故事所描述的人物形象更加丰满,而图画书中的很多人物形象通常是他们模仿的对象,在生活中他们也会自觉地按照模仿对象的行为准则要求自己。《穿毛衣的小镇》的主角安娜贝尔是个善良、聪明、勇敢的小姑娘,她有坚守梦想的勇气,有坚持行动的力量。她亲手编织的彩色毛衣温暖了整个冷冰冰的小镇,为身边的每一个人、每一份事物都带来了爱。除此之外,我们还可以通过《葡萄》里的狐狸,去了解努力、勤劳、有毅力、能忍耐,通过《爱心树》去了解无私奉献与任意索取之间的矛盾,通过《青蛙弗洛格的成长故事》了解青蛙的友情、敬畏和爱等。

概括来说,自我的发展遵从着面对自我、自我接纳以及自我实现三个部分。在人本主义学家看来,自我实现是个体自我的充分展示,是其所具有的全部潜能或能力的实现。自我实现不仅仅是一种结局状态,而是在任何时刻、在任何程度上实现个人潜能的过程。要实现一个人的可能性往往需要经历勤奋的付出和努力。也就是说,自我实现的主题,主要聚焦在透过努力的过程,发挥原本与生俱来的自我潜能,使得理想获得实现,成为自己越来越期待的人,完成与自己能力相衬的一切事情。在这个过程中,可以图画书中的形象和角色来帮助儿童建立对自己的身体和身份的认同,在角色的交织替换中成就儿童自身,真正地实现儿童从身体向外在自我实现的升华。

第三节　图画书与儿童的情绪管理

我们总觉得孩子太小，不理智，没经验，不如身边的大人成熟，因为他们总是动不动就发脾气、扔东西。事实上，情绪状态不佳及对社会的适应不良，是学龄前儿童的共同性，因为他们才刚开始发展语言以及借由语言来调节他们的思想、情感和行为。儿童会因为与同伴和教师的沟通困难，而发展成为内化的情绪问题，或使用某种情绪的宣泄，以传达自身的需要。如果儿童的情绪发展不加以解决，会导致行为障碍问题。很多研究都表明，接受过情绪训练的孩子，日后的确养成了多种社会技巧，更容易被同伴所接纳和发展良好的友谊。

从出生开始，儿童就会发展各种情绪，比如快乐、生气、悲伤和恐惧等初级情绪。1岁末的时候，儿童的情绪就超出了最初的四种，开始增加吃惊、激动、沮丧、分离造成的焦虑和因为接触陌生人引起的痛苦；2岁时，开始出现尴尬、喜爱、妒忌、抵抗和轻蔑等情绪；3岁时，开始出现共情的迹象；在早期发展中，儿童会出现更多情绪的爆发问题，但随着年龄增长，他们的情绪表达方式逐渐多样起来。

以图画书为主的读书治疗对儿童有辅导效果，可以有效提高儿童的自我概念，改善儿童的行为，增进儿童对自我身体和外貌属性的认知，改善焦虑情绪（刘璐，2014），还可以帮助儿童在认识自己情绪、认识他人情绪、回应他人情绪、处理人际关系等多个方面发挥积极的作用（诸佳男，2010）。

依靠图书来提升儿童的情绪管理能力大概分为三个阶段：第一阶段是识别，使得幼儿与图画书中的人物联系在一起；第二阶段是情绪宣泄，当幼儿与书中人物在一个类似的问题上产生认同时，可以在某种程度上释放自己在实际生活中遭遇的类似问题上所承受的压力；第三阶段就是理解，通过观察和理解故事中人物如何处理一种情绪，使幼儿可以学习解决自己实际问题的方法。

一、情绪识别

情绪识别是指当个人能够了解并体察自己和他人的情绪时，比较不受情绪的控制，有较大的"心理空间"可以选择适当的情绪表达方式，或知道如何根据别人的情绪作出反应的能力。儿童只有理解了情绪发生的情境以及情绪的特征,才能更好地作出合理的反应。图画书的名称、画面色彩以及故事内容等都会反映儿童的情绪内容。一般而言,幼儿期面对的情绪问题主要存在于快乐、生气、悲伤、恐惧中。

(一) 快乐

谁不想快乐? 但,快乐是什么呢? 对孩子来说,怎么样理解快乐呢? 你想过这个问题吗? 或许在孩子们眼中,快乐就是一件很简单的小事! 图画书《快乐是什么》通过小老鼠与鼠妈妈之间围绕"快乐"的一问一答的对话,让我们感受到母子间充满爱和温情的快乐,那份纯净的爱与快乐。图画书《快乐的一天》则为我们展示了不同的意象:在安静得不能再安静的雪地里,田鼠们突然醒了。是什么勾起了他们的兴趣呢? 紧接着所有的小动物几乎都醒了,都在一起追逐什么? 来到最后一页,被一大群动物簇拥在中央的,竟然是一朵鲜艳夺目的小黄花! 快乐是多么的简单啊!

(二) 生气

生气是我们常有的情绪,看到孩子把玩具弄得到处都是,我们肯定特别生气! 可是,站在孩子的角度上想,当我们没有答应他们去游乐场的心愿时,他们肯定也特别生气。生气了是什么样的呢? 怎样帮助孩子认识生气呢?《菲菲生气了》,她喷出了一个像火一样的东西,把她的好多东西和她的姐姐都吹走了;《我变成一只喷火龙了!》,我生气了,遇到的东西都让我烧掉了。多么可爱的画面,孩子的生气就是非常简单和纯粹,这些图画书里的角色跟孩子毫无距离感。依靠阅读,可以辅助孩子来认识生气时的感觉,帮助孩子来认识情绪。

(三) 悲伤

幼儿的悲伤情绪是指幼儿直接或间接地由于情感依附的对象产生变化、自我期许的落差、失去有价值的事物等而产生的失落、焦虑甚至忧郁的感受。比如亲人的离世、家庭的破碎、朋友的离开,或是心爱之物遗失……这种痛彻心扉的痛苦常引发生理、心理和社会的表现,是一种持续发展的过程。

亲人的离去,是孩子生活中难以承受的痛苦。有些家长对于与孩子讨论死亡这样沉重的议题是讳莫如深的。然而尽管避开了话题,却避不开儿童心中的疑惑与不解。儿童,尤其是学龄前儿童的思维还没有受到既定思维的束缚,这使得他们的世界一片清洁,不会受到惯性思维的束缚,也不会跌入既定的轨道。他们会用惊讶的目光探究生活当中的本质问题,例如生与死。《獾的故事》《忘不了外公啦》是有关死亡的图画书,它们用想象的语言为幼儿讲述一个个温情的故事,治愈幼儿内心的不安和紧张,这也是儿童文学所特有的功能。再比如,在《我的感觉——我想念你》中,小天竺鼠体验了"想念是一种重重的、有点疼痛的感觉",并且找到了解决的办法。比如:"我"可以找一个安静的地方,做自己喜欢的事,玩游戏,开开心心地度过快乐的时光,我们很快就会再见面了。

《哭了》是一本引导幼儿悦纳自我,引导家长关注幼儿情感世界的图画书。对于幼儿来说,"哭"只不过是一项再简单不过的每日必做的功课罢了。在阅读的过程中,孩子们会欣喜地发现书本中的主人公和自己有这么多的相似经历,都会因为一些在成人看来微不足道的小事情而流泪不止,图画书能够与他们的日常经历产生共鸣。

(四)恐惧

由于认知发展水平的制约,儿童对想象和现实存在非常多的误解,导致他们很容易产生恐惧,比如上幼儿园要面临与父母分离的恐惧,晚上睡觉要面临黑咕隆咚的恐惧、面临一个人需要独处的恐惧等。

上幼儿园分离焦虑的问题,《阿文的小毯子》《魔法亲亲》给家长提供了一种积极的入园方式——依恋物。这些小物件对孩子来说,不仅是提供安全的东西,更是他们亲密的"朋友",帮助他们从心底打消焦虑的情绪。

每当夜晚降临,孩子往往把家里的家具想象成各种各样的魔鬼(图2-2)。黑暗并不可怕,只有直面黑暗才会不惧怕黑暗,这也是图画书带给孩子的力量。《我的感觉——我好害怕》《黑暗》《床底下的怪物》《一个黑黑、黑黑的故事》中的主角也遇到了同样的事情,我们可以借鉴这几本书来清楚地解释"害怕"是幼儿最普遍遇到的情绪问题,引导孩子从害怕黑暗走向寻找黑暗并最终"战胜"黑暗。

图4-2 孩子对夜晚中家具的想象

《第一次拔牙》《第一次上街买东西》《爸爸走丢了》则给孩子呈现了独立成长过程中的新体验,让孩子在图画书阅读过程中,勇敢面对人生的第一次,积极应对突如其来的状况。

(五)其他高级情绪

随着幼儿自我意识的发展,儿童在原有基本情绪的基础上,逐渐细化出现了自尊、自信、嫉妒等高级情绪(自我意识情绪)。在桑达克的图画书作品《野兽出没的地方》《厨房之夜狂想曲》《在那遥远的地方》"三部曲"中,揭示了儿童如何掌握各种感觉——气愤、无聊、恐惧、挫败、嫉妒——并设法接受人生的过程。再比如,《我不要妒忌》中,提到"当别人拥有那些我想用的东西时,我好嫉妒,我要有",《我为什么不要吃奶》中当老二降临的时候,老大的心态变化等,都值得我们好好去考虑。在这些嫉妒情绪反应的相关情境,我们需要让幼儿先理解这种情境下会产生相应的某些消极情绪,帮助幼儿理解自己的情绪是正常的反应,而无需回避或者掩盖。

二、情绪表达

认识情绪、管理情绪的目的在于正确地表达自己的情绪和情感。情绪表达是特定环境下儿童表达内心感受的重要方式,也是认识他人情绪的重要桥梁。图画书可以促进幼儿自我情绪表达能力的发展。内敛的集体文化使得孩子们不善于表达自己的情绪,但是情绪表达却十分重要。

当孩子真的生气的时候,可以做一锅《生气汤》来喝一喝,还可以向那个《野兽出没的地方》去走走;高兴的时候,我们也可以请孩子大胆喊出《我爱你》:

　　"我爱你,长颈鹿阿姨。"

　　"我爱你,幼儿园。"

　　"我爱你,小树。"

　　"我爱你,小路。"

　　"我爱你,小草。"

　　"我爱你,小花。"

　　……

图画书《我爱你》给了孩子一个认真了解"我爱你"含义的机遇,帮助孩子认同书中的人、事、物,直面自己的内心世界:原来"我"可以这样来表达自己的情感。事实上,情感的抒发是孩子认识自我世界的钥匙,也是认识未来世界的大门所在。在《我爱你》这一本看起来傻里傻气的图画书里,我们会觉得故事的主人公很傻很天真,但当孩子读完这本书,对着爸爸妈妈说出那句"我爱你"的时候,"傻白甜"就变成了真正切入我们内心的语言,让我们从容地面对孩子的成长,孩子也许还不懂那三个字的真正含义,但是三四十遍的重复足以印刻进他们的身体和血液之内,承载并将爱传递下去。

儿童的情绪是多样的,就如九月的天空一般绚烂多彩,有开心,有难过,有悲伤,有害怕。儿童的情绪和行为往往受到周围环境中人、事、物变化的影响,这些重要事件的发生时时刻刻提醒父母要关注儿童的情绪变化,充分利用图画书故事中丰富的图像文字来引导孩子认识情绪、走近情绪，探讨情绪带来的后果，分析情绪产生的原因，引导孩子将负面的情绪转化为正面的合理的情绪表达，从而提高情绪管理的能力。而面对孩子积极的情绪表达，作为父母，应该积极地予以鼓励。

第四节　图画书与儿童自我管理发展

自我管理是幼儿需要发展的重要能力。研究表明,能管理好自己行为的幼儿在学校中表现得更好,并且更容易与同伴相处。能做到自我管理的儿童能控制自己的行为,忍受挫折,控制冲动,遵守规则和期望,注意力集中并能延迟满足。如果儿童能自我管理,他们能更有效地运用不同的学习方法。一般而言,自我管理的能力主要包括三个方面的内容:生活自理能力、情绪管理能力和行为管理能力。

一、生活管理

良好的习惯有利于儿童加快入学准备的进程,为进入小学独立的生活奠定基础。美国当代著名心理学家阿尔伯特·班杜拉认为,儿童大部分的学习来自其主动效仿或模仿自己所见所闻的他人的言行。图画书是儿童良好习惯的培养途径之一,儿童正处在善于模仿他人行为的阶段,图画书所传递的内容能够提供学习榜样,榜样的行为规范很容易被幼儿模仿学习。图画书中良好的行为一旦经常被模仿,将会为培养幼儿良好的生活习惯打下基础,这样的生活习惯包括刷牙、挖鼻屎、如厕、自己穿衣服、不挑食等等。

（一）个人健康和卫生

孩子爱吃糖,却不愿意刷牙是一件让爸爸妈妈非常头疼的事。对孩子而言,吃糖是快乐的,刷牙是痛苦的,因为刷牙给幼儿带来了生理上的不舒服感,可是……可是……再不刷牙,就得去看牙医……《鳄鱼怕怕牙医怕怕》通过鳄鱼看牙医的有趣故事,告诉小朋友要养成认真刷牙的良好生活习惯,对幼儿进行一次生动的身体健康教育(图4-3)。试想一下,当孩子面对牙医的那一刻他该是多么的害怕,又会不会因为自己不刷牙而后悔呢?

挖鼻屎,对于成人而言只是一个无聊的话题,甚至许多人会认为讨论这个问题非常低俗。但是,且慢,对于幼儿来说,这是一个真正的问题。这些就是孩子在成长中遇到的现实问题,也是他们生活经验的组成部分。如果成人不相信,请听听孩子们的讨论。幼儿园小朋友在阅读讨论中说到挖鼻屎"吃下去"的问题时,有的孩子说

图4-3　《鳄鱼怕怕牙医怕怕》图画书

"鼻屎会有点咸",大家哈哈大笑。《公主怎么挖鼻屎》再现了儿童的生活经验,凝练提升了儿童的生活经验,通过故事的展开,让幼儿能够在非常幽默诙谐的过程中,了解"怎样挖鼻屎"这样一个看似复杂却又简单问题的答案,那就是"懂文明,讲卫生!"

(二) 个人生活自理能力

孩子的成长牵系着一家人的祝福和期待,但很多父母会选择性地替代孩子,承担孩子本来应该而且可以独立去做的事,比如帮孩子穿衣服,时间久了,孩子自然习惯了饭来张口衣来伸手的坏习惯! 可是,孩子一个人穿衣服,真……的……很……难! 不信,你瞧瞧那个名叫阿立的小孩吧!《阿立会穿裤子了》,讲述了愣头愣脑的阿立从嫌穿衣服麻烦到学习独立穿衣的事,简单而朴实地记录了幼儿自理能力发展的过程,幽默而诙谐的画面让"看似不会穿衣服而有些害羞"的感觉荡然无存,给孩子自理能力的发展提供了非常宝贵的经验。

除了上述生活习惯之外,有关作息习惯,比如讲述睡眠的图画书《你睡不着吗》《晚安,大猩猩》《晚安,弗朗西斯》《晚安,小熊》《当我想睡的时候》,有关饮食习惯的图画书比如《我绝对绝对不吃番茄》《妈妈买绿豆》《多多什么都爱吃》,有关洗手的图画书比如《根本就不脏嘛》《不洗手的战争》,有关洗澡的图画书如《我爱洗澡》《洗澡啦》,有关如厕的图画书如《嗯嗯太郎》《拉便便真舒服》等,都可以作为培养儿童良好生活习惯的图书媒介。

二、情绪管理

情绪管理和控制,是儿童心理弹性发展中非常重要的一个维度。儿童需要控制感,特别是对情绪。具备心理弹性的儿童知道自己有控制情绪的能力;并知道在提升自己的能力和信心这件事情上,他们自己是可以有所作为的。对于学龄前儿童,转移注意力是一种很有效的情绪调控方法。这种方法可以通过两种方式实现:一是离开消极情绪的发生场所;二是选择让自己感兴趣的其他活动。比如特蕾西·莫洛尼著的小兔子系列情绪管理图书,介绍了许多转化消极情绪的方法,如"安安静静独自呆着，在一个我喜欢的地方"；在《我不愿悲伤》这本书中提到"悲伤的大乌云来了，我要对自己好一点儿哦！我会去大浴缸里洗最喜欢的泡泡浴，我还会去草地上听自己最喜欢的音乐"等等，这种方法非常适合中、大班幼儿年龄特点，易于幼儿掌握和习得。

对于幼儿来说，合理宣泄也是很常用的情绪调控方法。第一种是倾诉式的宣泄，即找一位自己倾诉的对象，比如父母、朋友等，倾诉的过程就是宣泄自己消极情绪的过程，如图画书《我不想生气》里说"去和关心你的人说说你这么生气，到底是为了什么"。第二种是自我发泄，包括动作的自我发泄比如跳一跳，找个软垫打一打等。面对孩子的不良情绪，一定不要强行压抑幼儿的情绪，要善于疏导，比如给他一个时间和空间，让他好好哭一哭，等幼儿情绪平静了再和他交流，分析产生消极情绪的原因，这样有利于幼儿对消极情绪的调控（葛琳，2015）。

三、行为管理

由于认知发展的局限，幼儿更容易了解结果而非动机，比如当孩子拿到别人家小孩给的食物或者玩具时，他会非常开心，但是如果请他来分享的时候，他就会变得非常拘谨。相比命令式的"给他一个"，图画书则给了孩子特别地发现分享快乐的机遇，比如图画书《石头汤》。美国作家琼·穆特深知分享的价值，以图画故事《石头汤》描述了和尚们用煮石头汤的方法，让村民不知不觉地理解付出才会有回报、付出越多回报越大的道理，以此弘扬乐善好施的力量。

在面对自我的主题中，很多创作者由许多不同人性特质切入故事创作，使读者有机会多方面地检视自我，省思自我的优缺点，从而期望自己发挥良善特质，以更加符合社会道德规范。故事中的基本人性特质如勇气、怜悯、体贴、嫉妒、贪婪、自私等，都在此类图画书描写自我特质的主题范围内。

孩子在面对诱惑的时候，往往很难抵御自己内心的渴望。如果周围有很多好吃的好玩的，但前提是请孩子不要动，他肯定会受不了的。但是面对诱惑抵抗诱惑恰恰又是孩子发展中一项非常重要的能力：延迟满足能力。有一个穿着天蓝色裙子的小女孩——《西西》，她在喧嚣的人群里安安静静地坐着，不管周围环境怎样变化，一直一动也不动。西西怎么不来玩呢？她是不开心，还是生病了？……直到最后一页，答案终于揭晓，原来安安静静的小西西，是在进行一项伟大的工作——给一位画家当模特儿。没错，做一件事就要百分之百投入，哪怕有再多的诱惑！当然，除了西西的静坐之外，我们还会发现更多的语言来自西西之外的孩子，孩子对西西的关心和关注，使得西西能够在完成模特任务之后迅速地加入游戏之中。的确，孩子们对友谊的珍视，也是奠定同伴对自己认同的一种重要方式。

如果有一天,孩子迟到了该怎么办呢? 回想一下自己小时候的爸爸妈妈们。换作是你,你是否也会千方百计地寻找各种各样的理由来搪塞,以撒谎来换取自己的迟到呢? 可是,除了那句"你要迟到了"或"不要迟到"之类的话,我们还应该如何引导孩子呢?《迟到的理由》(图4-4)这个故事中的主人公小猪明白了什么才是解释迟到的最佳理由:诚实。

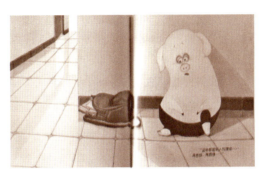

图4-4　图画书《迟到的理由》

《黑米走丢了》中的黑米、《彼得兔的故事》中的彼得兔,都可谓幼儿的代名词,他们活泼好动,充满好奇,但是面对外在的诱惑时,父母该怎么教导孩子呢? 到底是给予孩子一定的自由,还是像风筝一样时时刻刻牵在手上呢?

孩子是神奇的,因为他们天生乐于探索,所以他们敢于发现我们不能发现的事物;孩子又是脆弱的,生理和心理的不成熟,往往使得他们不能很好地管理自己的行为,那么到底是放手还是拴着孩子呢? 借助图画书的力量,给孩子寻找一些好的榜样,给孩子寻找一些他喜欢的榜样,让他在与图画书、与图画书中的角色的对话和学习中,实现对自我行为的管理。

要想了解图画书或者图画书的世界,首先就需要亲自一本一本地阅读图画书。然后去给孩子们读图画书。更确切地说,就是如果你不与孩子一起欣赏图画书的世界,就很难理解图画书,无法了解图画书对儿童意味着什么,所以选择图画书的关键还是在于看了多少,所以鼓励爸爸妈妈多去图书馆借阅图画书,也请带着孩子一起去借阅,因为孩子的视角往往是我们难以理解的。忽视孩子们的反应,便不能判断图画书的价值,而仅凭孩子们的反应也不足以作出价值判断。真正优秀的图画书的经典价值、客观价值是在以孩子们的反应为基础形成的成人的确切判断,以及成人和孩子在长年累月共同读书的过程中得以界定的。

当千万家庭步入经济更加自主的状况,购买图画书已经成为许多家长的选择。从买书到看书,从会读书到读好书、好读书,其实是我们将阅读质量逐步提升的过程,在与图画、文字、作者的对话中,我们不仅让自己畅游在图画书的海洋里,更是利用图画书这面镜子不断打磨自我、成长自我、成熟自我的过程。图画书的力量,除了知识传递之外，对于自我来说，更多的是传递心理能量、提升心理弹性的过程。当孩子和图画书中的形象一起长大、稳重、有德行，又和你我一起共同面对成长挫折、情绪波动甚至是道义挑战，正是我们一起见证图画书之于自我成长的力量！诚如著名儿童文学家苏珊·恩杰所说，孩子所听的故事，和所说的故事，决定了他将来成为什么样的人。

第五章／
选择帮助儿童社会性发展成长的图画书

郑 荔

　　孩子是每一个家庭中爱的焦点，他们健康愉快地成长，是家庭也是整个社会努力的目标。儿童的成长是由自然人变为社会人的过程，是社会性不断完善并奠定健全人格基础的过程，良好的社会性发展对儿童身心健康和各方面的发展都具有重要影响。那么，哪些活动能够推进儿童社会性发展的成长速度，能够提升儿童社会性发展的成长质量呢？不论在教育理论研究领域还是教育实践活动中，人们都愈来愈关注图画书阅读在儿童社会性发展成长中所扮演的角色。

第一节　图画书提供儿童社会性发展成长的资源

1953年国际儿童读物联盟（IBBY）上，德国杰出的儿童文学作家克斯特纳在其主题报告中指出："（儿童）还应该对诸如良知、榜样、家庭、友谊、自由、怀念、想象、幸福与幽默……的价值有所了解。"在儿童的社会性发展成长中，建构人际关系是社会学习的主要内容，具体包括与成人交往，与同伴交往，学习如何与人友好相处，建立起良好的亲子关系、师生关系和同伴关系。儿童在积极健康的人际关系中能够获得安全感和信任感，发展起自信和自尊，逐渐认识和学会遵守规则，形成基本的文化认同感和群体归属感。儿童在与成人和同伴交往的过程中，不仅学习如何与人友好相处，也在学习如何看待自己和他人，不断发展适应社会生活的能力。

儿童文学被视为成年人和孩子之间的精神对话，在代际之间传递、延续着上一代想传递给下一代的世界观、价值观，以图画书为代表的儿童读物承载着整个社会对未来一代的期望，图画书阅读必将在孩子生命中留下痕迹与烙印。正如松居直（2007）先生所说："有一些话是父母必须对孩子说的，为了使他们健康成长，将来能够靠自己的力量过活。例如：人活着到底是为了什么？该追求什么？'活着'的真谛何在？……念书给孩子听，也就是为了传达这些观念……孩子们长大以后，我才真正了解到，当时我用自己的声音、自己的语言讲了这么多故事的意义在哪里。我也发现，通过念这些书，我已经在他们小时候，把一个做父亲的想对孩子们说的话说完了。"就学龄前儿童而言，他们一般尚缺少解读书面语言的能力，而图画书是图画和文字有机结合的儿童读物，运用语言和图画的双重力量，创造出具体生动、儿童容易理解的故事情境，扫除儿童书面语言解读障碍，可以说天造地设为学龄前儿童的阅读服务。儿童阅读图画书能够不断获得丰富的认知体验，有益于其建立起自我成长机制，而且有效地促进和提升其社会关系的构建。

一、图画书容含丰富的社会性发展成长信息

加拿大研究儿童文学理论的著名学者佩里·诺德曼和梅维丝·雷默（2008）认为，文学阅读的乐趣，包括想象从未见过的人物和地方，思考以前从未有过的想法，去体会不同人的生活和想法（松居直，2007）。俗话说"百闻不如一见"，有了鲜明生

动的图画的"助威",相比于单纯的文字读物,图画书创造了更为丰富的信息世界,图文交织,共同呈现形象而生动的认知信息、审美信息,以及与儿童社会性发展密切相关的信息,包括不同的社会角色、社会机构及各类社会活动等。

被称作"人生第一本书"的图画书,向儿童读者呈现出周围世界中形形色色的人和人们之间各种各样的关系。父母形象和亲子关系在图画书世界中占比甚为突出,以父亲主题图画书为例,国际著名图画书大师艾瑞·卡尔的《爸爸,我要月亮》(卡尔,2011)中,摘了月亮送给女儿的爸爸让小读者感受到爸爸的爱多么高多么远多么强大;《爸爸的围巾》(阿万纪美子,格雷涅茨,2009)中父亲的爱永远陪伴孩子,给孩子生活的力量和勇气;《我的爸爸叫焦尼》(汉伯格,艾瑞克松,2007)中的父爱甜蜜又苦涩,孩子们跟着故事中的小主人公努力理解无法割舍的父子亲情,懂得要正确对待父子无奈的分别,满怀希望期盼着下一次的相见。

四届凯迪克奖获得者、图画书大师李欧·李奥尼创作的图画书《小蓝和小黄》(李奥尼,2008),讲述了"颜色家族"中爸爸妈妈的故事,同时这也是一个关于友谊的故事,小读者可以看到亲密无间的同伴友谊;而《谁的家到了?》《谁藏起来了》等故事中,更是可以看到小伙伴和热热闹闹的游戏……图画书还告诉孩子们如何与周围人打招呼,如图画书《早安晚安》《晚安,月亮》《喂——哎——》,是关于人们之间问好和应答的生活故事,书中人物的对话及细节的精心设计,都渗透着对幼小儿童进行社会交往的启蒙教育。

儿童读者从图画书容含的丰富信息资源中,抓取和理解与自己关系密切的各类信息,如社会服务机构及其工作,如商场、邮局、医院等,体会这些机构给大家提供的便利和服务。小读者由图画书《鳄鱼怕怕牙医怕怕》(五味太郎,2008)中小鳄鱼的"可怕"经历认识了牙医和牙医的工作内容;由《第一次上街买东西》(筒井赖子,林明子,2014)中5岁的小惠勇敢地克服困难帮妈妈给小弟弟买来牛奶的故事,不但认识了功能齐全、服务周到的杂货店,还在作者别出心裁设计的背景中认识了花店、药房、医院,甚至还有贴着儿童画室和"寻猫启事"的广告栏;而图画书《鲷鱼妈妈逛商场》(长野英子,2011)用一心想成为时尚人士的鲷鱼妈妈的有趣经历,向小读者生动地描述了出售各种不同商品的商场。孩子们阅读《我的爸爸叫焦尼》时,跟着里面的小主人公一起去火车站、热狗店、电影院、餐馆、图书馆和咖啡馆,和"爸爸焦尼"一起度过美好的一天。故事以时间线索或者以空间线索展开,小读者在阅读过程中逐渐懂得这些机构对人们的意义,了解不同的社会成员从事的具体工作,并且潜移默化地懂得要尊重不同社会机构的工作人员。

图画书在文字讲述和图画描绘的双重叙述中,蕴含着不同国家、民族的服饰、饮食习惯、节日等文化类信息。如号称"中国原创图画书美丽开端"的《荷花镇的早市》(周翔,2013),以连续的跨页尽情渲染小桥流水人家的江南建筑文化和美丽水乡风情，小读者亦会欣喜地在热热闹闹的集市场景中看到种种心仪的食物，看到有趣的民间故事表演，更体会到小镇上特有的、温暖的风土人情。一次《荷花镇的早市》的阅读，就是一次中华文化润物无声的熏陶。而阅读《我的幸运一天》（凯萨兹，2007）一类的图画书，儿童可以看到西方文化中餐桌上最常见的食物和不同于中国的制作食物的方式；《爷爷一定有办法》（吉尔曼，2010）中犹太人的服饰、室内装饰和节日传统等犹太文化，都会进入儿童读者的视野。图画书《我家是个动物园》《我爸爸》及《我妈妈》《云朵面包》，分别来自日本、英国和韩国，展示了不同国度的家庭日常生活情景。图画书在传承本民族文化的同时，为阅读中的儿童提供了具体情境去接触不同文化，感知文化的多样性和差异性，一点一滴培养起儿童对不同文化的感知、了解、尊重和接纳。

如前文所述，图画书具有双重符号共同叙事的特殊表述功能。《第一次上街买东西》中，图画书通过对人物表情和动作的生动描绘，把小主人公帮助妈妈做事的骄傲、第一次上街买东西的紧张、被杂货店老板娘和其他顾客一次次忽视的委屈等心理活动的变化，明晰地呈现在小读者视野中。图画书《鳄鱼怕怕牙医怕怕》中，两个主人公对称式表情动作与对称式简洁文字的绝妙搭配，使得儿童读者能够迅速捕捉到其中蕴含的幽默。图文相映生辉的图画书具有强大的资源功能，小读者能够从中认识人与人之间的关系，认识不同人物的社会角色和良好的人际关系模式。由此可见，图画书具有强大的资源功能，容含着有益于儿童社会性发展成长的丰富信息。

二、为儿童提供发展成长的参照体系

古往今来一切优秀的文学作品，都是在为人们提供多种形态的人生图像，希望读者在文本中找到自己适宜的选择，儿童文学作品是儿童成长参照体系。佩里·诺德曼和梅维丝·雷默（2008）还曾经提出，文学文本提供给儿童的是关于这个世界，以及他们自己生活的地方的再现（Representation），如果一种再现很有说服力，儿童读者就会相信他们真地生活在所再现的世界中。那么，图画书世界如何为学龄前儿童读者提供成长的范型呢？

李欧·李奥尼的另一本图画书《这是我的！》（李奥尼，2010）讲述了三只小青蛙的故事：他们原本拒绝分享，什么都会强调"这是我的"，共同经历危险的暴风雨之夜，他们开始认识到朋友的重要——"因为他们是在一起，分享着同样的恐惧和希望"，风雨之后，青蛙们一起由衷地说出"这是我们的"。《小老鼠和大老虎》（凯萨兹，2017）告诉孩子们一个"很小的老鼠"和"又高又壮的大老虎"做朋友，矛盾大爆发时一直处于弱势的小老鼠好生气，好伤心，更多的还是害怕；而总是欺负小老鼠的大老虎又会怎么做呢？他找到了心吓得"咚咚"直跳的小老鼠，尽心尽力弥补自己的过失并请小老鼠原谅他,愿意继续和他做朋友。这对伙伴从此开始了"好东西一人一半"的和谐生活,揭开了友谊的新篇章。

儿童成长的过程中,同伴关系和亲子关系同属儿童最重要的人际关系,儿童需要牢牢地建立起"我们"的概念,需要懂得友谊的珍贵,需要从内心深处珍惜朝夕相处的小伙伴们。孩子们还应该逐渐学会与同伴和谐相处的技巧,生活中又高又壮的"大老虎"们和弱小的"小老鼠"们,都可以在《小老鼠和大老虎》的故事中找到如何维护友情、如何重新找回友情、如何做一对大家都满意的好朋友的秘密——对好伙伴友爱、宽容,懂得相互尊重。

三、帮助儿童理解他人立场

儿童社会性发展成长重要的内容之一是理解他人的情感和想法,即能够站在他人的立场去看待问题。图画书图文并茂,创造出具有典型意义、生动形象的情境,有强大的支持力去帮助小读者在一个具体情境中学会理解他人的立场。依然以前述图画书《鳄鱼怕怕牙医怕怕》为例,这本图画书的最大特色是其特殊的结构,宋佩先生称之为"对位结构",故事中叙述了鳄鱼牙疼不得不去看牙医,对医生充满惧怕;而牙医面对看起来凶神恶煞的病人,同样充满惧怕……对位结构的叙述方式这样呈现:

> 鳄鱼:我真的不想看到他,但是我非看不可。
> 牙医:我真的不想看到他,但是我非看不可。
> 鳄鱼:我一定得去吗?
> 牙医:我一定得去吗?
> 鳄鱼:我好害怕。
> 牙医:我好害怕。

结尾部分普通的告别语"再见",对位效应有所减弱,却在减弱后首次出现差异,这一出人意料的差异把全书的戏剧性推向了高潮:

> 鳄鱼:多谢您啦!明年再见。
> 牙医:多谢您啦!明年再见。
> 鳄鱼:我明年真的不想再见到他。
> 牙医:我明年真的不想再见到他。
> 鳄鱼:所以我一定不要忘记刷牙。

牙医：所以你一定不要忘记刷牙。

这本图画书的字句非常简单，但简单字句的重复却创造出具有巨大张力的想象空间，读者可以尽情想象鳄鱼与牙医各自复杂而有趣的心理活动。书中鳄鱼和牙医一模一样地怕着对方，又一模一样地被对方怕着，两个原本截然不同的角色在这样一个特殊情境中呈现出令人惊异的相同。而不同与相同之间，在令小读者感到戏剧性带来的趣味的同时，也自然地对主人公的不同立场产生深刻的印象。阅读图画书时，读者处于一种全知式的视角，图画展示出所有的细节和背景，从而使孩子们有条件认识书中不同角色的心理活动和观点，将不同角色的心理活动进行对比，理解不同角色的立场，也在比较中感知角色立场的积极性或消极性，认识不同观点、不同行为与最后的结果之间的关系。《鳄鱼怕怕牙医怕怕》所制造的这样一个奇妙难以尽言的情境，通过图画对人物的描绘加之文字的画龙点睛，可以说为儿童感知和理解不同角色立场提供了最强有力的支持。著名心理学家维果茨基提出教育就是为儿童提供支架（scaffolding instruction），图画书以其特有的双重信息表述功能，帮助儿童理解他人的立场与观点并作出自己的评判。

四、增加儿童情感体验与认知

儿童社会性发展成长离不开情感的发展，有学者认为儿童阅读文学作品属于"沉溺式阅读"（刘大为，2001），就是说，儿童读者会由衷地认为所读的故事完全是真实的事件，全身心沉浸于作品情节中，参与到作品中人物的行动中，也更容易受到作品中主人公言行情感的影响，在阅读过程中产生强烈的情绪反应。

文学强调以情动人，所谓"无情则难以成文"，儿童文学作品中同样有强烈的情感流淌在字里行间。就图画书而言，语言和文字共同建构图画故事，图文合奏、图文共舞，图画书作者着力表现人物形象的情感，形成画面阅读中的焦点，相比于单纯的文字表述，更加符合以形象思维为主的学龄前儿童心理特点，因此特别能够感染儿童的情绪，激发起儿童的兴趣。如果不幸失去朋友，如何不再悲伤？图画书《獾的礼物》（华莱，2006）中，年老的獾永远地离开了土拨鼠、青蛙、狐狸和兔太太等亲密的朋友，在对獾深深的思念中，他们发现每个人都有一份来自獾的礼物——獾精心教会的本领！尽管獾"进入那条长长的隧道"，离开了朋友们，但这份蕴藏在"礼物"中的爱却会永远伴随他们。前述图画书《爷爷一定有办法》中，刚出生的小约瑟得到一条奇妙的小毯子，随着约瑟长大，小毯子会发生怎样奇妙的故事呢？图画书《穿毛衣的小镇》中，毛衣是常见的衣物，可是意外地发现神奇的毛线，给小镇上所有的人、所有的动物、所有的房子编织了五颜六色的毛衣，你能想象吗？……一个穿着毛衣的小镇真是太奇特了！从《爷爷一定有办法》中温暖家人的奇妙小毯子，到《穿毛衣的小镇》（巴内特，克拉森，2014）中温暖了整整一个小镇的五彩毛衣……图画书是情感的催生系统，优秀的图画书蕴含着丰富的情感信息，有力地充实着小读者的精神世界。

小读者们阅读图画书时感受快乐忧伤，理解体验情感的微妙复杂，与主人公一起经历情感的含蓄、克制与释放。图画书《生气的亚瑟》（奥拉姆，喜多村惠，2009）中，小小的亚瑟生了很大很大的气！这个气到底有多大呢？如电闪雷鸣，如飓风海啸，如一场宏大的宇宙地震，所有星球都变成碎片……到最后，亚瑟发现自己终于没有气可生了，甚至连为什么生气都想不起来了，小读者也跟着亚瑟一起把很大的气生没了！莫里斯·桑达克的图画书《野兽国》（桑达克，2014）三部曲，描述了一个孩子的房间在深夜里突然长出巨大的树，变成了可怕的野兽国，而男孩自己则变为愤怒的野兽大王！小读者与故事中的男孩感同身受，随着男孩的愤怒而愤怒；而当小男孩不再愤怒时，小读者也自然地释放了消极情感。《野兽国》中看似荒诞的情节，却使得小读者在阅读过程中摆脱拘束，驰骋幻想，获得身心愉悦。郝广才（2009）认为，孩子在日常生活中也会累积情绪，不安、压力……不见得能找到什么原因或道理，但一定要有抒发的管道。阅读就是一个好的管道。图画书作者们通过生动曲折的故事进展，向孩子们展示愤怒、无聊、恐惧、挫折及嫉妒等各种情绪情感，使得小读者从故事中认识这些情绪情感，从而能够逐渐掌控和调节自己的情绪情感。

文学的意义在于提供有别于现实生活、具有假定意义的"第二世界"，这个"第二世界"能够满足人们在现实生活中所不能满足的愿望与要求。图画书中的每一个细节表达，都可能不知不觉改变着小读者的认知和情感。前述图画书的意义是由文字和图画共同创造的，图画本身传递了很多信息，如《云朵面包》（白嬉娜，2007）中的面包金黄、松软、甜香，散发着温馨的家居气息，阅读这本图画书的孩子容易受到画面的感染，激发起对家的热爱，对亲人的眷恋和爱。《我爸爸》（布朗，2014）中爸爸穿的暖色调的睡衣，墙上贴的图画中的太阳和爸爸胸前隐藏的小太阳相互呼应，这些色彩和巧妙的细节共同烘托出父爱的慈爱亲切和家的幸福温馨。图画书提供和扩大孩子们的体验与认知范围，用生动的视觉形象帮助儿童唤醒已有经验并融合新经验，满足他们精神成长的需要。

综上所述，图画书所创造的具有典型意义、生动形象的情境，为小读者理解他人的立场提供了支撑；图画书所蕴含丰富的情感信息，激发和提升着孩子们对情感的认识；图文并茂的图画书世界提供给小读者进行经验重组的空间，对其原有的情感态度和知识结构等不断进行重构。图画书作为最有特色的儿童文学形式，对于儿童的社会性发展成长具有特殊价值。

第二节　图画书向儿童展示爸爸妈妈和家

前述亲子关系是儿童两大最重要的人际关系之一,婴幼儿时期,儿童对母亲尤其具有强烈的依恋,对母亲的依恋对于儿童形成健康的人格有着非常重要的意义。面向幼小儿童的图画书有着特殊的题材选择,其中"父爱母爱""家"等主题占据了很大的比重。

一、图画书中丰富多彩的爸爸妈妈形象

孩子们阅读关于爸爸妈妈的图画书,会有怎样的阅读反应呢? 也就是说,阅读怎样影响他们的情感世界呢? 笔者曾经与一位六七岁的女孩讨论图画书:

问:你最喜欢哪些图画书?
儿童:……《我妈妈》,还有……
问:为什么喜欢《我妈妈》?
儿童:好玩。(笑,感叹)妈妈好伟大啊!

这位小读者解释自己为什么最喜欢看《我妈妈》,是因为看了书之后觉得"妈妈好伟大啊"! 孩子们从图画书中全面认识有时温柔、有时大吼大叫的妈妈,唤起平时与妈妈相处时各种各样的情感体验。前述图画书的功能之一是丰富儿童的情感体验,有时情感是作为一种认知性的内容出现的,图画书提供情感信息系统——使得幼小儿童识别和感知情感,帮助他们认识家庭成员,从故事中感受家庭生活的温暖,激发对父母的爱,对长辈的亲近与信赖。

很多给0—3岁婴幼儿的读物表现的是孩子和妈妈之间的亲密。如《跟着妈妈哒哒走》(许恩美,权赫道,2013)描述宝宝们如何跟着妈妈,小山羊、小黄鸡、小猫咪、小松鼠、小鸭子、小猪崽和小小牛都是紧紧地跟着妈妈,最后一页是小宝宝在妈妈怀里甜甜地睡大觉。妈妈主题在图画书世界中有丰富多样的表现,林良创作的《妈妈》用诗的语言赞颂孩子和妈妈在一起的温暖快乐;《小猫头鹰》(韦德文,宾森,2009)中三个站在树枝上的小猫头鹰紧紧地挨在一起,在黑黑的树林里互相鼓励,认认真真

地等晚归的妈妈,担心妈妈有危险,一直到妈妈终于回家,小猫头鹰说出"我好爱妈妈!"这句话一定会打动每个曾经等过妈妈的孩子。《像妈妈一样》《像爸爸一样》则以孩子的视角,用打趣的语气向小朋友们介绍自己的爸爸妈妈:妈妈打着哈欠伸着懒腰,能想出各种新鲜有趣的点子;而爸爸呢,留着一个超酷的爆炸式发型!《爸爸和我》中,父子是一起掰着树枝做梯子看星星的游戏伙伴。

以母爱为主题的图画书丰富多彩,艺术风格各异。图画书《我妈妈》(布朗,2013)的作者是英国蜚声世界的图画书大师安东尼·布朗,从孩子的视角出发,用各种有趣的比喻来描述妈妈,呈现出一个十八般武艺无所不能的全能妈妈形象:魔术师、歌唱家、天使、舞蹈家、超人……当然生气的时候也会像狮子一样吼叫。这些五花八门的名称共同叠加出一个无微不至地照顾孩子的慈爱又有趣的妈妈形象,所以才有层层累积后"你知道吗,她也爱我,永远爱我"的升华。被称作"最受欢迎的母子共阅图画书"《逃家小兔》(布朗,赫德,2005),整个故事是在一场游戏色彩的对话中展开的:小兔子说要变成小鱼,妈妈就变成渔夫;小兔子要变成小花,躲在花园里,妈妈就变成园丁;小兔子要变成小鸟,妈妈就变成树,好让小兔子飞回家……最后,妈妈张开双臂抱住打算回家的小兔子,并给了小兔子一根象征着母爱的红萝卜。《我妈妈》中有一个画面是妈妈发怒——像大狮子一样吼叫,而《大嗓门妈妈》(保尔,2009)从头到尾是发脾气大吼大叫的妈妈和孩子之间发生的一场冲突,故事用夸张的手法描述妈妈的吼叫声太大了,结果怒吼声把孩子震得四分五裂:身体掉进海里,翅膀迷失在热带森林,双脚来到了撒哈拉大沙漠……然后呢,大嗓门妈妈不怕辛苦,立刻奔到这些地方去找到孩子的各个部分重新缝合在一起,还非常温柔地说"对不起"。孩子们一定都有一个有时候会大吼大叫的妈妈,也一定会从故事中感受到妈妈的歉意和温柔,原谅妈妈的大嗓门。

《我爸爸》与《我妈妈》为同一系列,具有同样的叙事结构与叙述风格,故事中的爸爸幽默滑稽、温情可爱;芭贝·柯尔的《我的爸爸真麻烦》,描述了一个顽童般的父亲。有些以父亲为主题的图画书凸显了"游戏精神",父子间呈现为亲密的游戏伙伴关系。相比于以前儿童读物中慈父严母等传统父母形象,图画书中的"亲爱爸爸妈妈"更加多姿多彩,更具有现代气息,也更符合新的儿童观和教育观。

对中国当今很多孩子来说,家庭生活中更为可亲的是爷爷奶奶,以祖父母为主角的图画书唤起孩子们亲切的体验。图画书《爷爷一定有办法》中,以祖父送的一个礼物的变化为线索,遇到任何问题,孩子都深信"爷爷一定有办法",描述的是对亲人无比的信赖和依恋。祖父母主题图画书对孩子们来说也是不可缺少的,有着特殊意义。

二、图画书中温暖的"家"

有些图画书以"家"为主题。如前述《云朵面包》叙述了家庭中早餐的故事:大清早小哥儿俩摘到了落在树上的一朵小白云,妈妈把小白云和牛奶、白糖等一起揉成面团,放进烤箱烤成面包。云朵面包除了柔软、香甜,吃了还可以像云朵一样在天空中飞。小哥儿俩吃了云朵面包便轻松地飞出去,给没有来得及吃早饭上班要迟到的爸爸送面包。爸爸及时吃到了云朵面包,结果爸爸也飞了起来,飞越交通拥堵的城市,准时出现在办公室中。故事明着写面包,实际上面包的故事就是家人相爱的故事:准备早餐的妈妈爱着家人,上班的爸爸爱着家人,给爸爸送面包的小哥儿俩从小就知道关心家人。面包的香香软软,令人联想起家的温馨温暖。图画书《停电以后》(罗科,2013)中,家人各忙各的,突如其来的停电打破了常规状态,大家用新的视角去认识自己的家人,发现原来家人可以一起做这么多有趣的事情!《停电以后》借助图画的力量,用对比的手法告诉小读者家庭生活的奇妙有趣。

"家"是孩子最初认识的概念之一,0—3岁阶段很多图画书着力表现家的幸福温馨。图画书《谁的家到了?》(刘旭恭,2014)中公交车经过大河、森林和香香的草原,这些美丽的家都是谁的呢?随着"谁的家到了"这句话的不断重复,听故事的孩子不断累积着有家的快乐和骄傲,增添着对家的依恋和热爱。

"家"的元素在图画书世界中无所不在。比如《跑跑镇》(亚东,麦克小奎,2015)整个故事展示奇妙的想象和幽默,充分发挥了图画书的翻页功能:这一页中急急忙忙在跑的黑熊和急急忙忙在跑的白熊撞到一起,下一页变成了黑白相间的熊猫;这一页红宝石和红苹果相撞,下一页变成了红石榴……小读者充满期待:两个撞到一起会怎样呢?下一页是什么呢?图画书的最后一页,爸爸神奇地撞到了妈妈,会怎样呢?结果变成了一起风驰电掣骑着自行车的快乐一家人,满怀期待的小读者们得到预期的、巨大的情感满足。《爷爷一定有办法》的图画蕴含了比文字更多的信息,如画面上温馨的木房子里,一家人在温暖的烛光下围在一起快乐地吃着晚餐;小妹妹的出生从未被提及,画面中可以看到不断长大的妹妹,有一页是妹妹用心爱的布娃娃安慰哥哥,表现了家人间的相亲相爱。《爷爷一定有办法》运用了非常特殊的设计——双体故事,老鼠一家的日子越来越红火,越来越富裕,一方面隐含着故事中约瑟外套的答案,另一方面,小老鼠一家的幸福生活与约瑟家温馨快乐交相辉映,加深了主题的表现。

三、图画书中数不尽的爱

图画书《活了一百万次的猫》(佐野洋子,2010)给出主人公前后鲜明的变化:一只活了一百万次的猫,之前对死一点儿也不在乎,而在白猫死后却哭了一百万次,而且再也没有活过来!这个强烈的对比容易引发小读者的思考——为什么白猫这么重要呢?

它死过一百万次，也活过一百万次。它是一只漂亮的虎斑猫。有一百万个人宠爱过这只猫，也有一百万个人在这只猫死的时候哭了。但是，这只猫却连一次也没有哭过。

故事中的猫，曾经是国王养的猫，它很讨厌国王，之后死在激烈的战场；曾经是水手养的猫，它很讨厌大海，之后淹死；曾经是马戏团魔术师养的猫，它当然也很讨厌马戏团，之后意外死亡；还曾经是小偷养的猫，是孤独老婆婆养的猫，是小女孩养的猫。无一例外，猫死的时候，主人都痛哭一场，但是猫自己对死一点儿也不在乎。

然而，事情发生了变化：

有一次，猫不是任何人养的猫了。它是一只野猫。猫第一次成了自己的主人。……

猫从此就一直待在白猫的身边了。

白猫生下许多可爱的小猫。猫再也不说"我可是活了一百万次……"的话了。猫喜欢白猫和小猫们，已经胜过喜欢自己了。

小猫们逐渐长大，一只只离开了。现在的猫希望能和白猫永远、永远地生活在一起。

有一天，白猫躺在猫的身边，安安静静的，一动也不动了。猫第一次哭了，从晚上哭到早上，又从早上哭到晚上，哭啊哭啊，整整哭了一百万次。

猫再也没有活过来了。

这个故事语言浅显，叙事清晰，孩子能够理解故事中的猫从爱自己到爱他人的变化，认识到家人的珍贵。以家为主题的图画书，常常涉及亲人去世的情节，给孩子生命及死亡的思考。《活了一百万次的猫》中，作者用一只猫的故事启发小读者对生命的追问：为什么猫活了一百万次最后却再也没有活过来？黄郇英（2002）提出，每则故事所传达的绝不是表面炫丽的文字或情节而已，重要的是每则故事背后都蕴含了对生命的爱与期待。什么是真正的生命？这是孩子们从小不可避免地要去探究的问题，而文学天然地肩负起提供答案的使命。孩子从《活了一百万次的猫》的故事中能够感知生命的神圣，开始朦胧地体会生命的价值存在于最朴素、最深刻、最真挚的"爱"中。

第三节　图画书帮助儿童认识同伴与友谊

除了家人关系,如果对图画书做人物分析,怎么去界定书中人物形象之间的关系呢?广泛流行的《小老鼠和大老虎》《小蓝和小黄》《鱼就是鱼》《十一只小猫》系列中的主人公们,可以说他们之间是一种同伴关系。

一、认识同伴友谊的珍贵

同伴关系是儿童除亲子关系之外,另一种最重要的人际关系,我们希望孩子能与同伴友好相处,喜欢和小朋友一起游戏,有经常一起玩的小伙伴,有高兴的或有趣的事愿意与大家分享,喜欢并适应群体生活,在群体活动中积极、快乐,具有初步的归属感。

孩子们在生命早期,把万事万物视作有生命有情感,被称作"万物有灵论",《你好,点点》(周翔,2013)中,宝宝逐一对着橱门上的点点,窗帘上的点点,小狗身上的点点,还有汽车上点点的,小熊身上的点点亲切问好。不妨说,一个个"点点"就是一个个的同伴。而《晚安,月亮》中,小主人公一视同仁地向屋子、月亮、跳过月亮的母牛、灯光、红气球、小熊、椅子、小猫、手套、大钟、短袜、小房子、小耗子、梳子和刷子一一亲切问候晚安。《小蓝和小黄》的主人公是两个相亲相爱的好朋友和他们的一群朋友。《小船的旅行》(石川浩二,2009)讲述了一个送信的故事,故事中小船的旅行其实是一个孩子的成长过程,学着独立完成任务,其实,这个故事还关乎美好的友谊,是发生在朋友间的温馨故事,完成朋友的嘱托,担当做朋友的责任。《我就是喜欢你》用稚拙朴素的语言表达了对同伴深深的依恋和喜爱:

> 我喜欢/我们在一起做游戏/你跑得那么快/可你又马上跑回来
>
> 我就是喜欢你/我们总是窝在一起/我就是喜欢你……
>
> 我喜欢/你总是那么关心我/一直陪在我身边/我就是喜欢你/我就是喜欢你

对儿童生活和儿童内心世界有着神奇感受力的图画书作者们，通过神妙的笔尽情展现了孩子们与同伴在一起的有趣事件。图画书《小蓝和小黄》是一个可以做多重解读的故事，有关于色彩的知识，有亲子关系的描述，浓厚的哲学意味等等，这些元素都可以从《小蓝和小黄》中读到，但是我们依然可以说这是个友情主题的故事。判断故事的主题，一是可以通过观察孩子阅读时的优势反应来判断，即观察孩子是否真正被故事打动，比如他们会反复地看书中的某一页，或者直接说最喜欢哪一页。很多孩子阅读《小蓝和小黄》时喜欢看小蓝和小黄抱在一起的画面，或者是他们一起玩游戏的画面。二是可以考量书中不同元素的比重，如《小蓝和小黄》中关于友谊的篇幅几乎占了三分之二，小蓝和小黄从头到尾在一起，由此可以认定故事的发展主线是友谊。

二、引发同伴友爱之情

图画书世界中的友情多姿多彩。有的同伴关系是一对一的同伴，《小蓝和小黄》中两个主人公就属于这一类同伴。有的一对一同伴具有相反的特征，对比异常鲜明，如图画书《蚯蚓的日记》（克罗宁，布里斯，2013）中，蚯蚓的朋友是蜘蛛，他们互相善意取笑对方，也互相教对方本领。作为环节动物的蚯蚓与作为节足动物的蜘蛛一对比，情节的趣味性立刻显现出来，蚯蚓与蜘蛛各自的身体特征也更为鲜明。而《小老鼠和大老虎》是力量悬殊的一对一同伴，与同伴发生冲突时，如何和平解决，如何保护友谊。

中国民间故事《三个和尚》，是讲述三个同伴间如何合作的故事。还有相当数量的图画书以群体儿童为主人公，如图画书《十一只小猫》系列深受儿童读者欢迎，书中十一只小猫每天在一起，玩泥巴、爬树、捕鱼、做饼，经历各种冒险，玩得不亦乐乎！图画书《在森林里》以及《和甘伯伯去游河》（伯宁罕，2008）等，都描述了一群同伴亲密在一起的快乐。

无字图画书《雪人》（布力格，2009）中的同伴是一个雪人，男孩和雪人成为亲密无间的朋友，他们一起参观男孩的家，一起享用丰盛的晚餐，一起欣赏远处的风景，一起在天空快乐地飞翔，度过温馨幸福的时光。有时候，朋友甚至是一棵树，如图画书《树真好》中，孩子将树视作亲密伙伴。学龄前的孩子属于"泛灵论"的思维，将万事万物视为与自己一样有生命的个体，与动植物之间建立起平等宛若同伴一样的友谊。

图画书的画面给儿童强烈的视觉冲击。如《小蓝和小黄》中小蓝和小黄亲密地拥抱；无字图画书《雪人》中小男孩手牵手和雪人一起飞过田野和城市；《和甘伯伯去游河》中，最后大家紧紧地团坐在一起热热闹闹地喝茶；图画书《十一只小猫》系列中,小猫们排成整齐的队伍一起在阳光灿烂的日子里出游……这些画面自然地引发小读者"朋友们在一起真快乐"的美好体验。文学具有强烈的感染力,激发小读者阅读过程中的情感反应,上述图画书能够给孩子很多感染和启发,图画书的画面与文字都渗透着作者的世界观和价值观,把友谊带来的快乐传递给儿童,把价值观、道德观传递给儿童,把积极乐观的人生态度传递给儿童。

孩子们聚成堆以后,就一定会立刻玩起最心爱的游戏,什么都可以成为他们的玩具,哪怕是一根线也可以千变万化!《拉呀拉呀拉》(卜佳媚,2015)中的绿色线变鸟窝,变云朵,变彩虹,变成妈妈手里温暖的毛衣……家中经常有废弃的纸箱,在图画书《大纸箱》(钟彧,2013)中,它成了避雨的小房子,成了遨游蓝天的飞机……法国图画书大师杜莱在《点点点》中,仅仅用一堆不同颜色的点点,就带着孩子们玩了一次神奇的游戏。每天都与小伙伴在一起游戏的小读者们,一定能够在不同色彩的点点们亲密拥抱、快乐游戏的画面和情节中找到情感共鸣,体会友谊带来的快乐,感受友谊的珍贵。

三、懂得同伴间要相互尊重

在第一节中我们阐述了图画书对学前儿童社会性发展成长具有特殊的功能,如帮助孩子在具体的故事情境中,能够比较容易理解他人立场。普雷马克和伍德拉夫(Premack,Woodruff)两位学者于1978年提出了儿童心理理论(theory of mind),认为孩子在成长的过程中,逐渐发展出一种对自己和他人心理状态的理解能力,他们开始理解自己所思考的、知道的、感知的以及所相信的也许与其他人有所不同,并开始了解到人们的许多行为取决于自己的知识经验和想法。拥有良好的心理理论能力,使孩子能够感知和预测他人和自己的认知与情感状态,有利于协调相互间的关系。

图画书《鱼就是鱼》(李奥尼,2011)为小读者创造了发展心理理论能力的有趣情境,书中描述有一条鱼和小蝌蚪是好朋友,后来,小蝌蚪长成了青蛙,到陆地上认识了很多东西。几周后,青蛙回到池塘,向鱼介绍他在陆地上看见的新鲜东西:鸟、牛和妈妈与孩子等。鱼根据青蛙对每一样东西的描述,想象出这样的形象:鸟是长着翅膀的鱼,山羊是长胡子的鱼,而妈妈和孩子呢,是用鱼尾巴走路的大鱼和小鱼……孩子们阅读时,作为"全知悉"的读者角色,能理解只见过鱼的鱼只能想象每一样东西都带有鱼的形状。孩子们为鱼的荒谬而大笑,在这个故事中很容易认识到每个人的经历不同,想法自然会不同,要理解别人的想法和感受,倾听和接受别人的意见。

《鳄鱼爱上长颈鹿》图画书系列以幽默夸张为主要风格,幽默的表述蕴藏在生活中最重要的智慧。如《搬过来,搬过去》(库洛特,2011)中,矮矮的鳄鱼和高高的长颈鹿相爱了,但是一起生活困难可真多,比如长颈鹿在鳄鱼家的矮房子去住,脖子得弯上好几道,或者只能从烟囱里伸出头来,真是辛苦。而鳄鱼呢,在长颈鹿家怎么也够不到门把手,无可奈何;在卫生间就更尴尬了,随时会从马桶上掉下去……图画书杰出的表现力把两个主人公的种种困扰表达得淋漓尽致,小读者一边欣赏高矮悬殊的两个主人公又遇到什么麻烦,一边开始理解每个人有不同的特点,要关注别人的情绪和需要,要在互相尊重的基础上努力协调。同伴主题的作品展示的是同龄人平行的互动关系中儿童的成长,前述《小老鼠和大老虎》展现了儿童在与同伴的游戏中伴随无数次冲突,他们在冲突中逐渐懂得如何正确地与同伴交往。

除了亲子关系和同伴关系,图画书世界中还有各种各样的人际关系。如《克丽桑丝美美菊花》《迟到大王》等图画书有师生关系的呈现,这些书同样以文字与图画的双重叙述,提供各种人际关系范型,帮助小读者理解人与人之间的关系,激发和丰富小读者的情感,从而促进儿童健康的人际关系构建。

第四节　图画书搭建通向规则世界的桥梁

父母需要与孩子共读图画书，但是要让孩子自己去发现，在阅读中经历悲欢喜乐，逐渐获得自己的体验和认识。幼儿园中，教师应该允许孩子发现和表达对图画书故事的感受和体验，鼓励他们对故事有自己的理解和判断，不要以教师的解读替代儿童的解读，剥夺他们成长的机会。

一、理解为什么遵守规则

儿童需要逐渐理解规则的意义，学会遵守基本的行为规范，活动中能够与同伴协商制定游戏和活动规则。规则要求不是简单地灌输给孩子，而是孩子自己的感悟和理解，使得遵守规则成为他们自觉、主动的选择。

图画书将空洞的道德规训教化为具体的、活生生的故事，具有强烈的感染力，儿童在故事中认识不符合规范的行为将产生怎样的后果，在潜移默化的过程中领悟深刻的道理。幼小儿童情绪易受感染，沉浸在作品情节中，更容易受到主人公的影响。郝广才（2009）先生说："一旦我们对角色产生认同，原有的价值判断、道德标准，也会在故事中跟着改变。"孩子们阅读图画书的过程，是对原有的价值观进行重构的过程，是对新的社会规则理解和接受的过程。前述图画书《和甘伯伯去游河》，用最温和的语调讲述了一个风和日丽的日子里，发生的关于规则的故事，引导小读者在快乐的故事里感受和体验破坏规则的混乱以及缺失规则的后果——大家不遵守规则，结果受到了教训。

《和甘伯伯去游河》到底发生了什么故事呢？孩子们和动物们要求上甘伯伯的船，和甘伯伯一起去游河。好心的甘伯伯答应了，只是向孩子和每一个小动物提出不同的要求：

> 小孩儿不能吵闹
>
> 野兔不能乱蹦乱跳
>
> 猫不能追兔子

狗不能招惹猫

猪不能来回晃

绵羊不能咩咩叫

鸡不能扇翅膀

牛不能乱踩东西

山羊不能乱踢

结果呢，大家安静了一小会，就开始——

山羊乱踢，

牛踩东西，

鸡扇翅膀，

绵羊咩咩叫，

猪来回晃，

狗招惹了猫，

猫去追兔子，

兔子乱蹦乱跳，

小孩大吵大闹，

然后呢，然后——

船就翻了……

……

甘伯伯怕翻船而一遍遍提出的叮嘱使得小读者对游河结果充满了强烈的期待，在不断叠加的期待中，所有人狼狈地落入水中的画面回答了他们的疑问。故事中的语言简短而富有节奏感，不但带来阅读的乐趣，而且紧锣密鼓、层层铺垫后，"船就翻了"的结果特别富有戏剧性，小读者们很难不发出笑声。孩子们在笑声中明白了不遵守规则船就会翻，从而认识到遵守规则的意义。故事最后，甘伯伯邀请大家下次再来游河，这个结尾自然地引发小读者的猜测——下一次的游河是什么情景呢？他们一定会由衷地希望船不要再翻了。"温暖、开心、嬉戏"被称作约翰·伯宁罕图画书永恒的主题，风轻云淡的游河故事，让孩子们变得乐意遵守规则，而不是被强令遵守规则。

图画书《迟到的理由》（姚佳，2014）则以另外一种方式告诉孩子们遵守规则的必要性。故事中慌慌张张的小猪起床晚了，要迟到了。害怕挨批评的小猪绞尽脑汁编着各种理由：围巾太长太长花了太多时间，关掉很多很多闹钟花了太多时间，吃很多很多饭花了太长时间，或者是跑得太快东西掉了，迷路了……为小猪这些五花八门的可笑理由而大笑的孩子们，看到可怜的小猪因为迟到带来这么大的麻烦，是否会由衷地这样想——还是不要迟到的好！小读者在快乐的阅读中，会逐渐培养起责任感和认真负责的态度。

二、认识怎样做才是对的行为

笔者曾经在孩子们读过图画书《爱心树》（希尔弗斯坦，2013）后，通过访谈的形式分析他们对故事的理解，并与教师的观点相比较。《爱心树》的故事大致是这样的：小男孩小时候一直在大树上玩，慢慢长大后离开大树，每当需要大树时再回到大树身边，而大树把自己的树枝、树干全都送给了小男孩，最后只剩下一个矮矮的树桩。在成人世界中，故事中的"大树"是需要被颂扬的形象，表现了奉献精神，而"小男孩"一味地索取，属于被批评的对象。但访谈孩子们"你喜欢大树还是小男孩？为什么"时，却得到各种各样的答案。这里随机抽取列示其中几个孩子的回答：

> 儿童1：小男孩。因为小男孩天天跟大树像好朋友一样得好。小男孩很快乐。
>
> 儿童2：大树。因为小男孩想要什么东西，大树都同意给他。这个样子很好。
>
> 儿童3：小男孩。因为小男孩可以天天跟大树一起玩，做游戏。
>
> 儿童4：大树。因为大树可以从那个小男孩从小到老一直陪伴着他。
>
> 儿童5：大树。因为大树总是让小男孩荡秋千。
>
> 儿童6：大树。因为我觉得大树很搞笑，我从来没有见过大树可以跟小孩交朋友。
>
> 儿童7：小男孩。因为小男孩和大树一起玩、一起睡觉、一起躲猫猫、一起吃苹果。

文本意义是读者文学能力投射和激活的产物，由儿童阅读过程中真实的心理反应所决定。图画书作者精心设计、带着个人情感色彩、图文呈现的具体情境，以及鲜明的色彩和生动的人物形象，自然而然地触动小读者，引发儿童对故事中人与物的偏好和是非判断，并在长久的阅读过程中，不断强化儿童读者独立判断的意识。如上文中小读者在阅读《爱心树》时，由衷地喜欢"大树"或"小男孩"。

《爱花的牛》(里夫,劳森,2008)被认为是图画书史上的经典之作,故事中两条线索交叉,一条线索是牛始终如一对花的热爱;另一条线索是其他牛和斗牛士们对斗牛的热衷。最后,爱花和斗牛产生冲突——爱花的牛费迪南被选去参加斗牛,有这么令人羡慕的机会,费迪南还会继续爱花吗?结果,费迪南遇到花香时依然毫不犹豫地放弃了斗牛。这个故事让孩子们认识到,当与周围其他人的看法不同时,要坚持自己的意见,做自己喜欢的事。图画书中主人公的思想感情,在儿童浸入式阅读中,激起儿童的共鸣。儿童抽象概括能力尚在发展过程中,图画书中生动形象的图文情境更容易引发儿童判断的意识,也为儿童独立判断搭建了有力的支架。

三、建立特殊的评判标准

儿童有不同于成人的审美反应,有独特的道德判断。莎莉·叶茨(Sally Yates)认为,应鼓励儿童采取自己的阅读形式和偏好(亨特,2010),应该避免固定化的、公共思维模式,而给孩子们自我、独特、多元化的理解,有个性化的审美趣味。儿童读者阅读图画书时,有独特的审美眼光,有创造性的发现,加达默尔(1994)认为,"对于同一部作品,不同的读者读出了不同的意义,这是阅读活动中最普遍的事件"。文学阅读是具有个体差异性和个人创造性的复杂的精神活动,学龄前儿童读者群体和成人读者群体有着迥然不同的群体特性;并且由于具有不同的生活经验、情绪情感、气质以及性别差异,同龄儿童之间亦具有个别差异。

前述研究中,笔者同时对教师进行访谈:"你认为孩子们会喜欢这个故事吗?为什么?"多数教师认为孩子们会喜欢这个故事,因为故事中"大树乐于帮助别人,为了别人快乐不惜牺牲自己"。有的教师认为孩子们会喜欢,因为"可以懂得一些道理";有的教师认为孩子可能对"一会树枝没有了,一会树干没有了"感兴趣,会思考"下面还会发生什么事情呢?"

比较教师和儿童的回答,可以看出多数教师对《爱心树》总结的是大树"乐于助人的品质",希望孩子们阅读这篇作品后能够懂得"一些道理",或者提高对情节变化的理解能力。但是儿童却关注故事中游戏性的因素,对吃苹果、荡秋千、绿绿的树叶等感性因素感兴趣;很多孩子认为小男孩好,因为小男孩和大树是好朋友,一起玩游戏很开心。儿童对故事的阅读感受与成人将《爱心树》视为一个奉献与索取的故事有着根本的差异。

学龄前的孩子尚未受到文化范式的束缚,对行为有着自己特殊的评判标准。如图画书《我的幸运一天》,小猪记错了朋友小兔子家的地址,误闯到可怕的狐狸家,要被狐狸当作晚餐。小猪镇静地劝狐狸给自己洗澡——这样可以吃到干干净净的小猪,劝狐狸给自己做饭吃——这样可以吃到更肥的小猪,又劝狐狸给自己按摩——

这样可以吃到更嫩的小猪！结果狐狸彻底累昏过去，而小猪带着狐狸做的小甜饼跑回家了。成人读者一般会认为这是一个机智战胜坏人、大快人心的故事，但很多孩子却同情故事中累昏过去的狐狸，反而认为哄骗狐狸给自己煮饭、洗澡和按摩的小猪"太坏了"。

教师不能仅以成人对文本的理解为标准答案，而应重视孩子个性化的解读。以图画书《爱心树》为例，如果教师和家长们硬要孩子们去体会"像大树那样勇于奉献，不要像小男孩那样一味地索取"，就会剥夺小读者们各自建构的丰富多彩的意义世界。

学前儿童文学具有激发功能、资源功能和整合功能（郑荔，2014）。前面阐述了图画书用美好的视觉形象，使得小读者受到强烈的感染，产生和强化美好的情感。精神分析学家弗洛伊德倡导"早期经验决定论"，认为早期经验决定日后的人格。今天，人们愈来愈重视儿童的早期发展，"早期教育"不仅关注认知的重要性，更进一步强调早期情感与社会性发展的价值。资源功能是指学前儿童文学为读者提供丰富的认知经验，包括社会性领域的经验；文学作品的资源功能，对父母来说使得文学成为亲子互动的良好途径，对教师来说则具有课程意义，幼儿园各领域往往以文学作品为媒介开展教育活动，文学作品成为幼儿园课程的主要支撑。整合功能主要是指文学作品提供给儿童读者进行经验重组的空间，在阅读中儿童唤醒已有经验，融合新经验，对原有的情感态度和知识结构等不断进行重构。图画书中的故事教孩子认识生命，尊重规则，珍惜朋友。图画书阅读有利于学前儿童的亲社会行为、爱心与同情心，有利于积极人格的建构。图画书在孩子生命初期就留下深深的印痕，在图画书中发现的爱，会温暖孩子的一生，伴随着孩子一路成长。

第六章／
选择帮助儿童科学地认识世界的图画书

王 津

　　每个孩子都充满了对世界的好奇，我们可能经常会被孩子好奇的小眼睛盯着，问到各种让我们一下子无法解答的问题。比如，洗澡的时候，孩子会问：为什么水会从指缝中流走？下雨前，孩子会问：为什么蚂蚁要搬家？看着妈妈的肚子，孩子问：我是怎么生出来的？……遇到孩子们的这些问题，我们会怎么回答呢？什么方式既能准确地传递知识，又能符合孩子的认知特点呢？我们认为，阅读科学知识图画书应该是一个最适合的解决方式。本章将向读者推荐科学知识类图画书，在早期阅读过程中，这一类图画书是儿童通向儿童认识世界的大门，值得引起我们的重视。

第一节　科学知识图画书帮助儿童构建对世界的认知

好奇心通常是驱动孩子去探索与认识世界的原动力。当孩子们提出问题的时候，最直接的解决方式是在网上搜索答案，但是这种方式并不完全适合他们，因为这不是从孩子的视角去介绍关于世界的知识。那么什么样的方式适合孩子呢？应该说，要想回应儿童探索与认知世界的问题，阅读科学知识图画书是一种特别适合儿童的方式。

一、如何界定科学知识图画书

科学知识图画书属于非虚构类图画书的一个重要类型。帕帕斯（Pappas，1986）将科学知识图书定义为通常是关于一个主题的有插图的图书（或有照片的图书），其主题也通常可以通过书名进行识别。例如，科学知识图画书多产作家吉本斯（Gibbons，1984）所作的《隧道》（Tunnels）一书就是介绍多种不同类型隧道的用途。布莱恩（Brian Wildsmith）所作的《松鼠》（Squirrels）一书介绍了松鼠的特征和习性。这些书都是以书名标示主题的典型科学知识图书。杜克（Nell K. Duke，2001）将科学知识图书定义为以传递和表现自然世界及社会世界的知识为目的，并且用特别的文本来实现这一目的。综合二者对科学知识图书的定义，可以看出这类图书以科学知识为主题内容，主要以文字的方式呈现，兼有插图或照片。

为了明确科学知识图画书的定义，还需要参考有关图画书（picture book）的定义。日本儿童文学研究者松居直（1997）将图画书定义为一种特殊的儿童读物形式，它以跳跃性的丰富的表现方式，表达仅用文字或图画都无法表现的内容。马兰士（Marantz，1977）和路易丝（Lewis，2001）对图画书的定义与松居直的观点一致。阿里斯佩（Evelyn Arizpe）和斯特尔斯（Morag Styles）（2003）进一步指出，一本图画书是一本文字与图画交互作用表达故事的书，而其文字和图画都是通过有意识的审美目的创作出来的。彭懿（2006）认为图画书是用图画与文字相结合来叙述一个完整的故事，它是通过文字与图画两种媒介在不同的层面上交织互动来叙述故事的一门艺术。对这两种图画书的定义仔细分析后可以发现，前面几种定义主要是概括了图画书的表现方式，即图画书是图文并重，相互结合表达的图书；而彭懿的定义则侧重于图画书的内容，即用图与文相结合的方式叙述一个故事，这种定义实际上只限于图画故事书，而不适用于科学知识图画书。

综合研究者对以文字为主的科学知识图书和图文相结合的图画书的定义，可以认为科学知识图画书是关于一个主题的图画书，其图画风格以写实为主，有时也使用照片，其文字风格与说明文相似，使用规范准确的说明性语言表达方式，其中包含专业的科学性词汇，其主题通常可以通过书名进行识别。科学知识图画书兼有科学知识图书与图画书的特质，其所要表现的内容、内容结构、文字特点与前者相同，而内容呈现方式与后者相同。

二、科学知识图画书的阅读对儿童发展的价值

为什么要鼓励儿童阅读科学知识图画书？首先需要了解这类图画书的价值。科学知识图画书在儿童的生活中起着重要的作用，它们为儿童提供了关于世界的知识，构建起理解书中内容的关键性背景知识，让儿童接触到专业词汇，为儿童提供用于讨论学习内容所需的语言。辛西娅（Cynthia B. Leung，2008）在其研究中发现，3—4岁学前儿童通过反复的集体讲读科学知识图画书，并复述三本科学知识图画书，其后测中科学词汇的发展与前测相比有显著提高。

此外，科学知识图画书还让儿童了解到这类图画书多样的内容结构和特征，熟悉书中所使用的语言，并提供有策略地加工说明性书面语言的核心知识。这类图画书还可以让他们为未来学习各个知识领域的图画书打下基础，他们甚至在阅读了丰富的科学知识图画书后，非常有可能像成人一样阅读和书写这类图画书。科学知识图画书所能够引发的讨论与故事类图画书有很大差异，它需要不同类型和数量的阅读理解技能。这类图画书还可以成为一些儿童的阅读催化剂，那些对阅读故事书不感兴趣的儿童或许更渴望探索科学知识图画书。国外的研究者认为科学知识图画书为儿童的发展提供了独特的价值。

此外，彭蒂蒙蒂（Jill M. Pentimonti）等人（2010）在研究的基础上提出儿童阅读科学知识型的图画书可以获得如下几方面的益处：语言技能、关于科学知识图画书结构的知识、领域知识、对某些主题的阅读兴趣。

（1）推理性的语言与词汇。关于科学知识图画书的研究有一个最基本的立足点，那就是儿童阅读这类图书有益于发展他们的词汇和推理性的语言技巧。因为科学知识图书比叙事类的图书包含更多的词汇类型和科技词汇，围绕科学知识图画书所展开的对话交流可能会促进这类词汇的获得。当教师和学生开始建立科学概念与语言之间的联系时，科学知识图画书就为教师和学生提供了将抽象性语言应用于口语交

流的机会。

（2）关于科学知识图画书结构的知识。关于科学知识图书的经验似乎帮助儿童了解了这一图书类型的特质。例如，杜克（Duke）和凯斯（Kays）在其 1998 年的研究中，让学前儿童阅读科学知识图书，发现他们在连续 4 个月的教育干预后，在讲述这类图书时能够更多地使用书中的语言，包括科学性词汇的应用。

在幼儿园领域教学中，一直存在这样一种挑战：教师如何在给儿童教授领域知识的过程中，不会陷入小学高年级教育才会采用的过度的学业与填鸭式教学倾向。因此，国际阅读协会（the International Reading Association，IRA）和全美幼教协会（the National Association for the Education of Young Children，NAEYC）（1998）提出学前儿童要获得所期望的词汇发展，就需要接触多种多样的体裁，包括科学知识和叙事类的图书。帕帕斯（Pappas，1991）分析学前儿童重复地独立阅读科学知识图画书后发现，儿童第三次阅读时，与前几次阅读相比，更倾向于聚焦书中的语言信息，或者开始用书中的科学术语来解释图画。他们会逐渐对科学知识图画书的特征产生敏感性，并将其与故事体裁相区别。也就是说，儿童在积累了较多的科学知识图画书阅读的经验后，开始产生体裁的敏感性。这对于儿童今后在学业中有区别地阅读理解不同类型的图书起了奠基作用。

玛丽（Mary Renck Jalongo，2004）在 *Young Children And Picture Books* 一文中阐述了阅读科学知识图画书对幼儿的重要性：提供准确、权威、有趣的科学知识；利用儿童天生的好奇心，并激励他们寻找问题的答案；示范说明性文章组织方式和表述原理的好范例；激发儿童寻找感兴趣主题的相关知识的渴望；鼓励儿童恰当地使用参考材料；拓展儿童对现实世界的词汇量和知识量；纠正儿童通常持有的错误概念；让儿童意识到个体与集体对社会的贡献；为儿童介绍不同的职业和职位。

然而在现实应用中，有关研究表明，这类图画书在教育、阅读资源中的地位远没有故事类图画书那么重要。不少国家的调查研究表明，儿童在幼儿园、学校、家庭中接触这类图画书的机会非常少。美国研究者杜克（Duke，2000）对全美处于不同社会经济地位的地区中的 20 个一年级班级做了相关调查，发现在班级图书角里只有 9.8% 的科学知识图书资料。此外，在她对这些班级长达 79 天的全天候观察中，见证了一个事实——一天中 282 分钟里，只有平均 3.6 分钟用于与科学知识图书相关的活动，而在低社会经济地位地区的班级里，这一数值就更低了，只有平均 1.4 分钟/天。杜克的观察结果揭示了这些儿童的文字经验主要集中于单词水平，例如标签、儿童的名字，除此之外，其经验主要与叙事性和描述性的文本有关。在班级图书馆中，最常见的图书类型是叙事类的，尤其是虚构性的叙事类图书，如童话故事书。加拿大研究者帕特丽夏（Patricia，2011）调查了 4—8 岁加拿大西部城市中等收入地区的科学知识图画书提供情况，在日托、幼儿园、学前班和小学一年级班级、学校图书馆、放学后的照管机构、零售商店、书店、书吧，以及零星的公共图书馆里，跟踪访谈了这些场所里负责为幼儿选择图书的成人，此外还包括相关的档案研究，结果发现，几乎所有地方，故事书所占的比例最高，并且占了所有为幼儿提供图书的80%。王津（2012）对中国西安市某幼儿园的家中阅读情况调查也发现，儿童阅读科学知识图画书的机会相对较少，与琳琅满目、数量众多的故事类图画书相比，科学知识图画书仅占故事类图画书的五分之一。

对教师教学实践的调查结果也表明，儿童尤其是低龄儿童接触科学知识图画书的机会非常少。一项对美国幼儿园教师教学实践的全国性调查发现，在他们所在的班级里，仅有6%的阅读材料为科学知识图画书（Pressley，Rankin & Yokoi，1996）。此外，还有一项对全美从幼儿园到六年级的教师调查（Jacobs，Morrison & Swinyard，2000）发现，在所有的年级水平里，科学知识图画书在集体讲读中的使用率是最低的；只有极少的教师会引导儿童阅读科学知识图画书。

三、科学知识图画书阅读占比低的现状与原因分析

王津（2011）对科学知识图画书进行细致分析后发现，教师们之所以很少选择科学知识图画书作为语言教育的主要材料来指导儿童，主要有以下几个原因。

（一）科学知识图画书的阅读经验匮乏

前文介绍了对于科学知识图画书在儿童图书馆或幼儿园中的使用比例，研究发现这类图画书的使用率非常低，由此可以推知儿童接触科学知识图画书的机会也较低。将故事类图画书与科学知识图画书做一下比较就可以发现，儿童在日常生活中获得的经验通常与故事类图画书中的叙事性经验相似。例如，儿童可以在各种情境中获得叙事性经验，与父母交流自己在幼儿园的见闻，与同伴分享自己去某地游玩的经历，等等，这些在日常生活中的故事片段都属于叙事性经验，而科学知识图画书中多采用说明性语言的表述方式，这种语言表述类型由于在生活中较少接触，所以儿童这方面的语言经验较弱，那么儿童在阅读科学知识图画书时可以借鉴的经验有限，从而导致理解困难。

（二）科学知识图画书具有独特的内容结构和图文特征

科学知识图画书与故事类图画书相比，其内容结构与图文特征具有很强的独特性。

1. 内容结构组织的独特性：逻辑顺序不明显

将科学知识图画书与故事类图画书进行对比，我们发现故事类图画书以情节发展为主线，有一定的时序性，内容结构大多具有重复性，其叙事性语言与儿童在日常生活中使用的语言较接近，儿童较容易理解，如《好饿的毛毛虫》（图6-1）。

然而，科学知识图画书中的内容往往是以内隐的逻辑顺序来组织的，内容结构很少出现重复，如《莲花》（图6-2）。

图6-1 故事类图画书：《好饿的毛毛虫》　图6-2 科学知识图画书：《莲花》

另外，故事类图画书中的主角大多是不变的，而在有些科学知识图画书中主角可以有多种。如《好饿的毛毛虫》中每一页的主角始终是毛毛虫，而《莲花》中虽然涉及的关键信息都与"莲"有关，但是基本上每一页都会有不同的主角。如果儿童无法抓住连接不同主角的主线，就会出现理解困难。

2. 图画呈现方式的独特性：单页信息量较大

科学知识图画书有一种独特的图画呈现方式，那就是单页多图，一个页面上往往有几幅与主角信息有关的图画，信息量较大。在这种情况下，儿童要看懂这几幅图画所表达的意思，认知负荷会随之变大，这是儿童阅读理解中的难点。

3. 语用方式的独特性：多使用说明性语言和专业术语

为了表现知识的准确性、科学性，科学知识图画书的语言表述类似于说明文，在用词上比较讲究，一旦涉及相关的科学概念，就会使用专业术语，而尽量避免口语或俗语。尽管有些科学知识图画书也会采用叙事手法，但只要涉及科学知识都会使用准确的说明性语言。如科学知识图画书"神奇校车"系列中的《在人体中游览》（柯尔，迪根，2011）（图6-3），虽然书中的内容是以弗瑞丝小姐开着校车带领学生们进入人

图6-3 科学知识图画书：
《在人体中游览》

体游览这一叙事性故事为主线的，但其中所有的科学知识都是用说明性语言来表达的。

科学知识图画书中专业术语较多，较少运用修辞手法，与儿童日常生活中使用的语言大不相同，给儿童在语言理解上造成困难。

第二节 选择适合不同年龄儿童阅读的科学知识图画书

可以根据不同年龄阶段儿童阅读理解的特点来选择合适的科学知识类图画书。那么我们需要关照哪些要点呢？

根据研究分析，儿童阅读这类图画书需要从三个维度来理解。（1）认识科学现象——每本科学知识图画书的主题都是某个或某类科学现象，因此儿童对一本图画书的主题的认知，可以说明儿童对科学现象的认识情况。一本图画书的主题是贯穿整本书的，并且每一页的内容都与主题有关，大多数图画书的书名就能够明确地体现主题，如著名的科学知识图画书作家吉本斯（Gibbons，2004）创作的《大熊猫》（*The Giant Panda*），其主题就是大熊猫，内容就是介绍大熊猫的习性、特点等科学现象。儿童要理解图画书，首先就要认识科学现象，知道图画书的主题是介绍什么内容的。在本研究中，分析儿童认识科学现象的水平，是通过儿童在阅读后讲述图画书每一页时，是否能与一本书的主题联系起来，以此来评价儿童在这一维度的理解水平。（2）理解现象特征——特征是科学现象中不可分割的一部分，科学知识图画书的内容结构"特征"也是必不可少的，是一个科学现象异于其他科学现象的特点，这些特点根据科学现象所处的科学领域而有所差异，不同图画书突出表现的科学现象的特征也有所差异，而且其表现特征的方式也有差异，有些图画书用显性的表现方式，有些则用隐性的表现方式，但是无论用哪种表现方式，图画中都会有明确的体现，儿童需要理解现象的特征，才能对现象有直观、深入的认识。本研究根据所选图画书中所表现的突出的现象特征，来分析儿童理解这一维度的水平。（3）了解现象表现——科学知识图画书的科学现象往往通过一个个现象表现来呈现现象的全貌，而且现象表现也是支持现象特征的依据，对于学前儿童来说，要做到完全理解现象表现还是有一定难度的，但是如果能够了解现象表现就能够更加全面深刻地理解科学现象，甚至理解整本图画书。儿童要理解现象表现这一维度，需要对图画书中科学现象的表现方式有所了解，如图画形象之间的关系，图画的细节所传达的信息，并能将一页中所有的信息整合起来，达到理解现象表现的目的。

我们以一本图画书为例，来分析一下一本科学知识图画书的三个不同层次的理解要点。

以《血的故事》(堀内诚一，2013)为例，首先要明确这本图画书的主题是与血有关的科学知识，因此每一页的内容都与这个主题有关，即使在有些页面的图画中没有血液，但所表达的画面内容也与说明或解释与血液相关的知识有一定的关系。比如其中有一页是用各种方式感受到人的心脏、脉搏在跳动，其目的也是为了说明前面页面的内容，即心脏的跳动是为了让全身的血液循环。其次，在这本图画书中每一页都能让人了解血液的特点，那就是它是红色的、会流动的液体，这就是血液的特征。在有些图画书中，书中"主角"的特征是单独用图文表现的，比如《大熊猫》这本图画书中就用单独的页面表现大熊猫的外形特征（图6-4）。

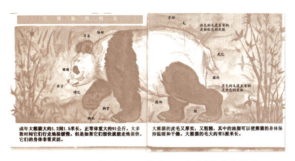

图6-4　用单独页面表现图画书"主角"特征

而在有些图画书中，"主角"的特征是渗透在每一页的内容中的，并没有显性地表现出来，但是通过阅读理解，是可以辨识出其特征的。还有一个比较难理解的就是一本书的现象表现，也就是说作者为了说明一些科学知识或概念，用一张页面或多张页面通过较为复杂的逻辑关系来进行表现的一种方式。比如在《血的故事》这本图画书中（图6-5），对于红血球的作用，作者就用了较为复杂的图来表示，其中还用了不同颜色的箭头来说明一定的逻辑关系。

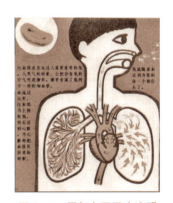

图6-5　用复杂图画来表现

还有，在表现不同大小的人身体里血液含量的不同时，就用装血液的杯子数量进行对比，进而说明这样一个科学知识（图6-6）。

图6-6　用杯子数量来对比血液含量不同

总体来说，儿童认识科学现象，需要明确一本书的主题是与什么有关的，并在每一页的阅读过程中，都能明白其内容与主题有关；理解现象特征，需要理解图画书作者突出表现的现象特征，如某一动物的外形特征、生活习性等；了解现象表现，则需要对图画书中表现科学现象的方式有所了解，明白图画形象之间的关系，并通过对一个个图画细节的视觉抓取和观察，将与科学现象有关的信息整合起来进行理解。

近几年，随着家长和幼教工作者们越来越意识到科学知识图画书对儿童认识世界具有不可取代的价值，市场上不断涌现出了各类原创或从国外引进的图画书资源，形式多样、内容丰富，并且还融合了一些科技元素，如 AR、3D、滤镜、可操作的图书等，为儿童阅读的趣味性、科技感、理解性等方面提供了多种可能。

例如揭秘系列科学知识图画书（图 6-7），用立体隐藏式的设计，让孩子边动手操作边了解世界万物的内部构造、原理、结构、特点等，在探秘过程中获得对科学知识的了解。

图 6-7　揭秘系列科学知识图画书的内页示例

再比如《点亮自然》（威廉姆斯，2017）图画书（图 6-8），内含三色滤镜，通过不同颜色的滤镜可以看到自然界不同的生命类型，让孩子们在了解大自然的同时也对滤镜的奥秘产生了探究的兴趣。

图 6-8　内含三色滤镜的科学知识图画书

真正优质的科学知识图画书，在传递知识的同时，还能够激发儿童探究的兴趣，甚至还能教会儿童探究的方法。说到探究方法相关的图画书,还有一种类似于工具书的科学知识图画书,比如《一看就会的思维导图启蒙绘本》(歪歪兔关键期早教项目组,2019),就是教孩子以思维导图为工具,梳理对某事物的认知,从而掌握思维的方式,培养孩子的逻辑思维能力。

在科学知识图画书的内容方面,越来越多的图画书开始面向未来,比如有关星球、阿波罗登月的主题也越来越多地出现在图书市场中,让孩子能够脚踏实地、仰望星空(图6-9)。

图6-9 面向未来主题的科学知识图画书

科学知识图画书的体裁、类型、内容、表现形式已经越来越丰富,为孩子们提供了更多的机会去获得认识世界的间接经验,家长和幼师们也要主动地为孩子提供机会去获得这些图画书资源,并指导孩子们更好地阅读。

第三节　帮助不同年龄儿童阅读理解科学知识图画书

科学知识类图画书，根据内容可以分为社会科学类与自然科学类。社会科学类图画书以社会知识为主题，比如《记事情》(余丽琼，朱成梁，2014)讲述的是从古至今人类用于记录事件所使用的工具的演变，还有《巴夭人的孩子》(彭懿，2016)这本介绍海上土著巴夭人的孩子日常生活的图画书，以及"幸福的种子"一套书中《是谁留下的痕迹》等，凡是与人文、社会、历史等相关的社会科学题材的图画书都属于这一类。自然科学类图画书则是以自然科学为主题，介绍一些自然现象的图画书，如《池上池下》(邱承宗，2008)是介绍池塘生态的图画书，《需要什么》(罗大里，伯安妮，2014)是介绍物品的制作需要什么材料的图画书，《人之初》(吉葡乐，等，2014)是介绍宝宝是如何从一颗小小的受精卵发育为胚胎再发育成胎儿，最后出生的过程。这些都属于自然科学类的图画书。

一、科学知识图画书的选择

从儿童认知发展的角度来说，并非所有的科学知识类图画书都适合学龄前儿童。在选择科学知识图画书时，不妨按照下面的标准来进行。

第一，对于刚刚开始接触科学知识图画书的孩子来说，应注重培养其对图画书科学现象相关的主题形象的认知，因此一些内容较为简单，前后主题形象一致且突出的科学知识图画书较为适合。例如介绍某一种动物的图画书，通常一本书从始至终都只有一个主题形象，这样便于儿童建立起一个概念：科学知识图画书都有一个明确的科学现象贯穿整本书，在理解时应与这个主题形象联系起来。随着儿童对科学知识图画书这一特点的认知能力加强，可尝试选择主题形象为一类科学现象的图画书。例如《巴夭人的孩子》这本图画书(图6-10)，内容较为简单，主题就是介绍巴夭人的孩子的生活现状，画面场景单

图6-10　内容较为简单的科学知识图画书示例

第二,随着孩子认知水平的发展,一般来说4岁左右,处于科学概念获得水平的加速发展期,可以选择科学概念类型多样,内容丰富的多种科学知识图画书,通过多层次多角度科学概念的输入,让儿童获得更多的科学概念。此外,这一阶段儿童开始发展理解事物特征的能力,可尽量选择事物特征较为明显、有明确的图画和文字来表现的科学知识图画书。例如《蚯蚓的日记》就是这样的图画书(图6-11),书中涉及的科学概念较为丰富,表达方式新颖有趣,既能培养孩子对科学知识图画书的兴趣,同时又能发展起对这类图画书的理解能力。

图6-11 内容较为丰富的科学知识图画书示例

第三,5—6岁儿童开始对各类事物的现象产生探究的兴趣,因此应选择现象表现方式较明确,图画形象之间逻辑关系较清晰,细节较丰富的科学知识图画书。研究发现,儿童对有明确逻辑顺序的图画开始出现理解的萌芽,尤其是图画形象之间关系较为简单又以某些符号、细节明确表现逻辑关系的图画页面。我们在为5岁儿童选择科学知识图画书时,可以选择有以上特点的图画书,发展儿童了解现象并探究造成现象的本质原因的能力。这个阶段,例如《人之初》(图6-12)更适合孩子,因为这本书从现象入手,让孩子对宝宝出生的这个现象产生探究的兴趣,再按照时间发展与胚胎成长的逻辑顺序来介绍,画面简洁但不乏明确的细节,图画形象之间关系又较为简单,因此较适合这一年龄段的孩子阅读。

图6-12 适合儿童探究的科学知识图画书示例

二、指导儿童阅读科学知识图画书

那么,如何指导儿童阅读科学知识图画书呢?以下几条建议供指导孩子阅读的家长和教师们参考。

（一）在指导孩子阅读前先仔细阅读图画书

科学知识图画书由于涉及的科学知识较为丰富，不少图画书中包含的画面细节较多，并且有不少页面的内容组织也内含逻辑，成人在指导儿童阅读前如果自己没有提前阅读，可能会在指导时出现东一榔头西一棒槌的现象，貌似引导儿童了解了很多科学知识，但儿童始终不得要领，无法获得有效的阅读策略，读完整本书后可能只获得一些较为零散的科学知识，也无法理解页面之间的逻辑关系。这样的阅读指导质量可以说不够高。

对家长和教师来说，要认识到阅读的价值并不在于获得知识的多少，重要的是培养孩子对科学知识图画书的兴趣，学习一些阅读策略，理解图画书中的逻辑关系，并逐渐建立起对这类图画书阅读时的潜在的习惯和敏感性。因此，成人需要先仔细阅读图画书，然后才能有效地指导孩子阅读，让他们抓住每本书的主题以及内含的逻辑规律。此外，由于成人比较了解孩子的理解水平和前期相关经验水平，因此可以较好地把握哪些内容适合孩子理解，哪些内容难度过大，需要进行更详细的解释。

以《记事情》（图6-13）这本书为例，我们一起来分析一下如何指导孩子阅读理解这本书。在阅读这本图画书后，首先要明确这本图画书的主题是"记事情的工具从古至今的演变"。这本图画书以一个一个问题情境引出记事情工具出现的原因：打到一只羊要记下来怎么办？打到太多动物了，就要打很多结，忘了怎么办？事情刻在岩壁上忘记刻在哪儿怎么办？事情太多，一件件事都靠画画好累怎么办？

图6-13　指导阅读科学知识图画书：以《记事情》为例

在陪着孩子阅读时，不妨在遇到书中的问题时，顺势也给孩子提出这些问题，让孩子动脑筋想一想；如果孩子真的想出一些办法，可以看看下一页古人是怎么解决的。用这种方式，不仅让孩子轻松地了解这本书的编排逻辑，也会主动地去思考，当看到下一页时，可以对比自己的想象和书中描述的有哪些不同，甚至可以分析一下优缺点。在这个过程中，阅读的同时又培养了孩子主动思考和解决问题的能力，充分发挥了科学知识图画书阅读的价值。

（二）尽量使用示范性语言来为孩子讲读图画书

大部分的科学知识图画书，往往使用规范准确的说明性语言表达方式，其中包含专业的科学性词汇。这样的语言风格可能会让老师们望而生畏，顾虑孩子到底能否理解这样的语言，于是成人就会用通俗易懂的语言来代替规范准确的科学术语。其实孩子的接受能力不容小觑，孩子的大脑每天都会接受输入各种各样的信息，科学词汇就是其中一种特别的输入。当这些词汇与形象性的事物相联系时，孩子会建立起词汇与实物之间的对应，自然而然地获得这个有意义的词汇。回想一下孩子开始学语言的过程，不也是这样吗？每个小宝宝来到这个世界，听到的所有语言都是很难理解的，那么他们是怎么学会母语的呢？主要有两方面会促进孩子语言的获得，一方面是语境，在各种语境中，孩子可以将当时成人的语气、语调、动作、时间、地点等多方面因素结合在一起，逐渐地理解成人的语言；另一方面是词汇与实物的对应，比如家长经常拿着奶瓶递给孩子，并告诉孩子"拿着奶瓶"，多次重复后，奶瓶这个词就与奶瓶这个实物对应起来，孩子由此就获得了这个词汇。那么同样地，专业词汇也可以通过这两种方式获得。

所以，建议成人指导孩子阅读时，尽量给孩子输入示范性的语言，这样孩子就能逐渐对这种类型的语言产生一定的敏感性，学习并理解这种语言。

（三）适当地选择图画书内容给孩子讲读

尽管科学知识图画书包含的科学概念较为丰富，不利于儿童完全理解，然而正是由于这一点，在阅读活动中的指导可以更具灵活性。比如有些科学知识图画书涵盖的信息量很大，我们并不一定要将所有的知识内容一股脑地让儿童理解，而是可以根据儿童的知识经验和语言发展水平，选取书中的部分内容给儿童阅读和理解。由于知识类图画书中的内容之间逻辑性不是很强，那么就可以自主选取适当的内容按照一定的逻辑进行整合。当然，这种自主性是以保证科学知识的准确性，忠于原作为前提的。

以一套有名的科学知识图画书"神奇校车"系列中的《在人体中游览》（图 6 - 14）一书为例。

图 6 - 14　指导阅读科学知识图画书：以《在人体中游览》为例

这本书中的信息量非常大,但是如果对其加以分析并重新整合,可以将其中的内容设计成不同的阅读活动方案来适应不同年龄和知识经验的儿童的理解。比如,对于3岁左右的孩子来说,他们的语言水平和知识经验都很有限,而那些新奇的、想象力丰富的内容最能引起他们的兴趣。这本书中的故事主线——神奇的校车竟然能变得非常小,钻进人的嘴里,然后开进人的身体,而且还经历了被白细胞追逐的危险……这一系列充满幻想又跌宕起伏的故事情节发展过程使儿童一直保持着浓厚的兴趣。我们可以忽略书中标注的会干扰儿童了解故事发展的信息,而是让儿童跟着校车体验一下在人体中游览的经历就足够了。在这个过程中,我们可以引导儿童在看到校车经历的身体部位时,用小手摸一摸自己身上的相应部位,孩子就会不知不觉地了解人的身体大体上是由哪些部分组成的。而对于4—5岁的儿童来说,他们对人体的相关知识经验已经有了一定的积累,我们可以在引导他们阅读故事情节的同时,鼓励他们去理解书中的知识点,但也不要急于一步到位了解书中的所有信息,而是循序渐进地选取部分知识来理解。就以血液的知识为例,可以先了解血液的组成成分,再了解血液的作用;可以一次阅读只理解一两个知识点,在理解的同时还能继续保持探究新知识的兴趣。这里需要强调的一点是,理解的目的不仅是为了更好地阅读图画书,掌握图画书中的知识,更重要的是要培养儿童探索知识的兴趣和欲望,这样才能使他们保持知识类图画书阅读的持久性和有效性。

(四) 注意给孩子留下独立阅读的空间

孩子自己阅读科学知识图画书能理解吗? 的确有些难度,尤其是对于那些逻辑关系较复杂、科学概念较丰富的图画书,孩子就更难理解了。那么我们能放手让孩子自己阅读吗? 让我们用下面这个研究发现来回答这个问题。

有研究者以日本科学知识图画书《血的故事》为阅读材料,做过这样一个研究,让3—6岁的孩子先自己独立阅读这本图画书,阅读后对其进行有关科学概念的访谈,了解儿童对书中科学概念的理解水平;接着由成人指导孩子阅读,再对其进行访谈,了解在成人指导之后孩子对书中科学概念的理解水平。

研究结果发现:(1)儿童虽然做不到完全按照作者表达的意图去理解,但他们还是能够从阅读中获得信息。在阅读后,研究者对这本图画书中所设计的科学概念进行访谈后发现,儿童有时能够用直观的图画内容来回答问题,这说明儿童能够将所提的问题与书中相应的内容联系起来,具备了一定的逻辑思维能力,而这一能力正是阅读理解科学知识图画书所需要的重要能力之一。这同时也说明儿童可以通过阅读理解科学知识图画书获得一些信息,虽然他们获得的信息比较感性、直观,但这毕竟也是儿童思维发展、科学概念水平发展中的必经阶段,有了这一阶段的发展,才为儿童最终获得"正确"的科学概念打下基础。(2)儿童可以通过阅读科学知识图画书,获得关于所要表现的图画书主题的科学现象的一系列系统知识。以研究中所使用的阅读材料《血的故事》为例，儿童在现实生活中可以通过不同媒介获得有关血液、身体等相关的知识或信息。比如去医院看病，可以通过抽血化验、见到其他病人包扎伤口等了解到一些关于血液的直观认识，还可以通过动画片、故事书等媒介偶然看到有人物受伤流血的画面，还可以通过自己的家人在某个场合或时间给自己讲述相关的内容，但这些知识和信息都是比较片段化、零散的，而图画书这一材料为儿童提供了系统的科学认知方式，其内容设计又比较符合儿童的认知特点。

因此，对于科学知识图画书阅读来说，提倡成人与孩子共读，将成人指导下的讲读和独立阅读相结合。这两种阅读方式对儿童的作用是不同的，二者不能相互取代。独立阅读这种方式虽然表现出儿童的阅读理解水平比成人讲读差，但有一点是可以肯定的，那就是在这种阅读方式下，儿童可以自由宽松地阅读，在遇到认知冲突无法理解图画书内容时，可以通过调动已有经验、想象、联想、猜测等方式构建自己的理解，这对儿童思维的发展、主动探究与构建科学知识能力发展的作用都是不可估量的。当儿童的认知水平、语言能力发展到一定程度时，自然而然地就可以更加轻松地理解科学知识图画书。当然，这种阅读方式的局限性就是，儿童由于思维水平、识字水平、语言理解能力有限，因此通过科学知识图画书获得的信息量不是很大。与成人一起阅读这种方式也可以说有利有弊，利处一目了然，儿童在共读后的阅读理解水平和从图画书中获得的科学词汇水平都比独立阅读后的水平更高。但是这种阅读方式也有一个缺点，那就是可能会限制儿童的思维。因为共读或讲读是由成人主导的，成人的讲读方式、与儿童互动的水平、对图画书内容的解读方式等都会影响儿童的理解与思维方式，那么儿童就很少会通过自己的思考，运用相应的策略来理解图画书，这就可能会限制儿童的主动性和创造性。因此，这两种方式对儿童阅读理解科学知识图画书的影响作用是不同的。

由此可见，我们可以先让孩子自己独立阅读，激发他们探究图画书中所不理解的科学概念的兴趣，让孩子通过自由联想借用自己已有的经验来理解，再由成人通过阅读活动验证孩子的想象，解答孩子的疑惑。如此一来，孩子带着问题阅读时，效果绝对会高于单独用任何一种方式来阅读的理解水平。

有了上面这些对科学知识图画书的细致分析、阅读指导策略的深入介绍，对于如何指导孩子阅读科学知识图画书我们就会做到心中有数了。每个孩子认识世界主要通过直接经验和间接经验这两种方式，而孩子们能够获得的直接经验是有限的，大部分对世界的认知还是需要通过阅读、相关的音视频材料等才能获取，其中由于科学知识图画书的设计更符合幼儿的年龄特点，所以应该成为儿童认识世界的重要途径。有了前面的介绍，我们便可以有效、合理地帮助孩子选择认识世界的图画书，并在认识世界的过程中，不断地积累他们的语言经验、知识经验，从而不断地提升幼儿对不同类型图画书的敏感性，以及逻辑思维能力和科学素养。

第七章／
促进儿童阅读理解的亲子共读指导策略

李林慧

当父母读书给孩子听，用声音和话语拥抱孩子时，无疑会在孩子小小的心灵里种下一枚"幸福的种子"，让孩子在父爱与母爱的陪伴中成长，在温暖生动的故事中成长，在对周围世界的美好遐想中成长，从而收获幸福的人生。不过，在陪伴孩子阅读图画书的过程中，不少家长也有困惑，比如：我是读图画书给孩子听还是让孩子自己看？我是照着书上的文字读还是用自己的语言讲比较好？与孩子一起阅读图画书时我该不该提问？孩子要求重复读一本书时我是照做还是另选一本没读过的？理解是阅读的主要目的，也是阅读的一项基本能力。在本章，我们将讨论在与孩子共读时，家长可以做些什么以增进孩子对图画书的阅读理解。

第一节　营造轻松愉悦的亲子共读过程

如何看待学前儿童的阅读过程，决定了我们如何指导孩子阅读。不少家长认为，儿童阅读的过程就是学习的过程，主要任务是读书识字、掌握知识。这些家长在与孩子共读时往往会比较重视图画书中的文字，或在意孩子是不是很快理解了内容，比如：他们经常会在阅读时问孩子，这个字认识吗，那个字怎么念？或者这是什么，那是什么，他们在做什么？而本来兴致勃勃的孩子很快就产生了厌烦情绪，不想再读下去了。不可否认，阅读的过程充满学习的机会，然而，对于学前儿童来说，这种学习应该是在潜移默化的。在父母的陪伴下阅读图画书的过程首先应该是充满期待的故事时间、温馨互动的亲子时光，以及探索世界的欢乐旅程，而孩子对阅读内容的学习与理解会在这个轻松愉悦的过程中悄然发生。

一、共读是充满期待的故事时间

美国诗人史斯克兰·吉利兰在《阅读的妈妈》这首诗中写道：

> 你或许拥有无限的财富，
> 一箱箱的珠宝与一柜柜的黄金。
> 但你永远不会比我富有——
> 我有一位读书给我听的妈妈。

的确，每天读书给孩子听，是作为爸爸妈妈的我们能给孩子的最大财富。许多科学研究表明，每天读书给孩子听能够为孩子的发展带来巨大的好处。比如，孩子的语言能力更强，孩子的理解力更好，孩子将来的学业成绩会更卓越，孩子更容易成长为热爱阅读、终身学习的人。还有不少的事例表明，即使对于出身贫穷家庭的孩子，有发展障碍的孩子，或是有行为偏差的孩子，如果经常有大人读书给他们听，也能为他们的发展带来意想不到的良好变化。既然这样，我们为什么不每天读书给自

图7-1 《月亮的味道》封面

己的孩子听呢？

也许，很多家长工作都非常繁忙，常常觉得没时间读书给孩子听。可是，我们别忘了"时间如海绵里的水，挤一挤，总会有的"，哪怕白天再忙再累，只要睡前能为孩子读几分钟书也是好的。请闭上眼睛想象一下：寂静的夜晚，一轮明月挂在窗前，床头台灯的暖暖光晕中，你和孩子相依而卧，翻开图画书《月亮的味道》（格雷涅茨，2017）（图7-1），你动听的声音在房间里回荡：

"月亮，是什么味道呢？是甜的，还是咸的呢？真想尝一小口啊！"

……

"咔嚓！"它咬下一片月亮。

月亮的味道真好，值！

然后，老鼠又给猴子、狐狸、狮子、斑马、长颈鹿、大象和海龟，都分了一口月亮。

大家都觉得，这是它们吃过的最好吃的东西。

这天夜里，大家挤在一起睡着了。

……

一条小鱼看着这一切，怎么也闹不明白："它们为什么要那么费力，到高高的天上去摘月亮？这不是还有一个嘛，喏，就在水里，在我旁边呀。"

这时，你扭头一看，孩子已带着甜甜的笑容进入梦乡。你轻轻抚摸着他（她）柔软的头发，默默猜想，他（她）是不是正在品尝月亮的味道呢？是甜的，还是咸的呢？是爬到高高的天上去摘的，还是在水里捞的呢？

多么美好的画面！

只需要短短的几分钟，你就能用声音和语言带给孩子天真、有趣、充满想象的故事，让孩子在脑海中久久回味，孩子又怎能不每天都期盼这一刻的到来呢？陪孩子一起阅读，可以没有识字，没有提问，却不能少了父母动听的声音。读书给孩子听，让阅读成为充满期待的故事时间吧！

二、共读是温馨互动的亲子时光

随着信息化技术的发展，家庭中逐渐有了电视、电脑、手机、平板电脑等多媒体设备，可以播放各种动画片、儿童节目，运行让人眼花缭乱的学习和游戏软件。随之而来的，则是家长们减少了对孩子的陪伴，把孩子交给了这些电子"保姆"。

看电视，在电脑、手机、平板电脑上玩游戏，无论对于大人还是孩子都是非常有吸引力的活动，影像的直观、声效的逼真、触键的快感，让人欲罢不能。如果控制好时机与时间，这些活动也可以为孩子的发展带来一定的益处，比如能够让孩子在兴趣浓厚、注意力集中的情况下看完一部有教育意义的动画短片，或是通过游戏完成学习任务。然而，长时间、无控制、无引导地观看电视、玩电子游戏，给孩子带来的则是更多的弊端。比如长时间看电视会导致儿童总是被动接受信息，不利于左脑的开发和成长；另外，由于电视节目中的语言在词汇的丰富性、书面语言的数量上都要低于图画书，并且无法与儿童对话互动，因而并不利于儿童的语言发展。

更重要的是，电视、电脑、手机和平板电脑的陪伴永远无法替代父母的陪伴。在学前阶段，与父母之间的依恋关系对儿童以后乃至一生的发展都有重要的影响，科学研究表明，安全型依恋的儿童更加好奇、更主动探索、更自信、社会性更好。而能够使儿童与父母之间建立安全型依恋的重要因素之一，就是父母对儿童提供的关心的、温馨的、适时的高质量互动。如果我们掌握合适的互动方法，既促进孩子的语言发展，又保持孩子在阅读过程中的愉悦体验，那么，我们就会与孩子在阅读中度过温馨互动的亲子时光，从而有助于和孩子建立起安全型的依恋关系，有益于孩子长期的全面发展。

三、共读是探索世界的欢乐旅程

我国著名儿童文学作家彭懿（2012）在《图画书应该这样读》中说道："阅读图画书，可以推开一扇窗，帮助孩子了解我们的世界。"的确，图画书的体裁多样，有故事、儿歌、散文，还有科学知识类图画书；图画书的主题非常广泛，涉及家庭生活、社会活动、自然科学、想象世界等，内容可以说触及与儿童成长相关的方方面面，如生活知识、生活习惯、亲子关系、自我认知、社会认知、友谊与交往、植物与动物、生命成长等等。在阅读图画书的过程中，我们可以帮助孩子在理解图画书主题与内容的基础上，帮助他们建立自我成长机制、构建社会关系，以及认识世界和生活实践。

孩子有没有问过你："妈妈，我是从哪里来的？"这时，你该如何回答呢？天上掉下来的，像孙悟空一样从石头里蹦出来的，还是从垃圾桶里捡回来的？不如，和孩子一起读这本图画书《人之初》吧（图7－2），在诗情画意的想象中帮助孩子找到问题的答案。

图7－2 《人之初》封面

我从爸爸王国来，到妈妈王国去。

和我一起，还有很多伙伴。

我们像一群自由的小鱼，不停地游，游啊游……

游到妈妈王国那里，一个小小的宫殿。

我是最活泼的乐符。

穿过一层一层的光晕。

最先抵达，与妈妈王国的卵子公主融合在一起。

我们成为新的生命。

像一颗种子，生根发芽，我不断分裂，不断吸收着养分。

我会变魔法。

先轻轻变成一团星云……

然后，我要慢慢地，长成最完美的样子。

我在粉色的宫殿里，睡着……

或者醒着。

心跳像钟表走动的声音，滴嗒，滴嗒。

我悄悄地练习着生长，有手有脚，有鼻子，有嘴，有耳朵……

最妙的是，我还有眼睛。

可惜，我这时什么也看不见。

外面一定是一个不一样的世界，充满了新奇……

我要做好准备，积攒力气。

我要去到那个不一样的世界。

做完了最后的梦，我居然有点留恋这里。

我既兴奋又有点害怕。

但时机已经成熟，乘着一股巨大的力，我冲向光明，我要正式开始，属于我的——新旅程。

有哪个孩子不喜欢听故事？有哪个孩子不喜欢奇思妙想？与孩子一起阅读各种各样的图画书，足不出户，便能踏上探索世界的欢乐旅程。

第二节　把握利于理解的亲子共读原则

现在越来越多的家长都认识到读图画书给孩子听的重要性，但对于如何读还是存在着一些困惑。其实，"读无定法"，不同类型的图画书我们可以用不同的方法读给孩子听，而不同的父母可能为孩子读书的语言风格也不尽相同。不过，共读时家长只要把握好几个原则——"愉快地读""反复读""亲子合作读"，不仅能顺利地推进阅读的过程，还能加深孩子对阅读内容的印象，促进孩子对阅读内容的理解。

一、愉快地读

读图画书给孩子听，应该是一件快乐的事情，只有父母和孩子双方都感受到过程中的喜悦，这项活动才能持续下去。

首先，在给孩子读图画书之前要做好情绪的准备。比如，观察一下孩子的状态如何，如果孩子此时一切正常、情绪稳定，就可以如常进行阅读活动。如果孩子正身体不舒服、情绪低落，或正在闹脾气，那么我们千万不要勉强孩子开始阅读，而应该先安抚孩子的情绪。父母自己在阅读时的情绪状态也非常重要，试想一下，如果父母带着怨气读书，那么孩子还能感受到愉悦之情吗？在开始读书之前，父母也许身体很疲惫，但一定要尽量调整好自己的情绪，尽量避免在阅读的过程中出现发泄自己不良情绪的行为。

其次，要挑孩子感兴趣的书读。3岁以后的孩子，如果前期有一些阅读经验，那么应该会自己挑选图画书了，所以，父母不妨把这个任务交给孩子。如果父母自己挑选图画书，那么请挑一本生动有趣的书。有些家长觉得读图画书给孩子听是希望通过故事帮助孩子明白一些道理，因此总会挑一些虽然不太有趣，但具有教育意义的书，但这样的书往往引不起孩子的兴趣。好的图画书实际上往往能在简单、有趣、幽默的故事中蕴含着深刻的道理，如果用心，我们一定能找到既有趣又会讲道理的图画书读给孩子听。

第三，要绘声绘色地读图画书。不少家长关心阅读时是照着书读好还是用自己的语言讲好这个问题，其实无论怎样读，只要做到绘声绘色，都能吸引孩子的注意力,从不同的方面为孩子的语言发展带来好处。父母可以根据个人习惯、图画书特点以及孩子的特点灵活选择。比如,前文中提到的《人之初》这本图画书,它用一首优美的儿童诗讲述了生命孕育的过程,父母最好是用委婉清扬、富于节奏的语言照着书朗读给孩子听,让孩子感受诗情画意的语言意境,而任何额外的讲述或解释都会显得有些多余。相反,当父母读《野兽国》(图7-3)给孩子听时,不妨扮演书中的迈克斯、妈妈,或是野兽们,增加一些惟妙惟肖的语言、表情和动作,充分地调动孩子的兴趣与想象,甚至带动孩子一起边读边表演,这样的阅读过程一定是充满欢乐的。

图7-3 《野兽国》封面

二、反复读

许多家长不明白,为什么孩子总喜欢重复读同一本图画书。其实答案很简单,就是喜欢呗。当孩子总是爱读同一本图画书时,这本书里一定有什么吸引着孩子,或许是跌宕起伏的故事情节,或许是与自己有相似遭遇的主角,或许是丰富多彩的图画,或许是生动有趣的语言,每读一遍,孩子可能都会从书中有新的发现。因此,当孩子要求家长重复读同一本图画书时,家长千万不要因为自己觉得太枯燥而拒绝孩子。家长可以尝试着和孩子一起,在一次次的阅读中不断从书中寻找新的发现。

我们来读一读《野兽国》这本图画书。家长和孩子第一次阅读时,可能从封面上了解到这是莫里斯·桑达克著、宋佩译的图画书,讲述了下面这个故事。

晚上,迈克斯穿上他的野儿狼装在家里没完没了地胡闹。妈妈呵斥道:"野兽!"迈克斯也吼道:"我要把你吃掉!"妈妈不给他吃东西,要他赶快去睡觉。那天晚上,迈克斯的房间长出了树,长成了一片森林……长到天花板垂下藤蔓,长到四面墙变成野外的世界。一波波的海浪为迈克斯带来一艘小船,他驾着小船出发,过了晚上,过了白天,过了一周又一周,过了几乎一整年,终于到了野兽国。当他到了野兽国,野兽们发出可怕的吼声,露出可怕的牙齿,转动可怕的眼睛,伸出可怕的爪子,迈克斯对它们说:"不许动!"他狠狠瞪着野兽黄色的眼睛,一眨也不眨,用魔力把它们驯服。野兽们吓坏了,说他是最最野的野兽,还要他做野兽国的国王。"现在,我们开闹!"迈克斯大声说。"停!"迈克斯喊道。他不准野兽吃东西,要它们去睡觉。这时候,迈克斯国王觉得好孤单,他想回到最爱他的人身边。忽然,他闻到了好吃的味道,从世界的那一头远远地飘过来,他决定放弃野兽国的王位。可是野兽们大声喊:"不要走,不要走……我们要吃掉你,我们好爱你!"迈克斯说:"不行!"野兽们发出可怕的吼声,露出可怕的牙齿,转动可怕的眼睛,伸出可怕的爪子,但迈克斯还是上了他的小船,挥手向野兽们说再见。小船走了近一年,过了一周又一周,过了一整天,回到那天晚上,回到自己的房间,发现有晚饭等着他。

　　家长和孩子可能还会发现,这本书的图画恰到好处地表现出了迈克斯的情绪变化,一开始愤怒地往墙上钉钉子,被妈妈关到房间后非常不满,无聊地开始幻想、窃喜,征服野兽国时心满意足,狂欢后想念家人,最后原谅妈妈并露出了笑容。野兽国的野兽们也形态各异,憨态可掬。

　　再次阅读时,家长和孩子可能就会发现,这本书不仅通过图画中的细节如表情、动作来表现人物的情绪,还通过图文的排版来传达迈克斯情绪的变化(图7-4)。第一和第二个跨页,左边是文字"晚上,迈克斯穿上他的野儿狼装在家里没完没了地胡闹",右边是迈克斯往墙上钉钉子,追着小狗跑的图画。有没有发现,这两幅图画被作者压小了? 当我们看到被四面白色挤压的画面时,是不是有一种被压抑、想要爆发的感觉? 继续往后翻,你便会发现,图画的画面越来越大,到第六个跨页时,画面

图7-4　《野兽国》构图变化

已经整整占据了右边的半个页面。这是为什么呢？因为迈克斯找到了办法发泄愤怒的情绪,他幻想自己离开家走进森林,坐船去野兽国了。在野兽国开闹时,连续三个跨页的整幅图画,表现出迈克斯和野兽们的狂欢,是不是有一种痛快释放的感觉？在这之后,迈克斯的愤怒渐渐消失了,开始想家了,回家的几幅画面逐渐变小,最后,当他回到自己卧室时,跨页又恢复了文字和图画各占一半的布局。桌上放着晚饭,迈克斯面向门的方向露出了笑容,表明他已原谅了妈妈,情绪恢复了正常。

如果家长和孩子再多读几遍这本书,可能还会发现一些有趣的细节。请仔细看一看,在野兽国的野兽当中,有没有一只野兽长着人的脚？其实,这只野兽代表了迈克斯的爸爸,当他和野兽们一起狂欢时,他正骑在爸爸的脖子上。这表明尽管迈克斯生气了,想离家出走,但他毕竟是小孩,还是有些害怕一个人独自冒险,所以,希望爸爸陪在身边,保护自己,给自己勇气。另外,在第一个跨页,迈克斯想往墙上钉钉子时,旁边是他用挂在绳子上的毛毯搭起的帐篷,里面放了只小圆凳。读到后面迈克斯想家时,我们则会发现,他正坐在一顶帐篷里的小圆凳上。可见,图画书的第一个画面就暗示了后面故事的走向。

一本好的图画书,绝对是值得家长与孩子一遍又一遍地读下去的,封面、环衬、扉页、图画、文字、构图、色彩、线条、风格、技法、前后的联系,每个地方都可能隐藏着一些细节,只有反反复复地读,我们才能够不断去发现和理解其中的趣味。

三、亲子合作读

当你和孩子反复阅读几遍图画书之后,你会发现,有时候如果你读错了孩子会帮助你纠正,有时候你说了上句孩子会接下句。这表明,他(她)对这本图画书的内容和语言已经很熟悉了,这时,家长不妨试试和孩子合作阅读图画书。

亲子合作读图画书的一个前提,就是孩子愿意合作,如果孩子不愿意,千万不要勉强。合作读可以从简单的方式开始,培养孩子参与的兴趣。对于三四岁,年龄较小的孩子,可以家长读为主,孩子配合简单的回应,如简单的象声词、感叹词,或是重复家长的话等。对于五六岁的孩子,则可以尝试家长说上句,孩子说下句,家长说旁白,孩子说对话等合作方式,如果孩子乐意,甚至可以请孩子读书给家长听。

比如,《下雨了》(汤姆牛,2012)这本图画书中有许多象声词,家长和孩子可以这样读(图7-5)。

图7-5 《下雨了》封面

家长：下雨了。

家长：滴滴滴

孩子：滴滴滴

家长：滴滴答答……

家长：小雨淅沥沥、淅沥沥地下在山谷里。

孩子：淅沥沥、淅沥沥

家长：山谷里的小溪哗啦啦、哗啦啦地流不停……

孩子：哗啦啦、哗啦啦

家长：流啊流，流到干枯的大平原，不流了。

家长：咕噜咕噜、咕噜咕噜，大象最大，大象先喝。

孩子：咕噜咕噜、咕噜咕噜

家长：吼……吼……狮子最凶，换狮子喝。

孩子：吼……吼……

家长：走开！走开！砰！砰！砰！河马家族也要喝。

孩子：呼！呼！呼！

家长：空隆、空隆、空隆……空隆、空隆、空隆、空隆、空隆、空隆……

孩子：空隆、空隆、空隆……

家长：好多好多好多的牛羚都要喝！

家长：大家开始抢着喝……等一下！小蝌蚪说："你不可以喝！"小乌龟说："我一定要喝！"小蝌蚪说："那我们猜拳决定吧！"小蝌蚪与小乌龟一起大声说……

孩子：石头、剪刀……

孩子：剪刀！布！

家长：轰隆、轰隆……

孩子：轰隆、轰隆……

家长：下雨了！雨停了……

　　下雨是常见的生活现象，滴滴滴、淅沥沥、呼呼呼、空隆空隆这些象声词比较容易引起三四岁孩子的兴趣，家长如果鼓励孩子跟着说，或是交替说，不仅会增强阅读过程的趣味性，还能有助于孩子的语言学习。

　　我们再来看看《爷爷一定有办法》这本图画书(图7-6)。

图7-6 《爷爷一定有办法》封面

当约瑟还是娃娃的时候,爷爷为他缝了一条奇妙的毯子……

……毯子又舒服、又保暖,还可以把梦通通赶跑。不过,约瑟渐渐长大了,奇妙的毯子也变得老旧了。

有一天,妈妈对他说:"约瑟,看看你的毯子! 又破又旧,好难看,真该把它丢了!"

约瑟说:"爷爷一定有办法。"

爷爷拿起了毯子,翻过来,又翻过去。

"嗯……"爷爷拿起剪刀开始喀吱、喀吱地剪,再用针飞快地缝进、缝出、缝进、缝出。

爷爷说:"这块料子还够做……"

……一件奇妙的外套。

约瑟穿上这件奇妙的外套,开心地跑出去玩了。

不过,约瑟渐渐长大,奇妙的外套也变得老旧了。

有一天,妈妈对他说:"约瑟,看看你的外套! 缩水了、变小了,一点儿也不合身,真该把它丢了!"

约瑟说:"爷爷一定有办法。"

爷爷拿起了外套,翻过来,又翻过去。

"嗯……"爷爷拿起剪刀开始喀吱、喀吱地剪,再用针飞快地缝进、缝出、缝进、缝出。

爷爷说:"这块料子还够做……"

……一件奇妙的背心。

第二天，约瑟穿着这件奇妙的背心去上学。不过，约瑟渐渐长大了，奇妙的背心也变得老旧了。

有一天，妈妈对他说："约瑟，看看你的背心！上面沾了胶，又粘着颜料，真该把它丢了！"

约瑟说："爷爷一定有办法。"

爷爷拿起了背心，翻过来，又翻过去。

"嗯……"爷爷拿起剪刀开始喀吱、喀吱地剪，再用针飞快地缝进、缝出、缝进、缝出。

爷爷说："这块料子还够做……"

……一条奇妙的领带。

每个礼拜五，约瑟都戴着这条奇妙的领带去爷爷奶奶家。不过，约瑟渐渐长大了，奇妙的领带也变得老旧了。

有一天，妈妈对他说："约瑟，看看你的领带！沾到汤，脏了一大块，弄得它都变形了，真该把它丢了！"

约瑟说："爷爷一定有办法。"

爷爷拿起了领带，翻过来，又翻过去。

"嗯……"爷爷拿起剪刀开始喀吱、喀吱地剪，再用针飞快地缝进、缝出、缝进、缝出。

爷爷说："这块料子还够做……"

……一块奇妙的手帕。

约瑟收集的小石头，就用这块奇妙的手帕包得好好的。不过，约瑟渐渐长大了，奇妙的手帕也变得老旧了。

有一天，妈妈对他说："约瑟，看看你的手帕！已经用得破破烂烂、斑斑点点的，真该把它丢了！"

约瑟说："爷爷一定有办法。"

爷爷拿起了手帕，翻过来，又翻过去。

"嗯……"爷爷拿起剪刀开始喀吱、喀吱地剪，再用针飞快地缝进、缝出、缝进、缝出。

爷爷说："这块料子还够做……"

……一颗奇妙的纽扣。

约瑟把这颗奇妙的纽扣装在他的皮带上，这样裤子就不会滑下来了。

有一天，妈妈对他说："约瑟，你的纽扣呢？"

约瑟一看，纽扣不见了！

他找遍了所有的地方，就是找不到纽扣。

约瑟跑到爷爷家。

约瑟嚷着："我的纽扣！我的奇妙的纽扣不见了！"

他的妈妈跟着跑来，说："约瑟！听我说。"

"那颗纽扣没有了、不在了、消失了。即使是爷爷也没办法无中生有呀！"

爷爷难过地摇摇头，说："约瑟啊，你妈妈说得没错。"

第二天，约瑟去上学。"嗯……"约瑟拿起笔来，在纸上刷刷刷地写着，他说："这些材料还够……"

……写成一个奇妙的故事。

这确实是一个奇妙的故事，一块奇妙的布料一次次在爷爷的手中变成奇妙的毯子、外套、背心、领带、手帕和纽扣，重复又不断生成的故事情节和人物语言让孩子感觉故事既熟悉又新颖，吸引孩子不断往下读。在反复的阅读中，孩子对书中重复的人物语言一定已经印象深刻，并且对这些语言将会引出的新的故事情节非常期盼。家长在读到"约瑟说"时，不妨故意停顿下来，有些孩子会不自觉地接着说"爷爷一定有办法"；家长在读到"爷爷说"时也可停顿下来，孩子可能也会接着说"这块料子还够做……"如果家长在读到这些地方时停顿下来，孩子没有主动接着说，家长也不用着急，可用眼神或语言鼓励孩子接着说，多尝试几次，如果孩子觉得自己准备好了，自然会接着说了。

从前面的例子可以看到，亲子合作读图画书并没有固定的方式，家长可以依据孩子的年龄和性格特点、图画书的语言特点，以及孩子阅读时的状态，灵活选取合适的方式。亲子合作读不仅有利于吸引孩子在阅读中的注意力，增强阅读过程的趣味性，更重要的是，孩子在参与读的过程中潜移默化地加深了对图画书内容的理解，并提升了语言运用的能力。

第三节　采用推进理解的亲子共读策略

与孩子一起阅读图画书时,家长还有一些经常困惑的问题,如可否一边读一边提些问题,能否中途停下和孩子更深入地讨论。这些家长其实是希望能通过提问、讨论等方式帮助孩子在阅读的过程中拓展经验,然而又担心这样做会影响孩子阅读的兴趣,或打断孩子想象的过程。其实,阅读不是一个孤立的过程,孩子已有的阅读经验、语言经验,以及生活经验都会影响到其对图画书的兴趣、对图画和文字的观察,以及对内容的理解与表达。针对阅读内容的适时提问与讨论,以及其他相关共同活动都能有助于丰富儿童的经验。不过要做到适时提问、提合适的问题,以及与孩子进行合适的相关共同活动并不容易,家长们可以采用以下三种常用策略。

一、对话式讨论策略

首先,阅读过程中家长什么时候提问,提什么问题,都应该考虑当时孩子的状态。如果家长向孩子提问,孩子却不回答或没反应,那么家长就要考虑到或许孩子更感兴趣的是听故事,不希望这个过程中断,或许家长提出的问题对于孩子来说过于简单,孩子没兴趣回答,或许家长提出的问题太难,孩子不知道怎么回答,这时家长就要减少提问或暂时不要提问。等读完图画书后,家长可以再尝试提出一些问题,如果孩子愿意回答那么便可与孩子继续讨论下去,如果孩子不愿意也不必勉强。其次,能够有效推进儿童理解的共读讨论应该是一种双向的、对话式的讨论。家长在提问后,需要耐心等待孩子的反应,给孩子充足的时间用来回顾阅读的内容、思考问题并组织语言进行表达,千万不要急着自问自答。如果孩子回答不出问题或是回答不准确,家长可以通过追问或者给予一些提示引导孩子进一步思考。同时,家长还可以鼓励孩子提出自己的问题,并引导孩子通过不同的方法寻找答案。

对话式讨论能够帮助孩子理解阅读的内容、发展孩子的思维,以及培养孩子语言运用的能力,但并不代表每次和孩子读完图画书后都必须深入地讨论一番,如果孩子感到每次阅读图画书后都需要回答一大堆问题,那么也会失去持续阅读的兴趣。讨论时家长可以提些什么问题呢?简单梳理一下,主要可分为以下几类问题。

（1）关于图画书内容

如主角是谁,角色有哪些,发生了什么事,原因是什么,结果是什么,告诉了我们什么道理,你从哪里看出来的,等等。

（2）关于图画书知识

如这本书的作者是谁,画家是谁,环衬上的图案是什么,在这本书里你有没有发现什么小秘密,等等。

（3）关于孩子的感受

如你喜欢书中的哪个角色,如果你是这个角色你会怎么做,你喜欢这本书吗,为什么,书中哪个地方让你感动了,等等。

（4）关于相关经验

如以前是不是也读过关于书中某个角色的书,那本书里讲了些什么,和这本书有什么不同,书中的事情如果在生活中发生应该怎么做,等等。

家长可以在阅读之后针对具体的图画书,围绕上述四个方面与孩子进行讨论。比如在读完《迟到的理由》这本图画书后,家长可以与孩子讨论这些问题:小猪怎么了？小猪编了些什么理由？它为什么要编这些理由？它最后怎么告诉老师的？老师批评它了吗？为什么？你喜欢小猪吗？为什么？如果你上学迟到你会怎么做？这本书的环衬上怎么有这么多小闹钟？你发现什么秘密了吗？这些小闹钟的形状像什么？……家长和孩子不需要在一次阅读之后就讨论上述的所有问题,可以依据具体情况选择性地讨论其中的某些问题,以能够保持孩子的兴趣为前提。孩子有兴趣则可以多讨论一会儿,孩子没兴趣,则可以少讨论甚至不讨论。

二、多样化复述策略

不少家长希望在和孩子阅读完图画书之后,孩子能够复述书中的故事,这样家长便可以了解孩子是否读懂了故事,还可以帮助孩子练习说故事的语言能力。不过,不是所有的孩子都会如家长所愿:有些孩子直接拒绝家长的要求;有些孩子装作没听见家长的要求,把书合上结束阅读活动;还有些孩子虽然答应了复述,却支支吾吾说不清楚。出现这些情况,主要与孩子的兴趣、孩子对图画书内容的熟悉程度、孩子的语言和思维能力,以及孩子的记忆能力等有关。

如果孩子喜欢讲故事,已经和父母反复阅读了图画书、对其中的内容非常熟悉,并且记住了图画书中的一些情节和语言,那么孩子很可能就愿意复述,反之则不然。连贯、完整地复述图画书中的故事对于3—6岁的孩子来说并不是一件容易的事情,孩子需要理解故事发生、发展、结束的过程,需要掌握相关的词汇和语句,需要围绕中心内容、按照一定的顺序表达,等等。如果孩子觉得自己做不到这些,讲不好故事,那么他(她)很可能就不愿意复述。这个时候,家长也不必勉强孩子,而应该想想别的办法引发孩子的兴趣,或提供一些辅助的手段以降低复述的难度,帮助孩子进行回忆与联想。比如前一部分中提到的亲子合作读图画书,就是一种帮助孩子熟悉内容和语言、激发孩子讲故事兴趣的办法,孩子参与得越多,对图画书的内容和语言就越熟悉,也就能记住更多的情节。

有时候,复述故事不一定要用口头语言说出来,也可以和孩子一起画画故事、演演故事。有些孩子可能不擅长说,但是喜欢画,或是喜欢用肢体语言表演,那么家长不如依据孩子的特点,提供丰富的绘画材料、角色扮演的道具,鼓励孩子用自己喜欢和擅长的方式表达自己对图画书内容的理解。家长如果积极地参与,和孩子合作,孩子则一定会更加乐于表达。

比如,家长和孩子一起读完《小蜡笔大罢工》后,不妨把家里的蜡笔都拿出来,与孩子一起来涂鸦。不用画得多像,也不用画得多美,想用什么颜色就用什么颜色,可以画黄色的太阳,也可以画橙色的太阳,可以画粉色的恐龙,也可以画绿色的海洋,甚至黑色的彩虹……也许什么话都不用说,孩子就能在与父母一起无所顾忌地涂鸦过程中感受到爱与勇气,而这正是书中通过小蜡笔们与邓肯之间的故事要传达给我们的情感。

三、生活性体验策略

阅读带给孩子的是一种间接经验,为孩子创造了想象世界。不过,艺术来源于生活,图画书中的角色、事物、事件都来自作者对真实世界的认知与体验,即使是想象的故事,也遵从着真实世界的存在逻辑。比如,《迟到的理由》这本图画书,作者姚佳说这故事的创作源于自己小时候迟到的经历。再比如《西西》这本图画书,虽然文字作者萧袤说这个故事的构思来自他的一个梦,然而图画作者李春苗和张彦红为了表现故事的情境,到公园、街头巷尾、幼儿园进行了大量的写生。还有《动物绝对不应该穿衣服》这本图画书,内容绝对是作者想象出来的,但其中的豪猪、骆驼、蛇、老鼠、绵羊、猪等各种动物形象则绝对都是来自真实世界。孩子的生活经验会影响他们在阅读中的各种反应。如果孩子不熟悉图画书中的人物形象或事件,可能对图画书的内容就不太感兴趣,或不容易理解。相反,如果孩子的相关生活经验丰富,则会对图画书非常感兴趣,并且容易理解。从这一点来说,家长可以在生活中多带孩子进行各种生活体验,如多出去走走看看,参观动物园、植物园、博物馆,逛公园、商场、游乐场,看电影、儿童剧,听音乐会,等等。这样孩子在阅读时就能够联想到生活中相关的经验,既帮助他们理解图画书内容,又能够有助于和家长的深入讨论,增强对阅读的自信。

　　从另一方面来说,家长也可以在阅读前后依据图画书的内容带孩子进行针对性的生活体验。如在阅读《妹妹的大南瓜》之前,可以带孩子到菜场买南瓜,回家后煮南瓜汤和孩子一起品尝,有条件的话还可以带孩子到农场看看种在地里的南瓜和秧苗。那么家长再读这本书给孩子听时,孩子便更容易联想到生活中南瓜地里的场景,回味南瓜汤的美味,从而更好地感受到妹妹种出大南瓜的喜悦,以及全家人在一起其乐融融的快乐心情。又如家长和孩子读过《我爱你》这本书后,不妨在生活中经常和孩子一起说说"我爱你,小路""我爱你,小树""我爱你,小花""我爱你,小草""我爱你,我的家""我爱你,爸爸""我爱你,妈妈""我爱你,宝贝"。在温暖的拥抱和真挚的表达中,家长和孩子一定能感受到浓浓的爱,一定会更喜欢可爱的小獾。

第八章／

产生有效语言交流的对话式阅读指导

高晓妹

　　对于成人来说，图画书阅读最重要也是最受考验的，就是如何和孩子一起阅读。可以说，不了解图画书阅读的策略，就很难保障有质量地提升阅读体验，也就很难提升儿童的阅读能力和水平。对于大多数不了解对话式阅读策略的家长来说，他们在指导孩子阅读时通常采取的是传统的传话式阅读指导方法。"读一问一认"是传统的传话式阅读的主要程序：让孩子看图画书中的图画，家长自己"读"出下面的文字；再"问"孩子图画书中的内容，如"这是什么""他们在干什么"等，让孩子看着图画回答；对大一点的孩子，家长还有可能扶着孩子的小手指着书中的文字，逐字逐句地"认"字，等等。但是，这种传话式的阅读方法，让儿童的阅读水平，特别是阅读的理解水平处于地板状态，儿童很难获得对图画书的深入理解和思考，更谈不上提升儿童的阅读能力。那么，与传话式的阅读方式相比，对话式阅读是一种怎样的阅读样式呢？

第一节　图画书对话式阅读的内涵

　　孩子的口语发展和书面语言发展是相互促进的,口语发展是书面语言发展的基础,而书面语言的初步发展又成为促进口头语言发展的动力。在婴儿的成长发育过程中,重要的不是给他"图画书",而是让他听到丰富的语汇,让他充分地活动身体(松居直,2007)。那么,如何做到呢? 通过对话式阅读指导方法,我们就可以在和孩子一起阅读图画书的过程中,不仅促进孩子的早期阅读能力不断得到发展,还可以使亲子之间的口语交往更加有内容、有趣味、有价值,支撑孩子的口头语言和书面语言的学习,使孩子的语言发展更有质量。

一、对话式阅读的概念

　　对话式阅读是指,在分享阅读型阅读活动中,成人和儿童转换角色,由儿童担任故事讲述者的角色,而成人作为积极的倾听者和提问者来辅助儿童的阅读样态。对话式阅读是由怀特赫斯特(Whitehurst)等人于 1988 年首先提出的。在对话式阅读过程中,成人和儿童会针对图书展开对话和讨论,成人的主要任务是帮助儿童成为故事的讲述者。换句话说,成人的角色主要是儿童的倾听者、提问者和听众,对话式阅读的基本假设是"儿童是可以通过积极的参与,从阅读图书中学习的"。研究表明,对话式阅读可以促进儿童多方面语言能力的发展和进步,比如提升儿童的叙事能力(Lever and Sénéchal,2011)。

　　口头对话是提升年幼儿童词汇学习的重要方式,但是日常对话并不能提供足够丰富的词汇。对话式阅读不仅可以提升词汇学习的广度,还可以提升词汇学习的深度。事实上,对词汇的理解包括词汇本身的意义即词汇代表什么以及该词汇所代表概念的语义网络,也包括单词意义的变化。在阅读时,教师可以选择超过儿童独立阅读水平的文学作品,这些图书包括丰富的词汇(Lennox,2013;Neuman and Dwyer,2009)。研究者也将对话式阅读看作是讲读(read aloud)的一种实现方式(Lane and Wright,2007)。

　　那么如何和孩子就图画书的内容进行对话,如何让孩子说出图画书中的内容呢？这就需要我们给孩子提供各种不同的机会来听到语言。孩子只有吸收了足够多的语言后，才能慢慢得一点点地说出来。因此对于年幼孩子的家长来说，对话式阅读更多的是对家长提出要求，是让家长以对话的方式来和孩子一起阅读图画书。所谓对话，我们也可以理解为谈话，就是家长和孩子一起说一说、聊一聊。家长在和

图 8-1　图画书《小牛的春天》
第 2—3 页

孩子一起阅读图画书的时候，不仅仅单纯地把图画书上的文字内容读给孩子听，更重要的是要解读其中的文字内容，并且以对话的方式进行解读。比如图画书《小牛的春天》（五味太郎，2014），整本图画书都是以横页的方式呈现图画，然后配以简单的文字。比如第 2—3 页，粉红色的背景上，一头白色的小牛站在图画中央，右上角有着黄色的小蝴蝶，左上角是文字"春天来了"（图 8-1）。

当我们和孩子一起阅读这两页的时候，如果只是简单地读一下文字"春天来了"，那么对于孩子来说，他只不过听到"春天来了"这句话，其他什么都没有了。也有的家长会多说一点，比如会说："春天来了。哦，这里有一头牛，白色的，这里还有一只蝴蝶，黄色的。"家长们，读到这里的时候，我们停一下，你想想，如果是你的话，你会怎么和孩子一起阅读这两页呢？不管是第一种方式还是第二种，我们认为都不是真正的对话式阅读。那么，我们应该怎么和孩子一起阅读这两页呢？什么样的阅读方式才是对话式阅读呢？我们可以和孩子一起一边看着这两页内容，一边说：

　　"春天来了！咦，怎么是春天来了呢？哦，这边有只小蝴蝶哎，宝宝，你看到了吗？看这边，看这边，看到这只小蝴蝶了吗？一只黄色的小蝴蝶，很漂亮对吗？蝴蝶还有两只触角呢，身体也是黄色的吗？哦，不是，蝴蝶的身体是棕色的。小牛在哪里呢？你看到了吗？小牛在这里，是一头白色的小牛呢！这头小牛全身白白的，两只眼珠黑黑的，挺好玩的吧？一头白色的小牛和一只黄色的小蝴蝶在一起，他们一起在等待春天的到来呢！可是怎么会是春天呢？春天是粉红色的吗？我们来看看下一页说了什么吧。"

看到这里，是不是对于对话式阅读有了更多一些了解？

其实对话式阅读，就是不管孩子会不会说话，会不会和家长回应，我们都应该把孩子当成一个会说话的阅读同伴，和他一起聊一聊图画书上的内容，这些内容不全是文字内容，应该是图画本身要表达的内容。对于 0—6 岁的孩子来说，图画书是适合他们阅读的重要形式，也主要是因为其中有图画，孩子是通过阅读图画来了解图

画书的内容，通过阅读图画来理解图画书的内容，并通过图画来养成阅读兴趣和阅读习惯的。所以对于0—6岁孩子的家长而言，在和孩子一起阅读图画书的时候，一定要清楚一点，那就是仅仅读文字是远远不够的，一定要把图画书中的图画内容和孩子一起"阅读"，通过对话的形式，和孩子一起"阅读"。不管孩子会不会说话，家长都可以自问自答。这样的方式，也更容易吸引孩子的注意力，增加孩子聆听的专注程度。

还是这一本书，我们再来看另外两页（图8-2）。这时候，怎么实现对话式阅读呢？家长们不妨自己先想一想，再来看我们如下的建议：

图8-2　图画书《小牛的春天》

　　"风儿吹过。哟，真的是风儿吹过呢，你看，这些绿绿的草都被风儿吹倒了呢。还有这个小姑娘的帽子，被风儿吹跑啦！小姑娘怎么一个人在草地上玩呢？哦，原来是爸爸带着她一起来的，还是开着小汽车来的呢。爸爸在那边等着她呢！"

二、对话式阅读的理论基础

对话式阅读是基于大量理论和研究总结得出的，主要包括如下三个方面。

第一，儿童是积极的阅读参与者。对话式阅读把儿童看作积极的参与者而非被动的听众。班杜拉的社会学习理论指出，积极的学习更容易受到儿童的欢迎，而且儿童可以从积极的参与或积极的回应中提高自身的学习效率。研究发现，在阅读中积极参与的时间越长，儿童学业成就的进步也越大。

第二，强调成人的反馈。对话式阅读是建立在成人反馈基础之上的。父母作为儿童的第一任老师，在儿童学习新技能和获取新信息的时候，父母会给儿童提供强化，进而增强儿童的注意力。事实上，在进入正式的学校教育之前，儿童都会习得大量的语言技能，包括词汇单词和语法结构，这些技能的习得主要是来自家庭和父母提供的机会。研究发现，那些经常拓展话题和修改陈述的母亲的孩子在语言发展中进步更快。对话式阅读策略比如拓展、示范、纠正等给父母提供了教授儿童信息的机会。

第三，尊重儿童的最近发展区。对话式阅读也基于维果茨基的最近发展区理论。维果茨基的理论指出，社会互动中的拓展型对话对于发展认知和语言是非常重要的。阅读可以激发很多社会性对话。在阅读过程中，父母作为支架，可以鼓励儿童分享他们所知道的知识和内容,并提供给儿童额外的、超越目前知识基础或水平的其他信息。比如,儿童在阅读时看到一只狗,父母可以拓展有关狗的概念知识,如"这是一只牧羊犬"。父母针对不同年龄段婴幼儿采取的阅读策略是有所差别的。研究发现,9、17、27 个月婴幼儿的父母会更多地使用吸引注意的言语来表达和详述,而对稍长一点的婴儿,母亲则更多地使用提问和反馈。纵向研究也发现,面对 17 个月的婴儿,母亲倾向于描述图书中的图片,而面对 1 岁儿童时,母亲则会提出更多的问题。

三、图画书对话式阅读的特点

对话式阅读与传统阅读方法最大的区别在于,它是孩子、父母和图画书相互对话的过程,新信息不仅仅只有从父母和图画书到孩子这样一个单向的途径传递,而且有些信息是从孩子传向父母、从孩子传向图画书的。也就是说,对话的内容既有父母阅读图画书中的文字,也有父母根据自己对图画书画面的理解讲述给孩子听的,还有些内容是孩子根据自己对画面内容或父母讲述内容的理解告诉父母的。

在对话式阅读过程中,孩子不再是被动的倾听者,仅仅听父母讲述故事,而是与家长一样,是主动的阅读者和故事讲述人;父母还要作为倾听者,倾听孩子对图画书的理解,担当引导和协助孩子阅读的角色,通过提示或鼓励,引导孩子进一步思考,从而提高孩子的思维能力。

具体来说,对话式阅读具有以下三个方面的典型特征。

(1) 平等:对话式阅读的各参与主体的平等性。对话式阅读在本质上是阅读主体(家长和孩子)与创作主体(图画书作者)之间的对话,孩子、家长和图画书作者处在彼此平等的地位。这种平等地位首先体现在孩子和家长共同形成对图画书内容的理解。阅读过程是对图画书中的画面、文字等阅读材料意义不断建构和创造的过程,每一位读者总是以富有个性的方式创造性地理解图画中自己感兴趣的内容,并赋予图画书中的人物、场景全新的意义和阐释。著名戏剧家曹禺先生说过,一谈到自己的创作,有时觉得自己不是什么都能说得清楚的,你说是神秘也好,你说是灵气也好,的确是只能意会不能言传的。可以说,只有一种绝对正确意义的阅读材料是不存在的,阅读材料意义所具有的不确定性、形象的间接性,才为读者展开丰富的联想和想象提供了可能。

年幼的孩子在阅读图画书时也表现出类似的情况。不同孩子对同一本图画书的解读和理解可以不完全一样,有时甚至完全不同。他们通过独立阅读图画书、与父母展开对话,逐步获得具有个人特点的理解。孩子个人的生活经验、游戏经验和阅读经验都成为理解图画书内容的基础。

例如:在和家长一起阅读《小雪人多多》的这一画面(图8-3)时,没有见过雪的孩子可能会把周围的树也看作是小朋友堆的小雪人;玩过雪的孩子可能会联想起玩雪的经历,或者产生身体冷得发颤的感觉……

冬天,下了一场很大的雪。小朋友们堆了一个小雪人,还给他起了一个名字叫多多。想看看多多什么样?点点小朋友吧。

图8-3 图画书《小雪人多多》第1页

参与阅读各主体的平等地位还表现在亲子之间的平等关系。亲子阅读的过程不是父母将自己对阅读材料的理解强行灌输给孩子的过程,即使是年幼的孩子,在阅读图画书时也有自己的想法。他们试图支配阅读的过程,试图表达他们的感受,也试图让父母接受他们的想法。在对话式阅读过程中,孩子积极和父母一起围绕图画书的内容相互接纳想法,相互尊重彼此对图画书的理解,同时也在相互交流感情,建立平等、宽容的交往关系。

在上述案例中,当孩子将被雪包裹的树也理解为小朋友堆起的小雪人时,对话式阅读要求父母去了解孩子的想法,而不宜直接否定孩子的说法。家长可以通过提问"为什么你觉得这也是雪人呢?""你是不是看到它像这些小雪人一样身上全是雪,就说它也是小雪人呀?"等确认孩子的想法,也可以通过"我看它不像小雪人而是大树,树上积满了雪"等语言分享个人的想法。这样,孩子参与阅读和分享的积极性就会得到保护,也在交流中学会了理解图画书的方法,锻炼了口头语言。

(2)体验:对话式阅读过程具有体验性。孩子在参与对话式阅读时,获得对图画书的个体化的解读不是源自被动接受他人的灌输,也不是对父母讲述的图画书内容的简单复制,而是来源于自己的亲身参与和体验。在最初的阅读过程中,3岁前的孩子并不特别关心图画书中的完整故事,而更加关心的是父母是不是停止处理手头上的其他事情,只专注于和他一起看书。他们还会重点关注对故事中某些语言或动作的尝试和模仿,对照某些故事情节与他个人的经验。因此,对话式阅读过程既有孩子语言、动作的参与,更少不了情感的体验。

在与父母阅读图画书《抱抱》看到不同小动物和妈妈亲热时，一些孩子可能会扑向父母的怀抱；有些孩子可能发现了不同小动物的妈妈抱宝宝的方式不一样，也要求妈妈像动物妈妈一样抱他；还有的孩子可能一边看一边为小猩猩一直没有找到妈妈抱而难过……

有一位2岁孩子的妈妈做了如下记录：

> 随着小猩猩情绪的变化，睿睿的表情也跟着变化：看到小猩猩一个人在森林里找妈妈，他的眉头一直紧锁着，跟着小猩猩一起难过。当后来看到小猩猩一个人在那儿哭时，他还用小手去抚摸小猩猩："小猩猩，别哭，睿睿带你找妈妈。"当看到猩猩妈妈出来了，睿睿的眉头终于舒展开来，开心地笑了。

我们可以看到，在阅读中充分展现了孩子的体验过程：2岁的睿睿在听妈妈讲故事的同时，将自己也融入故事之中——一会儿他就像是故事中的小猩猩，因为找不着妈妈而"眉头紧锁""难过"；一会儿又像是小猩猩的好朋友，"抚摸"小猩猩并不断安慰它；一会儿又像是小猩猩，见到了妈妈"眉头终于舒展""开心地笑了"。孩子在经历这样的阅读体验后，家长要用语言的方式表达出来，以此促进孩子对于图画书内容的理解，更重要的是促进孩子对语言的更好理解。比如："小猩猩一个人在森林里找妈妈，你看看小猩猩，他的嘴巴紧紧闭着，表情很难过对不对？小猩猩想妈妈了，想快快地找到自己的妈妈。哦，宝宝也很难过是吗？觉得小猩猩很可怜对不对？我们帮着小猩猩一起来找妈妈，等找到妈妈了，小猩猩就会高兴了。哇！妈妈来了！你看小猩猩，它嘴巴张大了，不再闭着了，它笑了，不再难过了。见了妈妈后它会对妈妈说什么呢？会大声地喊妈妈！会大声地对妈妈说抱抱！对啊，小猩猩好开心哦！和妈妈在一起多高兴啊！"

（3）创造：对话式阅读的结果具有创生性。由于对话式阅读要求读者通过体验建构个人对作品的理解，因此阅读的结果必然带有原创性质，具有创生性。儿童在对话式阅读中表现出来的创生性包括两个层面的含义。第一个层面的含义是指儿童对图画书内容的理解具有创生性。通常情况下，供幼小孩子阅读的图画书中文字较少，画面内容比较丰富，画面表达的意思远远超出了文字所能包含的内容。因此，在共同阅读的过程中，因关注的细节不同，不同孩子对同一本图画书的理解也有所不同，有时甚至完全不同。比如两个年龄相同的孩子在看《母鸡萝丝去散步》（哈群斯，2017）中的这个画面（图8-4）时，一个孩子认为狐狸"踩到了猪八戒的那个东西""磕了鼻子和脸"，而另外一个孩子则认为狐狸"撞到了柱子上"。

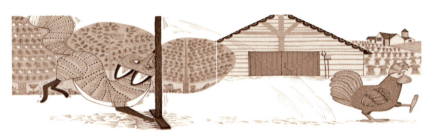

图8-4　图画书《母鸡萝丝去散步》第5、第6页

而在看到下面这个画面(图8-5)时,一个孩子只提到"母鸡过小河",而另外一个孩子则不仅提到"母鸡走",还提到了"狐狸过来""青蛙、小鸟"等内容。

绕过池塘

图8-5　图画书《母鸡萝丝去散步》第7、第8页

对话式阅读创生性的第二层含义是,孩子在感受和体验图画书内容的同时,也拓展了自己的认识范围或更新了原有的认知经验,还可以丰富情感体验。例如,在阅读图画书《抱抱》之后,每个孩子对"抱抱"意义的理解可能会更加深刻;不仅"我"需要妈妈抱,每个小动物也需要妈妈抱,所有小动物在妈妈抱的时候都很开心;"抱抱"有"我"妈妈抱"我"的方式,河马、大象、长颈鹿等动物妈妈抱宝宝的方式也不完全一样……

第二节 图画书对话式阅读的指导策略

对话,是需要倾听和回应双方在阅读过程中的投入和专注的。依靠图画书的对话,我们不仅可以了解图画书自身的文学价值,还会使我们获得超过个人的生活经验,让我们在与历史、文化遗产的交流中建立联系,与此同时,针对画面的讨论还不断提升着我们的审美能力(Roche,2014)。可以说,对话式阅读所带来的意义远超过阅读者、图画书二者本身,是建立在二者之上的意义建构过程。具体来说,当我们开展图画书阅读的时候,需要关注到作为成人的角色和具体的指导策略。

一、对话式阅读中成人的角色问题

在阅读开始前、阅读过程中以及阅读结束后,成人都可以植入对话式的阅读策略。那么,成人在对话式阅读中究竟应该担当怎样的角色呢? 作为儿童阅读中的重要他人,大量关于教师与父母在阅读过程的角色研究给我们带来大致的定位。

首先,教师应成为有效的阅读指导者。教师在阅读指导中发挥着非常重要的作用。在阅读指导过程中,教师应当使用多元化的策略来指导阅读的计划和实施,在这个过程中,教师在具体模式中,结合对话式阅读策略,不断地对指导过程以及指导方式做出适当的调整和改进,以促进儿童成就的发展(Blair et.al,2007)。

其次,对父母而言,掌握合理的阅读策略是促进儿童语言发展的必要条件。研究者梳理了相关的阅读策略:第一,唤醒技巧,即鼓励儿童参与到故事阅读中,通过提问,wh-问题以及是非问题或者开放性问题,或者请孩子指指点点等,保证阅读前后的一致性;第二,父母的反馈,即通过示范、纠正错误、重复、否认、奖励或鼓励等给予孩子反馈;第三,父母要对孩子的发展敏感,从简单的标记图书中的物体到询问一些复杂的 wh-问题,或者给儿童的回答提供解释;第四,续说,即父母与孩子对话时,话说一半,由此提示儿童接话的方式等(Leonard et.al,2009)。帕特里奇(Partridge,2004)描述了 10 种研究基础上的父母阅读指导策略,这包括:(1)建立常规;(2)把阅读当作快乐的事;(3)经常阅读;(4)重复阅读喜欢的图书;(5)把焦点放在儿童关注的线索上;(6)将图书和儿童使用语言串联起来;(7)针对书面内容展开讨论;(8)阅读不同类型的图书;(9)鼓励儿童参与到分析性讨论中;(10)鼓励与阅读相关的游戏等。对话式阅读的培训也对父母提出了新的要求:一是阅读每一页时提供 1—2 个提示;二是重复阅读(每本书至少阅读 3 次);三是鼓励儿童把对问题和提示的回应进行拓展;四是请儿童重述故事。

从对话式阅读的概念来看,成人主要是作为积极的倾听者和提问者来辅助儿童的。但是对话式阅读也要求成人与儿童分享并且不放弃权威的阅读情境,也就是说,尽管成人在阅读中担当的是脚手架的角色,但对话式阅读遵循的是平等互动而有倾向的原则,成人不应放弃权威的角色。比如在对话中适时加入直接的信息。一方面,给儿童输入更多的信息,增加其对阅读中有难度的词汇和内容的理解,另一方面,则通过这样的方式率先打破儿童的静默,引导互动对话的持续进行。在阅读现场的多次对话中,我们发现幼儿并没有给予成人有意义的回应和反馈。相反,幼儿多以静默的方式来处理成人的提问或诱导。教师在阅读对话中发挥了"权威角色",通过直接提供信息输入来拓展儿童语言输入的丰富性,增加新的词汇,比如形容词"绿绿的""又肥又大"等,从而引导儿童对提问做出回应,保障了话轮的持续。

当然,作为熟练的阅读者,成人仍需要进一步学习对话式阅读的不同策略,提升阅读的质量,为儿童对话阅读不断地提供发展的鹰架,这一点也至关重要。

二、对话式阅读的指导策略理论

那么,已有哪些有效的对话式阅读策略呢? 怀特赫斯特等人(1988)通过研究亲子(2—3 岁婴儿)对话,发现对话式阅读中母亲使用的主要策略,此后泽文伯根(Zevenbergen)和怀特赫斯特(2003)又将这个对话式阅读阶段分为两个子阶段,即成人主导的第一阶段和儿童主导的第二阶段。

在第一阶段,成人(父母)主要通过如下 7 个策略来开展对话式阅读。第一,询问 what 问题,即要求儿童命名物体、人、地点、行动等。第二,根据婴幼儿的回答,继续提出问题,比如:"女孩在吃东西,那么吃什么呢?"第三,重复儿童所说的话,比如,"对,那是一个苹果!"第四,帮助儿童解决所面对的困境。当儿童回答困难时,成人应该给儿童提供示范,然后请孩子重复答案,比如,"这叫作篮子,你能说一下吗?"第五,给予适当的奖励和鼓励。可以给予孩子一般性的(很好很棒)和特定性的(你跟我说的这个女孩的故事真好)的奖励;当孩子尝试讲述的时候,给予孩子鼓励。第六,顺着孩子的兴趣点来进行指导,如果孩子开始讨论故事的相关内容,那么请孩子来主导,并鼓励孩子继续讲下去,即使故事没有讲完也没有关系。第七,注重营造开心的阅读氛围,给孩子快乐的阅读经验。很多孩子喜欢轮流阅读,当孩子没有兴趣时,可以结束阅读活动或者把书放下休息一下。

第一阶段经过多次练习之后，可以开始第二阶段。这个阶段主要包括三个要素。其一，进行开放式提问。成人可以询问儿童有多个答案的问题，请儿童使用自己的话来讲述，比如，"你看到了什么?"或者"告诉我这一页发生了什么"。其二，拓展儿童的语言，重复儿童的讲述，并增加新的词汇，以拓展儿童的讲述内容，比如，当儿童说"大狗"，成人可以如此回应:"对，大狗是红色的，你能说一说吗?"其三，依旧是保持开心的阅读氛围，当孩子没有兴趣时，结束阅读活动或者把书放下休息一下，通过适当的轮流可以保持儿童的兴趣。

对更年长一点的幼儿来说，怀特赫斯特（1988）则提出了阅读的九大策略，可以简单的缩写为"CROWD"和"PEER"。"CROWD"主要包括:(1)续说，类似于填空型提示，比如，"当小猪不开门的时候，大灰狼说_____"(2)回忆，需要儿童记起故事某些特定的信息，比如，"大灰狼说了什么?"(3)开放式提问，通过陈述或者提问，鼓励儿童使用自己的语言来回应，比如，"你认为大灰狼接下来会做什么?"(4)wh-型提问，指代"什么""在哪儿""为什么"类的问题，比如，"为什么小猪不给大灰狼开门?"(5)拓展，即通过陈述或提问，鼓励儿童将图书的内容与自身的生活经验联系在一起，比如，"如果陌生人来敲门，怎么办?"当儿童熟悉这些对话类型后，即使是开放式提示就已经足够用来进行可持续的图书内容意义建构。

下面通过一个案例来系统呈现怀特赫斯特（1988）提出的对话式阅读策略。

T:那你现在还记得它一共吃了多少东西吗?（wh-问题）想一想，从星期一开始想（R-回忆）。

S:星期一，吃了苹果。

T:一个苹果。

S:一个苹果，星期二……

T:绿绿的?（C-续说）

S:梨，星期三……

T:左边一片叶子，右边一片叶子的那是什么?（E-通过改述或者增加信息来拓展儿童的反应）

S:李子。

……

T:星球六呢?（吃了一大堆东西）

S:巧克力蛋糕。

T:一块巧克力蛋糕（E-改述信息拓展儿童的反应）。

S:香肠。

T:一条香肠。

S：冰激凌。

T：一个冰激凌甜筒。还有呢？

……

T：好像还有一个樱桃派，一截火腿肠，还有呢？一圈一圈的？一根棒棒糖，所以吃了这么多的时候，觉得肚子好痛，所以星期天它吃了一片树叶。后来呢？它造了一间小房子，叫作茧，把自己包在里头。它在里头住了两个多星期，然后，把茧咬破一个洞，钻了出来……你想想看，钻出来之后有没有变化呢？（O-开放式提问）……

T：哇！（感叹和惊讶的表情）毛毛虫变成了一只漂亮的蝴蝶。我们平时在花园里看到的蝴蝶都是什么变出来的，你现在知道了吧？（D-拓展）

S：毛毛虫。

……

T：这就是刚才我们说的《好饿的毛毛虫》的故事。

　　上述案例呈现的是教师与幼儿共同阅读图画书《好饿的毛毛虫》时的对话。通过对话分析我们发现，在前文中提及的九大策略在阅读中都有所体现。除此之外，麦吉（McGee）和希克丹兹（Schickedanz）于 2007 年提出了有效性的对话式阅读的技巧。他们认为，互动式阅读是一种综合的系统的方式，通过这种方式，教师可以将高水平的思考、针对性的提问（诱导分析性讨论）以及提示（引导儿童按照合适的时间分配来回忆故事）、重复阅读与阅读主题相关图书结合起来，从而提供了一种系统性的方式来发展儿童的词汇理解，比如在阅读时加入单词或词组的简短定义。

第三节　图画书对话式阅读的实践路径

在介绍了对话式阅读的理论之后，我们转向对话式阅读的策略。那么，在日常的亲子阅读中应该如何具体应用对话式阅读的策略呢？或者说，我们应该如何开始对话式阅读的实践呢？对于成人来说，掌握对话式阅读的策略，需要注意到三个问题：说什么？怎么说？如何提问？

一、说什么

亲子阅读中的对话不是漫无边际的"瞎聊"，也不是随心所欲的"闲扯"，而应当是源自图画书并围绕一定主题开启的"对话流"。有效的亲子阅读必须选准对话的主题，也就是话题，相当于对话的引子，用于开启"对话流"。在亲子阅读时，与图画书有关的任何一个能够引起亲子之间情感共鸣和信息交流的内容，都可以成为亲子对话的话题。

（一）话题的功能

合适的话题是亲子阅读过程中对话顺利进行的必要条件，在对话式阅读过程中能够起到导向、整合和启发等作用。

（1）导向：话题的导向功能指的是，话题指向孩子对图画书内容的理解和阅读能力的发展。合适的话题有利于孩子对图画书内容的理解，有利于孩子早期阅读和口语能力的发展，也有利于孩子获得与图画书有关的知识，还有利于孩子获得积极的情感体验。例如在阅读《抱抱》时，家长可以和孩子一起说一说小猩猩Bobo看到的小动物和妈妈在干什么、怎么看出来的或者小猩猩一开始为什么不开心等，看完了之后可以问一问孩子"你现在想干什么""你想我像哪个小动物妈妈那样抱你"等。

（2）整合：话题的整合功能是指，合适的话题有利于孩子整体经验的获得和全面的发展。例如在阅读《抱抱》时，和孩子一起说一说，学一学长颈鹿、大象、河马妈妈是如何和孩子抱抱的，或者说一说小猩猩Bobo看到了什么、他一开始为什么不开心等，这比讨论这些小动物长什么样或它们吃什么样的食物等问题效果会更好。

（3）启发：话题的启发功能就是，合适的话题能够引起孩子积极参与、开阔视野,促进孩子想象力和创造力的发展。例如在和孩子一起阅读《抱抱》的时候,家长可以引发孩子想象"小鸡和妈妈是怎样抱抱的";在阅读《鸭子! 兔子!》时,妈妈可以问问孩子"你看它像鸭子还是兔子",引导孩子想象最后一页的小动物到底像什么。

(二) 话题的范围

为了更好地发挥话题在对话式阅读过程中的功能,对话话题需要指点关注图画书中的"内容""画面""语言"和"文字"。这几类话题与早期阅读能力的培养直接相关,又与阅读的画面、文字表现的内容相关。

(1)"说内容"就是选择孩子感兴趣的图画书的一些内容作为谈话的话题。不同类型的图画书可以从不同角度选择话题。对于图画故事书来说,可以选择故事中的一些可能引起孩子注意的故事人物特征、发生的事件及其相互关系、故事发生的场景或者故事的主题等作为对话的话题。例如,《跷跷板》适合 2—3 岁孩子阅读,故事大致内容是:田鼠、小鸡、小鸭、青蛙等小动物在玩跷跷板,河马也想参加,但因为胖河马太重,所有小动物站在一边也不能压下跷跷板,河马玩得并不开心准备离开,最后田鼠请来了大象,胖河马又和大象开心地玩起了跷跷板。在看到孩子熟悉《跷跷板》的内容之后,父母可以和孩子一起围绕"不同小动物的叫声"或者"跷跷板""小动物的服装"等话题展开讨论。

对于游戏类或知识类的图画书,可以围绕孩子感兴趣的话题进行对话。例如:《点点点》这本图画书将一个好玩的游戏过程直观地展现出来,并巧妙地将颜色、数量、排列、方位等知识渗透到其中。当孩子初步熟悉图画书内容之后,父母可以和孩子一起讨论孩子感兴趣的话题,如"后面会怎么变""变成几个点了"等。

(2)"说画面"就是讨论图画书中的画面。画面是孩子阅读时关注的一项重要视觉材料。图画书是以图画为主、文字为辅的阅读材料,画面和文字传递的信息相互交叉,而且多数情况下,画面传递的信息往往多于文字包含的信息。因此,在和孩子一起阅读时,父母需要对话有意识地引导孩子关注画面和文字的对应关系,理解静态的画面表现文字含义的具体方式,如"如何用画面表现人物的动作或心理活动"等,也需要引导孩子关注文字内容中没有的但画面传递的信息以及与故事之间的关系。例如:《跷跷板》中的画面颜色鲜艳,传递的信息比文字传递的信息更加丰富。与画面有关的"宝塔""服装""河马的表情""跷跷板"等,只要孩子感兴趣,都可以成为讨论的话题。

(3)"说语言"就是讨论图画书中的语言。讨论语言的目的在于帮助孩子理解和熟悉图画书内容,学习语言。可用于讨论的语言主要包括新的词汇、多次重复的语言、象声词、节奏感强的语句等。例如,《扁扁嘴和尖尖嘴》的故事内容是这样的:

鹅哥哥想找一个伙伴做朋友。

这时候来了一只小鸡。小鸡说："鹅哥哥，我和你做好朋友，好吗？"

鹅哥哥说："不行，你的嘴太尖了，我的嘴是不尖的。"

这时候来了一只小鸭。小鸭说："鹅哥哥，我和你做好朋友，好吗？"

鹅哥哥说："不行，你的嘴太扁了，我的嘴是不扁的。"

鹅哥哥不愿意和小鸡做朋友，也不愿意和小鸭做朋友。这样小鸡和小鸭做了朋友。

……

图画书中多数语言是对话，且对话中的"鹅哥哥，我和你做好朋友，好吗？"这句话多次出现，就可以和孩子一起回忆、学说。再例如《扁扁嘴和尖尖嘴》中多次提到"朋友"一词，所以"什么是朋友"就可以成为讨论的话题；图画书中，鹅哥哥对小鸡和小鸭说"我改变主意了……"，"什么叫改变主意"也是一个不错的讨论话题。

（4）"说文字"就是一起讨论图画书中的文字，帮助孩子感知汉字结构的独特性。尽管文字不是学前期间学习的重点，但作为图画书中的一种重要视觉符号，也应当成为儿童感知和学习的对象，图画书中设计特别或反复出现的一些汉字往往会引起孩子的注意，可以成为对话的话题。例如：《点点点》的封面设计很特别，标题和小圆点一一对应，很容易引起孩子的注意，父母可以和孩子一起讨论汉字"点"和小圆点之间的联系，引导孩子对汉字中"点"的注意。

二、怎么说

正常的交流轮回通常包括发起、应答、反馈等几个典型环节，完整的对话流是由若干个交流轮回构成的。亲子阅读中的对话引导可以使用的主要策略包括引发、回应、评价、点评、拓展和替代等。

（1）引发：通常发生在对话的发起环节，目的在于通过提问或提示激发孩子对图画书的关注和表达的欲望。例如：在阅读图画书《阿福去散步》（小野薰，2013）（图8-6）的时候，家长可以和孩子边看第一页边说"今天，阿福带着青蛙去散步。青蛙啊，在哪里呢？宝宝看到了吗？带着青蛙去散步好搞笑哦，我们来看看阿福开不开心？"通过这样的对话，引发孩子对这本图画书的兴趣：原来散步不一定是和爸爸妈妈一起，也不一定是带着家里的小狗，还可以和青蛙一起去散步呢！相信这

图8-6 图画书《阿福去散步》内容之一

样的兴趣会让孩子愿意继续跟着家长一起阅读

这本图画书的。

引发有时也发生在反馈之后,是基于孩子的应答内容,对于不会说话的小小孩,就是给予孩子对于家长说的内容的反应。这是为了引发一个新的交流轮回,延续同一话题的讨论,使对话内容更加深入。例如:在讨论上述问题之后,可以继续和孩子说"我觉得阿福带着青蛙去散步挺开心的,你看他嘴巴弯弯的,眼睛亮亮的,应该心情不错的,对不对?"还可以鼓励孩子学一学阿福的动作,问问孩子"你开学的时候嘴巴是什么样的? 是不是阿福这样弯弯的? 还可以怎么样表示自己很开心呢……"

(2) 回应:通常发生在应答环节,是对孩子提出问题的回答。在亲子阅读过程中,并不是所有的对话话题都是由家长发起的,特别是对于0—3岁的孩子来说,更要注意这一点:孩子的一个动作或者一个声音都有可能是他们发起对话的信号。家长需要敏感地捕捉到这些信号,并能够给出及时的回应。对孩子发起的对话进行及时回应不仅仅意味着亲子互动的平等关系,更是对孩子积极思考和参与交流的鼓励。例如:看到《阿福去散步》的上述画面(图8-6)时,有些孩子可能会指着阿福身后的气球说"气球",家长在这时可以说"是,是个气球,是一个红红的气球呢。宝宝也喜欢气球,对不对?"等等就是对孩子的回应。

(3) 评价:通常发生在反馈环节,是对孩子回答问题的肯定或否定。对于0—3岁的孩子,他们会常常用动作来表达自己对图画书内容的反应。比如高兴的时候,拍拍手;比如不想读了,会把书丢开,等等。学前阶段孩子特别是0—3岁的孩子,还没有形成清晰的自我认知和自我评价。他们的自我认知和自我评价的形成有赖于他人特别是父母对他们的评价,父母的积极和正面的评价不仅有利于孩子学会自我认识和自我评价,更有利于孩子获得自信心和满足感,也有利于增进孩子参与阅读和对话的兴趣。因此,家长要善于捕捉孩子在阅读时表现出来的优点和回答问题的正确部分,经常使用"对""很好""讲得很好听""我就是喜欢"等对孩子的参与进行鼓励和表扬。

比如在和孩子阅读到阿福抱着小猪去散步(图8-7)的时候,孩子也要从妈妈的怀里跳下来,其实孩子不是不想阅读图画书了,而是想要学着阿福的样子跑一跑。0—3岁的孩子很容易进入图画书里的角色中,这时候他们就是把自己想象成了故事中的人物。这个时候,家长要允许孩子用动作表达自己的情绪,这样更加有利于孩子养成对于图画书阅读的兴趣和理解。

图8-7 图画书《阿福去散步》内容之二

（4）点评：通常情况下紧接着评价之后发生，是对孩子回答好在哪里的具体说明。点评除了能够起到表扬与鼓励的作用外，还具有优点定位功能，有利于孩子认识到自己的优点所在，这些好的行为表现在以后的阅读过程中出现的频率可能会更高。例如：如果听到妈妈表扬"宝宝今天的表现真好（评价），宝宝的声音真大，爸爸在客厅里都能听见（点评）"或者"宝宝的观察很仔细，你也发现阿福的红气球了对不对，还有小猪要从阿福的怀里跳出去了，阿福很紧张的样子对吗？"，那么，孩子在以后的讲述中声音可能会更大，或者在以后的阅读中更加愿意仔细观察画面、捕捉画面的细节。

在亲子阅读过程中，点评的内容通常包括两个方面。第一个方面的内容是孩子表现出来的好的阅读习惯，如妈妈通常会表扬孩子听得非常认真、能够随着妈妈的阅读指着相应画面、愿意重复妈妈讲述的部分语言。第二个方面的内容是孩子使用的一些初级阅读策略和方法。例如：当孩子打断妈妈的讲述问妈妈"什么？"或者表示"伤心"，妈妈的"宝宝真能干（评价），学会提问了（点评）。以后没有听懂妈妈的话时就告诉妈妈好不好（新的引发）？"或者"真聪明（评价），你还会说'伤心'啊（点评）"是对孩子学会使用新的阅读方法的表扬和强化。

（5）拓展：通常发生在交流的反馈环节或者讲述图画书环节，指的是对孩子语言或图画书中语言进行扩展。对孩子语言的扩展包括两个方面的含义：一是以图画书中的语言为模板，将孩子简短的语言补充完整，以利于孩子对图画书完整内容的充分感知和对其中语言的理解与掌握。比如在和孩子一起阅读图画书《变色龙捉迷藏》时，当阅读到第五页的时候，家长可以和孩子说："花花躲在石头后面吗？"（图8-8）

图8-8　图画书《变色龙捉迷藏》

可以让孩子按照箭头的指示拉一拉，"原来是……"，这时候家长千万不要说出来，要鼓励孩子说"大灰狼"，然后家长可以接着说："哦，原来不是花花，是大灰狼啊！那变色龙巴弟怎么办呢？"这时候还是要鼓励孩子说。如果孩子一时说不出来，可以指着图画书上巴弟颜色的变化，引导孩子说"变色"，在孩子说出来后，家长可以接着说:"对啊,变色啊,变色龙最大的本领就是变色了,对不对?巴弟像闪电一样,很快地变色,大灰狼就看不到巴弟了。"在这一页的阅读过程中,家长完全按照图画书中的文字内容将孩子的回答补充完整,给孩子提供了倾听的机会。在这样的过程中,孩子会对于图画书阅读更加投入,并且得到语言发展的锻炼,在下一次阅读时相信孩子能够自己说出更多更丰富的内容。

第二类拓展是在阅读图画书时,在读出原有文字的基础上,有意识地增加一些词汇或语句,使故事更加生动或者情节更加完整,也使孩子有机会在情境中积累词汇,提高孩子的复述能力。例如还是刚才那一页,家长可以在原来文字内容的基础上,增加颜色的变化。比如:"巴弟像闪电一样,很快地变色,由原来的草绿色,立刻变成了石头一样灰灰的颜色,大灰狼就看不到巴弟了。"家长还可以丰富情节,比如:"巴弟心里扑通扑通的跳,好紧张啊!幸亏会变色,不然就要被大灰狼吃掉了!"再比如:"大灰狼本来以为自己找到了晚餐呢,结果发现是块大石头,心里非常懊恼。"

再例如,图画书《抱抱》中的绝大多数画面只有两个汉字"抱抱",却讲述了一个有关亲情的完整故事:小猩猩 Bobo 一路上看到正在与妈妈亲热的小动物,但他却在路上与妈妈走失了,他找啊找,仍然没有找到,最后还是在大象妈妈的帮助下才找到了妈妈。为了帮助孩子理解这本图画书的内容,妈妈仅仅读其中的"抱抱"两个字显然是不可行的,而是需要用自己的话将故事讲完整。我们可以这样和孩子讲:"小猩猩一个人在森林里蹦蹦跳跳地玩,很开心。他看到大象妈妈和宝宝在抱抱,变色龙妈妈和宝宝也在抱抱⋯⋯他有点不开心了⋯⋯大象背着他去找妈妈⋯⋯"

这样的语言拓展使故事情节更加完整、语言更加丰富,使故事既表现了有关人物形象、动作的描述,又表现了人物心情的描述。拓展策略应当在无字或者少字图画书的阅读过程中经常使用。

(6)替代:通常发生在交流的应答环节,指的是代替孩子对问题作答。替代的价值主要在于帮助孩子感知和理解交谈的轮流规则,也在于帮助孩子巩固对故事的理解。例如,在阅读图画书《恐龙的牙齿》第 3 页、第 4 页时,亲子之间出现了如下这段对话:

> 妈妈:小松鼠对恐龙说了什么?(引发)
>
> 妈妈:(在孩子没有应答的情况下模仿孩子的口吻)小松鼠说,"卡卡,请你把我的松子咬咬开。"(替代)
>
> 妈妈:对(评估)。我们一起再来说说,小松鼠是怎么说的?(新的引发)
>
> 妈妈/孩子:小松鼠说,"卡卡,请你把我的松子咬咬开。"(替代)

其中,第一次替代是代替孩子作答,而第二次替代则是带着孩子一起重复这句话。在这里替代策略的使用有利于孩子对故事内容的掌握。

三、如何提问

在亲子阅读对话中,父母使用最多的语言形式是提问。提问通常在交谈的发起环节使用。高质量的提问对对话式阅读的效果能够产生至关重要的影响。对话式阅读中用到的提问有五种类型,每一种提问的功能和作用不完全相同。

(1)补充型提问就是父母说出一句不完整的句子让孩子补充完整,通常是在一个句子尾端留出空白,让孩子填上答案。当图画书中有押韵或重复多次的句子或短语时可以采用这种方式。补充型提问有利于孩子更多地了解故事中语言的结构特点,逐步产生对语言结构顺序的敏感,这对他们今后阅读非常有益。例如:图画书《好朋友》里"我也一起玩儿,好吗?""好啊,来吧!"这一对话多次出现。妈妈说出"我也一起玩儿……",等待孩子说出"好吗?"

(2)回忆型提问就是父母提出一些有关故事内容的问题,要求孩子回忆出刚刚听过的故事内容。回忆型问题既可以针对图画书开始的内容,也可以针对图画书的中段或者结尾部分的内容。回忆型提问可以帮助孩子理解故事情节、描述事件发生的前后顺序。例如:看过《母鸡萝丝去散步》之后,可以提出"母鸡萝丝到哪些地方去散步了?"对于还不会说话的孩子来说,家长在提出问题后,要观察孩子的反应,帮助孩子来回答问题。比如,"母鸡去了湖边对吗?湖边是哪里的,宝宝翻给妈妈看看吧。"看孩子是不是能翻到那一页。

(3)开放型提问就是鼓励孩子就图书内容或书中的图片发表自己的意见,通常要求孩子使用自己的语言回答问题。开放型提问有利于提高孩子语言表达的流利程度,有利于孩子将自己当时的想法和已有的相关经验融入图书阅读的过程之中,也能引起他们对图书画面细节的注意。例如,图画书《小鸭子吃星星》最后一页留下了一个问题:"小鸭子看看池塘里的星星,又看看天上的星星,心里想:这是怎么回事呢?"父母也可以将此问题抛给孩子请他回答。这个问题就是一个开放型提问,因为这个问题没有一个标准的正确答案,一百个孩子有一百个回答。

(4)特殊型提问就是以"是什么""在哪儿""什么时候"和"为什么"等形式提出问题,其主要功能是教孩子学习新的词汇以及引导孩子对图画书中重点内容的关注。例如:在和孩子一起阅读《是谁嗯嗯在我的头上》时,家长提出的"到底是谁嗯嗯在小鼹鼠的头上""为什么那么多小动物说不是他们嗯嗯在小鼹鼠的头上呢"等就是特殊型提问。

(5)联想型提问是一类融入孩子个人生活体验的问题,要求孩子将书中的图片或故事内容与他们自己的实际经历联系起来。联想型提问有利于孩子建立故事中的想象世界与现实世界之间的联系，同时有助于提高孩子的口语表达能力、交际能力和讲述能力。例如：当阅读到《抱抱》中小猩猩走失的时候，父母提出的"你跟爸爸妈妈在街上走失过吗？""如果走失了你会怎样做呢？"等问题就属于联想型提问。

上述五种类型的提问根据其侧重点的不同，家长要依据孩子年龄的不同和语言表达能力的不同有选择地加以使用。比如补充型提问和回忆型提问可能更加适合0—2岁的孩子；而开放型提问、特殊型提问以及联想型提问对于孩子的语言表达有一定的要求，对于年长一些的孩子可能更加合适。另外，上述五种类型的提问也可以在同一本书甚至同一个画面上交替使用。例如：在和孩子一起阅读《滴波和答波》时，同样一个画面可以交替使用上述五种方式进行提问，同样一个问题可以展开深入讨论。当画面上出现一个毛茸茸的东西在河中左右漂动时，就可以问："这是什么？"（特殊型问题）"这是_____？"（补充型问题）"我们昨天说了，这种草叫什么名字呀？"（回忆型问题）"你看芦苇像什么？"（开放型）"你还在哪儿见过这种草？"（联想型提问），等等。

当问过"这是什么"之后，如果孩子回答是"草"，就可以接着说："对，这的确是一种草。"这既是对孩子回答的反馈，同时也暗示孩子，还有一个更加恰当的词。如果孩子回答不上来，就可以补充说"这叫芦苇"，从而帮助孩子获得更加精确的表述。如果孩子重复的内容不正确，那么家长就需要通过纠正错误的说法，并让孩子重复，使他们能够更加准确地掌握相关内容。

高质量的阅读需要交流和分享，但并不意味着每一次阅读甚至每一个画面的阅读都需要无休无止地向孩子提问，也不意味着为了对话而发起对话，讨论一些与图画书没有关系的话题。因此，在使用这种对话式阅读方法时，家长需要注意以下几个方面。

第一，就图画书内容进行提问或分享个人对图画书的理解是建立在孩子对图画书内容基本熟悉的前提之下的，因此，共同阅读一本新书时，第一次应更多地采用直接阅读的方式，让孩子先了解书中的故事情节，引导孩子对书的封面和书名作些简单的讨论，而不要将重点放在提问上。到第二次或第三次阅读时，再进行提问，而当孩子对书中内容相当熟悉之后，应当鼓励孩子开展故事表演、故事仿编等活动。而有些图画书，特别是以情感表达为主的故事书，如《早安晚安》《猜猜我有多爱你》等，只适宜多次带着情感重复地阅读，而不宜不断地提问，否则沉浸于难以言喻的满足之中的孩子一次次被拉回到现实，陶醉感马上就会消失殆尽，阅读兴趣培养的目标终究难以实现。阅读这样的图画书，"只管一个劲地讲就好了，不要问东问西，因为这些问题是为了满足大人的需求。如果自然而然地相互讨论，当然最理想，但一定要做到不落痕迹"（松居直，2007）。

第二，对话式阅读的主要目的是引导孩子学习一种图书阅读的方法。因此，来自成人的提问并非每时每刻都需要，如果孩子主动地说出了书中的一些内容，成人可以紧接着给予评价、补充和重复。或者，当孩子已经熟悉内容，家长应该逐步减少逐句朗读书中的文字，而应鼓励孩子主动启动阅读、提出问题，从而将讨论图书内容的任务逐渐交由孩子来完成。

第三，对话式阅读中孩子与家长通过对话来讨论图书内容，应该是一件快乐有趣的事。只有家长将提问与直接阅读相结合、不同提问方式交叉使用、提问与游戏或表演等活动相结合，才有可能引起幼儿的兴趣，激发幼儿参与回答或提问的积极性。

总之，在亲子对话式阅读过程中，家长应当多制造和保持融洽与有趣的阅读气氛，确保自己熟悉图书内容并从中获得阅读乐趣，鼓励并赞赏孩子的尝试，宽容孩子的错误应答，多问一些开放型和联想型的问题，而不应当只问对与错的问题，只顾着讲述故事而忽略孩子的反应，说一些可能会伤害孩子的话（Beaty and Pratt，2007）。

第九章／
创造想象快乐有趣的游戏化阅读指导

沈 荣

对于处于阅读能力发展关键期的学前孩子来说，如果在这个时期，家长能够帮助他们养成阅读的习惯，初步形成自主阅读的能力，对于他们以后成为成功的自主阅读者是至关重要的。所谓自主阅读的能力，是指孩子在阅读学习过程中逐渐做到能够独立思考，能够自己阅读各种图文并茂的书，能够拥有与书对话的能力（周兢，2005b）。对于 0—6 岁的幼儿来说，玩是天性，游戏是他们接触世界、了解世界以及促进认知不断发展的主要方式。图画书阅读对于孩子认知发展以及其他各个方面发展的重要性毋庸置疑，那么如何把图画书阅读和孩子的游戏结合起来，在孩子游戏的同时，培养阅读的兴趣，养成阅读的习惯，并从图画书阅读中获得相应的发展，就是本章要和家长们聊的主要问题。对于 0—6 岁的孩子来说，图画书阅读和游戏是相互融合的过程，只有把阅读游戏化，这个年龄段的孩子才能真正喜欢上阅读，同时通过游戏来培养孩子的阅读兴趣、阅读习惯和阅读行为，为孩子自主阅读能力的形成打下坚实的基础。

第一节　游戏化阅读的内涵

玩中有读,就是对游戏化阅读的最佳诠释。所谓游戏化阅读,就是将阅读和游戏结合起来,将一般的游戏活动变成富有阅读意义的活动。在游戏化阅读活动中,家长可以引导幼儿利用图画书进行游戏,在游戏中进行图画书阅读,培养孩子对阅读的兴趣以及热爱阅读的情感,促进孩子阅读习惯的养成。

为了帮助家长更好地理解游戏化阅读,我们对于0—6岁孩子的游戏形式先做个简单介绍。以年龄发展为依据,0—6岁孩子的游戏形式一般分为两种。

第一种是感觉运动游戏。它是孩子最早出现的一种游戏形式,一般从孩子出生到2岁这一阶段,孩子主要是通过感知和动作来认识环境、与人交往的,他们的游戏最初是通过自己的身体作为游戏的中心,逐渐地会摆弄与操作具体物体,并不断反复练习已有动作,从简单、重复的练习中,尝试发现、探索新的动作,从而使自身获得发展。在反复成功的摆弄和练习中,孩子获得愉快的体验。而游戏的驱力就是获得"机能性的快乐"、"动"即快乐。因此,感觉运动游戏的主要表现形式就是徒手游戏或重复地操作物体的游戏。家长们可以发现,孩子喜欢啃咬东西,喜欢反复地玩弄某一样他喜欢的玩具,孩子的这些行为都是他们在游戏的一种表现。

第二种是象征性游戏。所谓象征性游戏,是指儿童通过使用替代物并扮演角色的方式,来模仿真实生活的一种游戏。它是2—6岁孩子最典型的游戏形式,从孩子2岁左右开始出现,在3—5岁达到高峰,6岁开始呈下降趋势(Fein,1981)。象征即用具体的事物表现某种特殊意义,在孩子的游戏中出现了象征物或替代物,孩子把一种东西当作另一种东西来使用即"以物代物",把自己假装成另一个人即"以人代人",是象征的表现形式。游戏中的主要特征是模仿和想象,角色游戏、表演游戏、结构游戏是其主要的表现形式。通过象征性游戏,孩子可以脱离当前对实物的知觉,以象征代替实物并学会用语言符号进行思维,体现着孩子认知发展的水平。

其中,角色游戏是指儿童基于一定的生活经验,通过角色扮演,运用想象创造性地反映一定主题、情节的一种游戏行为活动,它以模仿和想象为主,凸显游戏过程的角色性。如孩子常常喜欢扮演医生的角色,通过对医生和医院的已有经验,融入自己的想象,再现或创造性地表现模拟给病人看病的场景。

表演游戏是指儿童按照童话或故事中的角色、语言和情节，通过表情、言语或动作，进行创造性表演的一种游戏行为活动，是儿童根据自己对儿童文学作品的理解，融合自己的意愿、兴趣和需要进行表演的过程。如图画书《母鸡萝丝去散步》中，孩子在趣味性地感受、体会故事有趣好玩的同时，会选择母鸡或狐狸的角色，融入表情、动作等方式对图画书内容进行惟妙惟肖的表演，把图画书中的故事生动活泼地表演出来。

结构游戏是指儿童运用积木、积塑、金属材料、泥、沙等各种材料进行建构或构造，从而创造性反映现实生活的一种游戏行为活动。如孩子在阅读图画书《三只小猪》后，运用不同积塑材料对三只小猪的房子进行搭建的过程，即为孩子进行结构游戏的过程，在此过程中，儿童能更深切地通过结构游戏感受到图画书中三只小猪搭建房屋的故事内容。

以上三类游戏是象征性游戏的主要表现形式，除此之外，基于运动、音乐、手工等形式开展的阅读游戏也是婴幼儿喜闻乐见的阅读游戏方式，它们都非常强有力地保持了孩子阅读过程的趣味性，推动着孩子对阅读内容的进一步理解，促进孩子阅读过程的主动性和积极性，在支持孩子想象、创造性地表达表现、体验图画书阅读魅力的同时，进一步丰富了自己情绪情感的抒发。

在对0—6岁孩子的游戏类型有了了解之后，我们对于游戏化阅读会有更清楚的认识。游戏化阅读，作为指导0—6岁孩子图画书阅读的一种指导方法而言，就是把图画书阅读和孩子的游戏结合起来，把图画书阅读变成孩子喜欢的游戏，从而让孩子喜欢阅读图画书；同时又要利用游戏，以孩子能够接受的方式进行图画书的阅读活动，培养孩子初步的阅读习惯和阅读行为。具体来说，游戏化阅读有两个层面的含义：一方面，是指把阅读当作游戏，借由孩子对于游戏的热爱来激发孩子对阅读的兴趣，让孩子在游戏中自发地产生阅读的动机和愿望，自发地阅读，并获得阅读的快乐；另一方面，是指在游戏中阅读。在孩子的游戏中，家长的指导性应该更多地转变为支持性，通过为孩子的游戏提供充分恰当的阅读资料，引导孩子在游戏中学习阅读。

第二节　游戏化阅读的特点

对于0—6岁的婴幼儿来说,阅读与游戏其实就是一种融合与发展的过程。尤其是对于婴儿期的孩子而言,书和玩具是没有区别的;同样地,阅读和游戏也是相同的,它们之间的区别,只是因为我们成人认为它们有不同而已。而对于幼儿期孩子,也热衷于在游戏的过程中进行阅读,在阅读的时候融入游戏,通过游戏的方式,培养自己对阅读的兴趣,加深自己对阅读内容的理解。那么,对于我们家长来说,在对0—6岁孩子的游戏有了简单的了解之后,如何把图画书阅读和游戏结合起来,在游戏中引导孩子的阅读发展呢?或者说,如何带着孩子一起玩中有读呢?游戏化阅读指导方法就是这两个问题的答案。

作为指导0—6岁孩子阅读图画书的一种阅读指导方法,相较于其他两种阅读指导方法,游戏化阅读有以下两个特点。

一、游戏和阅读合二为一,但是借游戏之名行阅读之事,游戏是为阅读服务的(游戏中阅读)

在婴儿的生长过程中,除了吃和睡之外,随着宝宝不断长大,白天活动的时间越来越长,由此和成人互动的机会也越来越多。对于不足1岁的婴儿,他们和成人的互动或者交往以成人发起为主,成人一般给孩子摇铃或者摇拨浪鼓等能发出声音的玩具,逗弄孩子,和孩子嬉戏。再小的婴孩都喜欢有人在身边,因此成人和婴儿的这些交往可以给孩子带来愉悦的体验,从而对于孩子的健康成长非常有利且是非常必要的。这样的互动吸引了孩子的注意力,让孩子获得愉悦的感受,所以从这个意义上来说,算是一种游戏。那么,在这些游戏中,如果我们加入阅读的因素,就可以使游戏内容变得更加丰富,不仅有利于宝宝认知的发展,而且对于阅读的发展也可以起到启蒙的作用。

响铃、拨浪鼓等是小婴儿的常用玩具,除了这些玩具之外,家长们也可以把触摸书、拉拉书、洗澡书、嗅觉书、立体书、发声书作为孩子的玩具,利用这些特别设计的图画书,将宝宝的游戏阅读化。在和宝宝玩的同时,不断增强宝宝对图画书的熟悉

163

度,为后期真正的阅读打下基础。

我们在给宝宝洗澡的时候,可以把一本洗澡书放进宝宝的澡盆里,孩子自然地会把洗澡书当作一个玩具来玩。如果我们成人也仅仅把洗澡书当作一个玩具,是为了避免孩子洗澡的时候哭闹,那么婴儿玩弄洗澡书的行为就算不上是"阅读",而仅仅是婴儿自发的游戏。而如果我们成人在孩子玩弄洗澡书的同时,根据洗澡书的内容和孩子有一些相关的互动,那么我们就把纯粹地玩弄洗澡书变成了简单的阅读活动。

比如洗澡书《小兔彼得》,这本书选取百年经典图画书《小兔彼得》故事中的场景和形象,讲了一个简短又有趣的故事:"淘气可爱的小兔彼得,妈妈刚离开,就偷偷跑到菜地里偷吃,结果被人发现了,拼命逃跑,连衣服都丢了。回家后躲在被子里,不敢见妈妈……"这本书可以有几种玩法。第一种:一边给宝宝洗澡一边读书给宝宝听,并且特别把兔子、萝卜、衣服这些图画形象在阅读的同时指给宝宝看,并和宝宝说:"兔子,兔子,她的名字叫彼得。""萝卜,大萝卜,小兔子彼得可喜欢吃了,宝宝也喜欢吃的,对不对?"等等。第二种:特别准备几个玩偶,比如小兔子、胡萝卜,宝宝在玩弄这本洗澡书的时候,把小玩偶也放进澡盆里,然后边讲故事,边把玩偶拿给宝宝。比如讲到小兔子偷吃胡萝卜,就可以把胡萝卜放进宝宝手里,在他啃咬的时候,可以对他说:"胡萝卜好吃吗? 什么味道呀?"等等。

再比如,1岁多的孩子在照顾者的精心陪伴下,积累了最初的生活经验。他们开始对小区里、马路上的大小车辆产生兴趣。当车辆停在小区楼下的时候,他可能会"嗯嗯嗯"地指着车位中的小车,要求照顾者带他过去看看小车的车牌、轮子等。当把孩子带到马路上时,他可能会全神贯注地观察车辆的来往,这时候如果家长有意识地给孩子提供一本关于车辆的图画书作为孩子操作的玩具,孩子会特别开心地翻阅摆弄。如《交通之声》,就是一本藏有各种"车辆"声音的声响书,其中有救护车的声音、警车的声音,甚至藏有火车、轮船、飞机的声音等,只要按一按内置的圆形按钮,相应的交通工具就会发出自己独特的声响。对于孩子而言,这样的"玩具"再喜欢不过了。他们会反复地操作,让书本发出声音,如果这时家长再进行适切的引导,和孩子说一说画面中的内容,那么孩子除了获得"玩"的乐趣之外,还进一步丰富了对交通工具的感性经验,满足了自己对交通工具更深层次的探索兴趣。回到生活中,当孩子下次再见到相关的交通工具时,就会更加感兴趣,就像很多孩子看到天上的飞机时,会一个劲地抬着脑袋看飞机逐渐飞离自己的视野。由此,孩子就在"玩书"的过程中,获得了经验成长的良性循环。

二、利用游戏进行阅读，阅读的开展是以游戏为手段进行的，而非我们成人的阅读（阅读当作游戏）

简单地说，成人的阅读就是拿一本书，一字一句一行地读下去，然后从中获得信息的过程。而孩子阅读的重点则完全不同。孩子阅读的目的，在于通过阅读，了解什么是图画书，什么是书，并在一本一本图画书的阅读中，不断获得图画书阅读的相关经验。此时的书不同于一般意义上的玩具，比如书中有图画，要一页一页地翻，从左往右读等等，从而为后期的真正图画书阅读打下基础。特别对于婴幼儿而言，图画书的阅读更要和游戏结合起来，通过游戏的手段和孩子一起读书，增加孩子对于图画书阅读的兴趣。

比如我们和宝宝一起阅读图画书，除了让宝宝坐在怀里，和宝宝拿着图画书一起边看边讲之外（如何给宝宝讲图画书，这方面在前文有了清楚的介绍），我们还可以和宝宝利用游戏来阅读。尤其是对于讲了多次，孩子比较熟悉的图画书，孩子可能很难再乖乖地待在大人的怀里听故事，那么这个时候游戏的手段就非常必要了。我们可以边讲边表演，对于图画书内容中不同角色的话语用不同的声音表现出来；我们还可以准备手偶，让图画书中的人物或者物品真实地呈现在孩子面前，把图画书中的故事在孩子面前演出来；我们也可以准备橡皮泥，和孩子一起先把孩子喜欢的图画书中的人物或者物品用橡皮泥做出来，然后拿着自己做出来的人物，再和孩子一起看图画书，相信孩子会更加有兴趣。通过这些游戏方式，我们和孩子可以把图画书一遍又一遍地阅读，孩子对于图画书阅读产生愈来愈浓厚的兴趣，这就实现了我们的目标：让孩子爱上图画书，爱上阅读。

比如图画书《米菲住院》，它是世界上最著名的图画书作家之一、荷兰画家迪克·布鲁纳创作的一本经典图画书作品，图画书中的主人翁"小兔米菲"可爱至极，一开始因为要住院而对医院感到恐惧，但因为有友爱的医生和护士的存在，可爱的米菲最后居然说"医院其实也挺好的呀"。这样一位可爱的米菲小兔，非常容易走进孩子的心里。家长在和孩子一起翻动这本图画书时，可以通过关心的方式来摸一摸米菲的小脸蛋和长耳朵，还可以和孩子一起准备些许橡皮泥，用橡皮泥来捏一捏自己喜欢的米菲兔，想必孩子对米菲兔的形象会更加印象深刻。如果孩子和家长一起在制作了可爱的米菲小兔后对图画书进行再次阅读，相信孩子会对图画书中的米菲兔有更多的喜爱和关注，对画面内容也会有更深的认识和理解。

第三节　游戏化阅读的指导策略

当成人使用适当的支持方式来鼓励孩子把图画书整合进入他们的游戏时，图画书对游戏会产生影响，比如游戏内容变得更加丰富，同时孩子的阅读能力和水平也将得到发展。

阅读在游戏中不是一个偶然现象，而是在家庭环境中自然地发生。但是这也有赖于环境在游戏互动中为孩子提供了多少的阅读机会。那么，如何在游戏中促进孩子阅读行为的发生呢？我们提出下面几个指导策略。

一、合理利用游戏书本身的游戏功能

在前面的章节中，我们知道了适合婴幼儿孩子阅读的图画书中有很多属于游戏书，比如洗澡书、拉拉书、触摸书、发声书、立体书、嗅觉书等等，这些图画书本身就带有游戏功能，是专门为婴幼儿设计的。家长在和孩子一起阅读这些类型的图画书时，可以直接利用图画书自带的游戏功能。

比如触摸书《农场》，在阅读的同时，让孩子摸一摸小鸡"软软"的毛，小鸭"粗糙"的脚蹼。触摸书独特的仿真材质，能够让宝宝触摸各种不同的材料，通过触摸图画书中的物体，对于什么是光滑、什么是粗糙，会有直觉的感知，同时将触摸感知到的事物和语言建立联系，理解语言的意义。

发声书《消防车快快》是一本带有轮子，可以变成一辆消防车开动起来，同时还可以发出"呜……呜"的消防车警笛声的图画书。家长可以利用这本图画书自带的这些功能，和孩子一起玩消防车救火的游戏。在玩游戏的同时，和孩子一起阅读这本书，孩子就可以简单地了解消防车的结构，有云梯、水箱、水管，还有消防员是如何灭火的。

嗅觉书《闻闻大自然的味道》是一本特殊的图画书，里面藏着与书中内容有关的气味，是一套特别的嗅觉认知书。每个孩子从诞生起都需要通过各种感官来认识和了解世界，对于孩子来说，能通过"闻"的方式来感受花卉香料、水果蔬菜、绿植树木的味道，那肯定是一种特别神奇的体验。利用该图画书本身的特性，就可以在满足

孩子感知觉发展的基础上，拓展孩子对自然的认知经验。

当然，其他类型的游戏书也非常方便和孩子一起进行游戏化阅读，所以对于婴幼儿时期的孩子，多准备不同类型的游戏书很有必要，这对于引发孩子阅读的兴趣将起到非常重要的作用。

游戏书只是适合婴幼儿孩子阅读的图画书中的一部分，还有很多图画书本身的游戏性不强，那么我们如何和孩子一起进行游戏化阅读呢？下面我们依据 0—6 岁孩子游戏的特点以及认知和语言发展的水平，从引发孩子阅读兴趣，培养孩子阅读习惯，促进孩子阅读行为的角度出发，讨论家长可以使用的游戏化阅读的办法。

二、给孩子提供和图画书有关的玩具

我们这里说的玩具不是所有的玩具，而是和图画书内容有关的内容，其中包括相关的实物、玩具、替代品等。比如《圆圆的真好吃》就是一本非常适宜在阅读过程中给孩子提供实物的图画书，该图画书给孩子呈现了很多大大小小的圆形的食物，那么家长就可以提供与图画书有关的圆圆的饼干、曲奇、西瓜等，让孩子边观察边阅读；如图画书《好饿的毛毛虫》，提供给孩子有关的玩具可以是毛毛虫（无论大小、质地、颜色等）、食品模型等；再如图画书《爸爸，我要月亮》，提供给孩子相关的玩具可以是洋娃娃、梯子、月亮等。只要是图画书中涉及的物品，在图书阅读前就可以先准备好。

通常情况下，我们在准备和图画书内容有关的玩具时，可以从实物、玩具、替代物等方式进行。

（一）实物

年龄越小的孩子，比如 0—1 岁的孩子，我们需要给他们提供尽可能逼真的图画书中的物品玩具，以实物为最佳，让孩子看一看、摸一摸、闻一闻甚至尝一尝，通过视觉、触觉、嗅觉、味觉等感知觉手段，慢慢积累经验，获得认知与成长。比如图画书《好饿的毛毛虫》，可以准备真实的水果如苹果、梨、李子、香蕉和纸杯蛋糕等等，对于婴儿理解图画书中的物品，将图画书中的图画和现实中的实物对应，并和语音对应，都会起到促进作用。

有些图画书中的物品不容易找到实物，比如图画书《抱抱》中出现了很多的动物，那么可以带孩子到动物园，看看大猩猩、大象等，然后在和孩子阅读图画书的时候，孩子对于这些动物就会有直观的了解，也会更容易理解图画书的内容。当然，像同样以动物形象设计的图画书《妈妈，请抱抱我》，也可以和孩子一起带着书中的小猩猩、小老虎、小象等卡片，去动物园找找它们的妈妈，以积累孩子的感性经验，为后续进一步阅读做好铺垫。

而有些图画书是涉及颜色这样非具体某样物品的,我们该怎么办呢?比如图画书《变色龙捉迷藏》,图画书内容中不仅仅是单纯的红色或者绿色,那么我们在和孩子一起阅读这本图画书之前,可以先抱着孩子观察家里的家具或者物品,或者和孩子一起玩个找颜色的游戏:找找哪里有红色,哪些东西是蓝色的,或者墙上的画里有哪些颜色?在这样的游戏活动后,再和孩子一起阅读图画书《变色龙捉迷藏》,这时孩子会更加容易理解图画书的内容。当然,这本图画书本身就是一本游戏书,在阅读的同时,可以和孩子继续玩捉迷藏找颜色的游戏。

(二) 玩具模型

在孩子阅读过程中,我们可以为孩子提供相关的玩具模型。如1—2岁的孩子,对生活中的部分食物、物品有了一定的经验,一般常见的水果、蔬菜、食品、各种车辆、家庭中的常见物品等,孩子们都较为熟悉,因此以玩具模型的形式呈现阅读中的相关食物或物品,他们非常容易理解和接受。当然,在阅读的前后也可以为孩子提供玩具模型,比如图画书《要跟着来噢》,呈现的是鸭妈妈带着小鸭子到对岸午休,其中一只小鸭子遇到小乌龟,聊天、玩耍后努力追赶队伍的故事。如果在孩子游泳、洗澡过程中和孩子沟通回忆相似的场景,同时呈现相关的玩具模型,那也是非常有趣的事情。比如家长在孩子游泳时给孩子提供几只小鸭的仿真玩具模型,再来回摆动孩子的双脚,和孩子互动模仿小鸭子"噗咚噗咚噗咚"拍打水面追赶队伍的情境,孩子会特别开心,并在下次阅读此部分故事内容时,孩子脸上会洋溢出由衷的笑容。当然,除了直接提供仿真的玩具模型外,还可以使用绘画、橡皮泥以及乐高积木搭建的方式,制作图画书中的物品模型。比如图画书《鼠小弟》,我们可以和孩子一起用乐高积木搭鼠小弟、鼠小妹、大象等等动物,因为自己搭的小动物,可以把图画书内容中动物的不同身高和胖瘦淋漓尽致地表现出来,有了这样的道具帮助,孩子对于这本图画书一定会更加有兴趣。

(三) 替代品

和图书有关的玩具不仅是图书内容中所涉及的同样的物品,也可以是替代品。使用替代品,这是孩子的象征性游戏发展的重要标志。孩子到了2岁左右,他们可以逐渐理解象征,比如"以物代物",用棍子代表扫把来玩魔法师的游戏,比如用三角形的积木代替三明治,来玩过家家的游戏。但是这个年龄的孩子处于象征性游戏初步发展的时期,因此在选择替代物的时候要注意和原物的相似性,比如形状相同(三角形积木和三明治),比如功能相仿(棍子和扫把)等。特别要注意的一点就是,年龄越小的孩子,替代物的相似性越要强。我们以《绿扳手》为例,来看看如何使用替代品。在这个故事里,老板要修一辆自行车,要找绿扳手,结果却找到了很久不见的螺丝刀、钳子、电钻。家长在和孩子一起阅读这本图画书的时候,可以拿积木来代替这些工具。当然,要和孩子一起,让孩子来找一找哪个是螺丝刀哪个是钳子哪个又是电钻,等这些都找齐了,就可以和孩子一起边讲故事边修自行车啦!

为孩子提供和图画书有关的玩具对于孩子理解图书内容,增加阅读兴趣,进行游戏都很有帮助。因为和图画书有关的玩具可以帮助孩子在图画书和孩子已有的经验之间建立联系;同时玩具可以成为未来游戏的"引子",孩子可能把与图书有关的玩具作为推动游戏的途径。在故事阅读中,孩子手拿着故事中的"人物""物品",可以帮助孩子更好地理解所阅读的内容,因为和图书有关的玩具帮助孩子和其现实世界中的经验建立一种更加具体的联系。故事书要求孩子使用口头文字和静态的两维空间图画作为线索来想象一个在时间的框架下充满了客体和活动的三维世界。而那些玩具,无论是实物、玩具还是替代品,都使故事阅读由抽象变得更加具体。有关的玩具降低了通过文本中抽象的内容进行想象的认知方面的负担。比如孩子在拿着一只玩具恐龙听恐龙故事的时候,文本中的许多方面都以一种更加具体的方式被符号化了,从而给孩子的理解和回应留下了更多的空间。

对于给孩子准备的和图画书有关的玩具,我们特别要注意一点,那就是物品的安全性。尤其是处于 0—3 岁的孩子,从心理学发展的角度,他们处于口唇期,也就是说,他们是处于用嘴巴来探索和认识世界的阶段。世界对于他们而言基本都是陌生的,而他们不会走路不会说话,他们如何探索世界了解自己身边的各种环境和各种物品呢? 他们就是靠自己的嘴巴! 所以家长们会发现,孩子什么东西都放进嘴里,其实他们不是为了吃,而是通过嘴巴来探究:这个东西是软的还是硬的? 是甜的还是酸的? 是光滑的还是粗糙的? 等等,通过嘴巴的啃咬,他们对于物品有了初步的认识,慢慢地不断积累经验,从而认知不断地得到发展。家长们可以观察,随着孩子慢慢长大,他不会再随便把什么东西都放进嘴里了,尤其是他啃咬过的东西,比如你给他香蕉,他会开心地放进嘴巴里吃;而你给他一块积木,他不会再放进嘴里了。因为这些东西他都啃咬过很多次了,现在已经明白香蕉可以放嘴里吃,而且味道很不错,而积木不仅不能吃,如果放嘴巴里咬的话还会痛的。但是对于他从未见过的新的事物,他依然要放进嘴巴里尝一尝。这一阶段的孩子,图画书对于他们来说,也是可以放进嘴巴里啃咬的。所以,无论是图画书还是和图画书有关的玩具,家长都要做好孩子把它们放进嘴巴里啃咬的准备,所以事前要做好消毒工作。

三、鼓励孩子以游戏的方式对阅读内容进行回应

和图画书有关的玩具仅仅是孩子把图书阅读变成更加具体的活动方式之一。当阅读引起了强烈的情感,角色扮演和身体的动作就成为孩子对图画书进行回应的一部分。很多时候,当故事进行到高潮的时候,当故事的矛盾强烈地冲突起来的时候,孩子会从一个听者变成一个游戏者的角色。他们运用自己的动作或者简短的语

言来回应故事。对于孩子来说,此时的游戏提供了把动作和语言结合一起来表现对故事的理解的机会。因此,成人在这个时候不要要求孩子一定要"使用语言"而不是动作来表达他们的思想和情感,而要鼓励孩子以游戏的方式对阅读内容进行回应。

从儿童心理发展的过程来看,0—6岁的孩子依然生活在想象世界中,对于低龄孩子而言,他们经常在想象世界和现实世界之间变换,常常分不清是现实还是自己的想象。尤其在图画书阅读过程中,这种现象非常普遍。我们常常会发现,在和孩子讲故事的时候,孩子会跟随故事中角色的喜悦而开心,会因为故事中角色的悲伤而哭泣,甚至在听到坏人做坏事的时候,会吓得躲进大人的怀中。对于幼儿阶段的孩子,他们也特别热衷于通过想象来对图画书的内容进行表达和表现,孩子会通过各种方式来回应图画书中的内容,如把自己想象成图画书中的某一角色进行表演,喜欢装扮成主人翁的样子,穿着形似的着装,把自己周围的环境想象成图画书中的某一场景来进行表演,乐在其中。其实孩子们的这种表现都是符合他们年龄发展特点的,正是因为孩子的这种心理状态,我们才鼓励孩子以游戏的方式对阅读内容进行回应。

(一) 我是主角

让孩子成为图画书中的一个角色,是以游戏的方式对阅读内容进行回应的一个非常重要的方式。这种方式非常便于操作,只要孩子有兴趣就可以实现;同时孩子在扮演图画书中角色的时候,对于图画书中角色的情绪或者行为会有更加深刻的理解和认知,会有利于孩子对于图画书内容的理解;最后,这样的方式会让孩子越来越喜欢阅读图画书,因为孩子会发现,图画书的阅读不是仅仅读书,而自己可以成为其中的一员,如此奇妙的一个世界怎么会有孩子不喜欢呢?!但是我们在和孩子一起玩"我是主角"的游戏时,要注意一点,那就是让孩子扮演图画书中的角色,要鼓励孩子自己去选择,不一定是主角,孩子喜欢哪个角色就做哪个角色。在孩子选定了角色后,一起阅读图画书的时候,到了孩子的角色部分时,请让孩子自己读出来,或者表演出来,不要固定方式,随孩子的兴趣即可。如果孩子有兴趣,他可以选择多个角色来扮演,可以一次性扮演几个角色,也可以每次扮演不同的角色。当然,如果孩子要求你和他一起来角色扮演,这样更利于孩子对于图画书阅读的兴趣,我们一定是责无旁贷啦。

比如图画书《月亮,生日快乐》讲了一个小熊和月亮的故事。有的孩子喜欢小熊,有的孩子喜欢月亮,无论做哪个角色,只要孩子喜欢,在阅读和游戏的时候开心快乐就可以了。

如果孩子喜欢扮演月亮,家长可以加以鼓励,对站在"远远地方"扮成月亮的孩子进行积极的认可,通过好玩的"回声"来重复和小熊的对话开展游戏;当然,家长也可以和孩子一起开展角色扮演游戏,如爸爸扮演远处的月亮,孩子扮演小熊,小熊可以通过动作模仿划过小河(摆动小手)、走过树林(客厅走动)、爬到高山上(爬到沙发上)等,当孩子模仿小熊每靠近一些时,爸爸就可以模仿月亮慢慢远离一些;孩子每模仿小熊说一句话时,爸爸就模仿月亮回应一句相同的话。在这样的角色扮演过程中,孩子对图画书的喜爱肯定非比寻常,也许孩子还会反复邀请爸爸妈妈陪着自己一起玩! 但需要注意的是,在角色扮演的时候,家长不要总是硬性指导孩子应该怎么做或者提醒孩子说什么,因为我们的目的不是孩子单纯地表演某个角色,而是让孩子通过角色扮演来体验图画书中人物所经历的以及所想象的。孩子的表演是否和图画书的内容完全一样不是我们关注的重点,我们关注的重点应该放在孩子是否通过角色扮演对于这本图画书有了更加浓厚的阅读兴趣,以及是否通过角色扮演对于图画书中的人物有了更深的体验。另外,从游戏的角度来说,总是打断孩子的游戏过程也无法让孩子获得完整的情绪体验,是不利于孩子的游戏发展的。

(二) 主角是我

"我是主角"其实是一种角色扮演游戏,是让孩子成为图画书中的角色。而"主角是我"则不是单纯的角色扮演游戏了,它让孩子成为图画书中的一部分! 所谓"主角是我",是把图画书中的主角的名字变成孩子的名字,把孩子变成故事的主角。只要碰到故事主角,都把它变成孩子的名字,孩子自然而然地走进故事里,成为主人公,去故事的世界里体验和徜徉。甚至还可以把孩子的玩具、朋友等等的名字都加到故事里面去,这样一部以孩子为主角的故事大戏就上演了。想一想,孩子听到这样的故事,会不会对这本图画书充满兴趣?!

比如《好饿的小蛇》,就会变成了《好饿的牵牵》,故事也变成了:

> 好饿的牵牵扭来扭去在散步,她发现了一个圆圆的苹果。你猜猜,好饿的牵牵会怎么样? 啊呜,咕咚,啊,真好吃!
>
> 第二天,好饿的牵牵扭来扭去在散步,她发现了一根黄色的香蕉。你猜猜,好饿的牵牵会怎么样? 啊呜,咕咚,啊,真好吃!
>
> 第三天,好饿的牵牵扭来扭去在散步,她发现了一个三角形的饭团。你猜猜,好饿的牵牵会怎么样? 啊呜,咕咚,啊,真好吃!
>
> 第四天,好饿的牵牵扭来扭去在散步,她发现了一串紫色的葡萄。你猜猜,好饿的牵牵会怎么样? 啊呜,咕咚,啊,真好吃!
>
> 第五天,好饿的牵牵扭来扭去在散步,她发现了一个带刺的菠萝。你猜猜,好饿的牵牵会怎么样? 啊呜,咕咚,啊,真好吃!
>
> 第六天,好饿的牵牵扭来扭去又在散步,这回,她发现了一棵结满红苹果的树。你猜猜,好饿的牵牵会怎么样? 扭来扭去爬上树,然后,啊,张开大嘴,还是咕咚!

这样的故事,孩子的兴趣是不是会爆棚?这样的故事,孩子会不会很有兴趣和你一起去阅读?那么在阅读这样的图画书的时候,孩子一定是手舞足蹈,开心至极的。如果我们每次阅读都能让孩子充满兴趣和快乐,还用担心孩子最终不会变成一个真正的阅读者吗!

(三) 我是导演

根据图画书的内容,准备好图画书中的有关玩具。和孩子一起,利用这些玩具和道具来把图画书的内容表现出来。场景如何布置,角色如何分配,何时出场,台词如何,都由孩子做主,因为"我是导演"。鼓励孩子突破图画书的既有内容,可以进行改编,也可以为图画书增加"前传"或者"后传"。总之,导演想干嘛就干嘛,没什么不能做的。在这一过程中,家长要做的,就是为孩子的导演工作提供支持和帮助,在孩子面对困难的时候,适当地提供解决方案。但是切忌包办代替,因为孩子是导演。

"我是导演"的这种回应方式,比较适合于年龄在2—6岁的孩子,因为这一年龄段的孩子已经有了自我的一些想法,也有了一定的语言表达能力。还是以《好饿的小蛇》为例,家长可以和孩子一起来玩"我是导演"的游戏。在玩这个游戏的时候,可以提供多于图画书中出现的水果和食物,这样可以给孩子更多的想象空间。和孩子商量小蛇的名字是什么,可以是孩子自己,也可以是爸爸妈妈或者其他人;让孩子来安排小蛇扭来扭去发现了什么,可以按照图画书中的内容顺序,也可以随意想象任意发挥。比如"第一天,小蛇扭来扭去在散步,发现了一个黄黄的大石榴,啊呜,咕咚,啊,真好吃!"随便孩子如何演绎这本图画书。孩子在这种演绎的过程中,一定玩得不亦说乎,孩子的这种愉悦的体验会移情到图画书上,让他越来越喜欢图画书,越来越喜欢阅读。

我们之所以鼓励以游戏的方式对阅读内容进行回应,是因为在游戏中,孩子对故事内容的理解会变得相对容易。首先,在游戏中,孩子通过语言、动作、感觉、服装以及场景等进入故事的世界,这种多感官的经验为理解故事内容和故事中角色提供了新的契机。其次,在游戏中,孩子可以"放慢"他们在故事阅读中的进程,这样他们就可以"重游"自己在故事阅读中有疑问的地方。最后,因为游戏中有其他人的参与,孩子可以对于他们关于故事的想法得到不同的反馈。

四、鼓励孩子把阅读内容以各种游戏形式表现出来

所谓各种游戏形式,不仅仅是孩子的角色游戏,还可以是上述所说的表演游戏、结构游戏,可以是在适宜主题图画书背景中融入的运动游戏、音乐游戏,可以是对故事的续编、仿编和创编的活动,还可以是通过手工等游戏方式进行的表达表现等;可以是在阅读当中即兴的表现,也可以是阅读结束后经过准备的表现;可以是语言的

表现,也可以是动作的表现。对于 0—1 岁的婴儿来说,我们依然可以鼓励他们对于阅读内容的表现。总之,成人对于孩子的各种形式的表现要提供资源支持和精神鼓励,因为孩子在以自己的方式表现阅读内容的时候,就是阅读和游戏达到最佳结合的时候。

(一) 玩偶游戏

对于 0—2 岁的孩子来说,他们的游戏以感觉运动游戏为主。孩子游戏时需要具体形象的物品,孩子需要直接体验和感知,才能够获得愉悦的体验。1 岁半左右的孩子尤其表现出特别喜欢玩偶的特点,家里如果有毛茸茸的玩偶,孩子每次拿到玩偶之际,就会特别开心地接过去抱紧它,有时候甚至会亲亲它,并且笑出声来。因此,利用玩偶进行游戏是非常适合这个年龄段孩子的。

比如图画书《抱抱》基本可以算是一本无字图画书,整本图画书中只有"宝宝,抱抱,妈妈"这三个词,但是这样的图画书就非常适合 0—3 岁甚至更小的婴儿来阅读,他们的图画书阅读重点是图画(这在第二章有具体的讲述),他们通过图画的阅读,来了解图画书的内容。我们可以在和孩子一起阅读图画书的时候,和孩子一起玩"玩偶游戏"。在看到画面上有抱抱的时候,让孩子也来抱一抱他们,通过这样的动作来理解抱抱的意义,同时这样的游戏也会大大增加孩子阅读图画书的兴趣。在阅读图画书《拔呀拔呀拔萝卜》时,可以准备小妞妞、小花猫、小老鼠等玩偶,和孩子一起利用这些玩偶玩拔萝卜的游戏。玩过这样的游戏后,再抱着孩子一起阅读这本图画书,孩子一定会很有兴趣!

(二) 手指游戏

顾名思义,手指游戏是利用手指进行的游戏。手指游戏需要协调双手动作变化,嘴巴里还要说,眼睛要跟着看,因此手指游戏对于孩子专注力的培养非常有帮助。特别对于 0—6 岁的孩子来说,手部小肌肉的锻炼非常重要,手的练习又会促进大脑的开发,而手指游戏不需要什么特别的道具,因此是一种特别适合亲子一起游戏的类型。手指游戏有以下几种不同的玩法。

1. 直接用手指做动作游戏

适合婴幼儿阅读的图画书有些是儿歌集,其中的儿歌有些可以借助手指游戏来和孩子一起玩一玩。

儿歌《手指宝宝做运动》

一个手指点点点(伸出一个手指点宝宝)

两个手指敲敲敲(伸出两个手指在宝宝身上轻轻敲)

三个手指捏捏捏(伸出三个手指在宝宝身上轻轻捏)

四个手指挠挠挠(伸出四个手指在宝宝身上挠一挠)

五个手指拍拍拍（双手对拍）

儿歌《萤火虫》

萤火虫，打灯笼（大拇指和另外四个手指对对齐，打开合上打开合上）

一飞飞到半空中（手指挥向空中，摆一摆）

亮又亮，明又明（大拇指和另外四个手指对对齐，向左转，向右转）

漫天飞舞小星星（大拇指和四个手指一起打开）

2. 在手指上画画玩游戏

利用手指头的形状，可以在上面画小人，也可以画小动物，一般是画脸部特征。这样手指就变成了会动的小人或者小动物，就可以结合图画书的内容和孩子一起玩起来了。比如《五只小猴床上跳》，可以把五个手指都画上小猴的样子，然后用手指来玩小猴床上跳的游戏，每一只摔下床，就把一个手指闭起来。这个游戏看似简单，但是对手部肌肉正发育中的小宝宝们来说，要想熟练操控手指还是很有难度的呢！

3. 给手指做装饰玩游戏

除了在手指上画画外，还可以给小人做个小帽子，穿条小裙子，让手指人或者手指动物更加逼真，更容易增加孩子的兴趣和吸引孩子的注意力。比如图画书《鼠小弟》，可以把一个大拇指打扮成鼠小弟：在手指上画好老鼠的眉眼胡子外，在手指背面贴上一条细细的小尾巴，还可以给他戴上一顶小帽子；把另一个大拇指打扮成鼠小妹，给她穿条小裙子，这样就可以边读图画书，边玩游戏啦！

（三）运动游戏

孩子从婴幼儿时期开始，便不断发展各种肢体运动能力，从抬头、翻身，到坐、爬、行走，再到后阶段的跑跳、投掷、攀登，无一不体现着孩子肢体动作、运动能力的发展，儿童肢体动作发展的需求需在各种动作综合作用下得到满足。婴幼儿时期的孩子也尤其喜欢通过动一动、玩一玩来满足自己的动作发展需求。那么对于某些特殊题材的图画书，我们不妨带孩子来玩玩运动小游戏。如图画书《快出来快出来》描绘的是各种小动物"藏起来"后又通过自己的方式"出现"的故事：青蛙"蹦蹦蹦"地出现，小蛇"呲溜呲溜"地出现……那么在阅读该图画书后，家长就可以带着孩子一起通过各种动作来模仿小动物们出现的场景，比如说到"小鸭小鸭嘎嘎嘎"时，可以模仿小鸭子摆动身体向前行走；说到"小兔小兔蹦蹦蹦"时，可以模仿小兔子双脚并拢向前跳。当然，还可以结合孩子的经验进行添加，比如添加"小猫小猫静悄悄"，可以带着孩子模仿小猫轻轻走路的样子……

除了大肢体的运动游戏外，有的图画书内容也可以融入手部精细动作游戏，如图画书《打开打开》，描绘的是打开每个盒子后出现不同物品的内容。家长每次在和孩子说"打开打开"时,孩子就会特别期待见到盒子打开后的物品,当真的看到物品后,孩子会表现出格外的惊喜。像此类型的图画书,家长就可以在家里给孩子准备不同大小、不同形状、不同材质的盒子,里面放置适宜大小的物品,和孩子一起玩玩"打开打开"的游戏。此时游戏的过程就是提高孩子精细动作发展的过程,也是孩子对图画书的内容深入理解的过程。在这样的游戏中,孩子便明白了"打开"这个动作的真正含义。

(四) 角色游戏

我们前面说过,0—6岁孩子的游戏基本有两种类型:一种是感觉运动游戏,主要出现在0—2岁的孩子身上;另一种是象征性游戏,在孩子2岁左右的时候开始出现,而象征性游戏主要就是以角色游戏的形式表现出来。因此角色游戏更加适合2—6岁的孩子。角色游戏的使用范围很广泛,一般的适合这个年龄段阅读的图画书,特别是故事性的图画书,都可以鼓励孩子使用角色游戏的方式来表现图画书的内容。

角色游戏可以很简单地进行,就是不需要任何的道具或者其他材料,直接让孩子扮演其中的一个角色,或者家长和孩子分别扮演其中的角色,模仿角色的语气和语调,以及角色的动作,把图画书的内容呈现出来。这样的角色游戏只要在和孩子一起阅读图画书的时候都可以进行,没有什么条件的限制。就如同前所述图画书《米菲住院》的例子,孩子或爸爸妈妈都可以来扮演生病的米菲兔或医生,孩子在角色扮演的过程中,会再现自己去医院看病的经验,通过米菲兔对医院的态度转变,孩子也会在积极的角色扮演中体会到医生对病人的关注,甚至知晓身体健康的重要性。在此过程中,孩子通过角色扮演,巩固并拓展了自己对于"医生"或"病人"这个角色的认识。这样的过程能帮助孩子进一步理解图画书的内容,也更容易引发孩子对图画书阅读的兴趣,培养孩子图画书阅读的习惯。

(五) 表演游戏

相较角色游戏而言,表演游戏在材料和道具上显得稍微复杂一些,但它却是3—6岁幼儿尤为喜欢的一种游戏形式。很多故事、童话类图画书,都比较适合孩子进行表演。家长可以和孩子一起,根据自己的需要选定一个喜欢的角色,并根据图画书的内容,准备一些道具甚至是布景,在此基础上进行服装、头饰上的装扮,通过表情、语言、动作表演故事中的情境。如图画书《彩虹色的花》,就可以通过简单的环境布置、动物头饰等道具,表演小动物们和彩虹色的花发生的故事:积雪融化,原野上开出一朵彩虹色的花,小蚂蚁路过……通过栩栩如生的表演,将故事从静态的平面图画书拓展至精彩纷呈的表演中,如此,孩子对故事发生发展的过程将理解得更加深入和透彻。

(六) 结构游戏

结构游戏也是象征性游戏的表现形式之一,对于学龄前儿童而言,他们特别喜欢操作摆弄。结构游戏的材料运用是多元的,游戏过程中儿童通过各种材料进行建构或构造,融入想象、创造性地表现生活及图画书中的场景或事物,它具有很强的操作性,深受儿童的喜欢。因此在阅读图画书的过程中,如能和孩子一同通过结构游戏的方式进行表现,孩子对图画书必定会更加喜爱。如《移动的积木》就是一本通过五彩斑斓的积木,不断组合变换图形,展现出"海陆空"各种交通工具的图画书,极具想象力和创造力。如果孩子在阅读图画书后有机会和爸爸一起用自家的积木也来操作摆弄一番,通过观察和比较,并融合自己的生活经验及想象摆出各种事物,那将会是怎样的积极体验啊! 孩子在感受积木移动的奇妙变化和无穷乐趣后,一定会对该图画书有全新的感知。

(七) 续编、仿编和创编

一本图画书读完了,虽然孩子年龄很小,但是依然可以和孩子简单讨论一下,和孩子一起把图画书中的故事继续编下去,或者仿照故事的人物情节,重新编一个故事;对于孩子特别喜欢、有兴趣的图画书,还可以和孩子一起创编故事。当然,这种表现形式对于孩子的认知发展和语言都有一定的要求,因此从0—6岁的年龄段来说,这种表现形式对于3—6岁的孩子更适合些。我们以《好饿的小蛇》为例,看看如何进行续编、仿编和创编。

《好饿的小蛇》的故事内容如下:

> 好饿的小蛇扭来扭去在散步,她发现了一个圆圆的苹果。你猜猜,好饿的小蛇会怎么样? 啊呜,咕咚,啊,真好吃!
>
> 第二天,好饿的小蛇扭来扭去在散步,她发现了一根黄色的香蕉。你猜猜,好饿的小蛇会怎么样? 啊呜,咕咚,啊,真好吃!
>
> 第三天,好饿的小蛇扭来扭去在散步,她发现了一个三角形的饭团。你猜猜,好饿的小蛇会怎么样? 啊呜,咕咚,啊,真好吃!
>
> 第四天,好饿的小蛇扭来扭去在散步,她发现了一串紫色的葡萄。你猜猜,好饿的小蛇会怎么样? 啊呜,咕咚,啊,真好吃!
>
> 第五天,好饿的小蛇扭来扭去在散步,她发现了一个带刺的菠萝。你猜猜,好饿的小蛇会怎么样? 啊呜,咕咚,啊,真好吃!
>
> 第六天,好饿的小蛇扭来扭去又在散步,这回,她发现了一棵结满红苹果的树。你猜猜,好饿的小蛇会怎么样? 扭来扭去爬上树,然后,啊,张开大嘴,还是咕咚!

我们可以这样续编:

> 第七天,好饿的小蛇扭来扭去在散步,她发现了一包脆脆的薯条。你猜猜,好饿的小蛇会怎么样? 啊呜,咕咚,啊,真好吃!
>
> 第八天,好饿的小蛇扭来扭去在散步,她发现了一个臭臭的榴莲。你猜猜,好饿的小蛇会怎么样? 啊呜,咕咚,啊,真好吃!

我们可以从以下三个方面对这个故事进行仿编:

> 时间:星期一,星期二;一点钟,两点钟;早上,中午,晚上;春天,夏天,秋天,冬天
>
> 食物:酸酸的李子;爱心形状的寿司;长满刺的榴莲
>
> 主角:小狗;小兔;大老虎

我们还可以这样创编:

> 小蛇吃掉苹果后,小蛇变成了一棵苹果树。小鸟飞来了,衔来了很多的树枝,在苹果树上做了一个温暖的鸟窝,小鸟打算在鸟窝里抚育鸟宝宝呢! 小蛇很善良,不愿意打扰鸟宝宝,好在他吃了一树的苹果,于是他就开始冬眠了。等明年春天来了,鸟宝宝也长大了,就可以离开家啦! 小蛇也可以继续扭来扭去散步啦!

总而言之,游戏的形式非常多元,除了上述介绍的几类游戏外,也可以在阅读前后积极尝试融入音乐游戏等形式。这里特别需要说明的是,上述介绍的各类游戏并不是孤立、单一存在的,很多类型的图画书可以通过两种甚至多种游戏的综合运用,来帮助孩子进一步感知、理解图画书想要传递的内容。总而言之,游戏在孩子的发展中扮演着非常重要的角色,而在孩子的早期阅读培养中游戏的角色更是不可忽视;一个富有阅读材料的游戏环境,加上富有支持性的家长的介入,是能够大大增加孩子阅读行为的出现频率的,同时也能提供以阅读为中心的智力过程的练习。在游戏的情景下,孩子可以实践各种智力上的技能,同样这也是阅读所需要的。

当然,在孩子的游戏阅读教育中,家长的参与不可或缺。家长和孩子一起阅读和书写其实也不是一种孤立的行为,而是作为在他们的家庭和社区中和家人与朋友的社会性行为。因此,与阅读有关的活动经常发生在与其他人互动的文化背景中。对于孩子来说,这些活动更可能是谈话、画画或者是游戏。因此在指导孩子的游戏

阅读时,家长需要考虑活动的安排和结构,这样孩子在参与游戏阅读活动时才能既在孩子的适当的发展水平上,又有挑战性。同时家长的参与程度应该是动态的,要在认识到孩子能力的基础上不断地调整参与的程度。

最后,我们要特别说明一点,那就是游戏识字不等同于游戏化阅读。目前国内存在的种种"游戏识字",其实质是假借游戏的名目,对学前孩子进行识字教学,是以认识汉字为目的的一种做法。那些游戏识字中的所谓游戏,并非真正意义上的游戏,跟孩子自发和快乐的游戏基本上没有任何关系。它是为识字服务的,只是孩子识字的基本途径和方法,注重的只是识字的结果,完全背离了孩子游戏的本来意义。而游戏化阅读则拥有完全不同的概念内涵。游戏化阅读的目标是培养孩子的自主阅读能力,在符合孩子学习特点的游戏中培养孩子的早期阅读行为。在这里,游戏不是为了识字,游戏成了发展孩子阅读能力的一种载体,游戏依然保持着它的注重过程和愉悦体验的本质。将阅读和游戏有效地结合起来,就是游戏化阅读根本上有别于游戏识字的特征。

第十章／
支持儿童自主阅读能力成长的指导策略

高晓妹

阅读是学习的基础。国际上一些长期追踪的研究表明，那些在小学三年级阅读方面的差生，一般都会成为高中阶段成绩很差的学生，许多人甚至可能无法从高中毕业。人的阅读能力往往决定了他的学业成就，同时也是这个人未来成功从事各项工作的基本条件。因而，阅读能力在人的发展中的价值越来越被重视，被视作当今社会人们获得成功的基础，阅读能力的培养也成为阅读教育中最核心的价值所在。对于3～6岁儿童的阅读教育来说，最重要的就是培养他们的自主阅读能力。

第一节　3—6 岁儿童自主阅读能力的基本内涵

　　研究表明,人主要的阅读能力是在 3—8 岁之间形成的。人的阅读发展大致可分为两个层面,即获得阅读能力的学习和通过阅读获取信息的方法能力的学习。一般来说,8 岁以前的儿童应当掌握的是基本阅读能力,而他们在 8 岁以后就可以通过这些基本阅读能力去进一步形成获取信息的方法技能,即通过阅读获取信息的能力,从而去学习各学科知识。简单地说,当儿童能够通过阅读学习独立思考、解决问题时,他们才有良好的在校学习适应性与学业成就,才具备个人终身学习的倾向与能力。因此,研究结果告诉我们,3—8 岁是儿童学习基本阅读能力的关键期,家长和老师要切实把握这个发展儿童阅读能力的时机。

　　研究还指出,在儿童 3—8 岁期间,我们要帮助他们奠定的基本阅读能力,是自主阅读的意识与技能。在这个阶段,孩子的口头语言发展速度惊人,同时开始认识符号、声音与意义的关联性,学习如何看待一张纸、一本书,尝试用自己所学的语言解释周围生活中的所见所闻。唯有成为自主阅读者,儿童才算真正具备了基本的阅读能力,这是近年来儿童自主阅读在全世界都受到重视的根本原因。

　　儿童的自主阅读能力不是天生具备的。他们自主阅读能力的发展,有其形成过程与规律,在他们的自主阅读能力成长的历程中,需要父母师长的正确引导与温暖陪伴。因此,目前国际范围内普遍认为,儿童自主阅读能力的培养应当从出生开始,而父母在其中起着至关重要的作用。我们甚至可以说,孩子是否能够形成自主阅读能力,很大程度上取决于其父母对于孩子阅读的重视程度以及在孩子阅读过程中的陪伴和指导。那么,我们应该帮助孩子形成的自主阅读能力具体是指什么呢?

　　为了回答这个问题,我们先来看一看美国国家研究院早期阅读教育委员会在整合提炼了过去 20 多年已有研究成果信息的基础上,对于一个熟练的英语阅读者,提出的应当具有的三个方面的主要技能:(1)认读文字,即通过语音规则的联结来认读对应的文字的能力;(2)理解语意,即运用已有知识、口语词汇和综合认知策略来理解文字意义的能力;(3)流畅阅读,即能够流利地认读文字从而理解阅读内容并保持阅读的趣味性。

　　有研究者在研究儿童阅读困难的过程中发现,对儿童阅读能力来说,有三个方面的能力是至关重要的。一是儿童在阅读过程中的语音敏感性，这个能力帮助儿童将认读的书面符号与他获得的口语对应起来，产生意义上的联系，从而习得具体的字词；二是儿童在阅读过程中的语法敏感性，这个能力有助于儿童理解语句的意思，在书面语言的阅读和写作中使用正确的方式；三是阅读过程中的工作记忆能力，这个方面的能力可以支持儿童掌握阅读信息。这些发现，也在中文广东话儿童的相应研究中得到验证，说明了不同语种的儿童阅读有一些共同核心能力的存在。此外，也有一些研究者认为，一个好的学习者需要逐步地养成诸如反思、预期、质疑和假设等元认知技能，这将有利于他们成为成功的阅读者。

基于这样的看法，我们认为对儿童阅读学习至关重要的自主阅读能力应该是包括以下四个方面。

（1）口语的丰富性以及对语音的敏感性。根据儿童心理学的研究，孩子在 3 岁时基本习得母语。这时习得的母语基本是指口语，也就是说孩子在 3 岁左右的时候基本可以用语言和爸爸妈妈等亲近的人以及周围的人进行交流，这种交流基本上可以涵盖孩子日常生活中的各个方面。但是习得了口语不代表孩子的口语足够丰富。什么是口语的丰富性呢？举个简单的例子，孩子都喜欢玩皮球，不同的孩子在表达对自己球的所有权的时候方式不同。有的孩子会直接紧紧地抱着球，不发一言；有的孩子则会同时说"球，球，球"；还有的孩子会说"我的，我的"；有的孩子会指着球说"我的球是红色的，这是我的球"；等等。从孩子们这些不同的表现，我们可以发现，虽然这些孩子的表达方式我们都可以理解，但前提是在一定的情境当中，不然就会出现误解。只有最后那个孩子的语言表达相对而言比较完整，即使脱离情境，我们也可以理解他的意思。从这些孩子的语言表达上，我们可以看出他们的语言表达水平有高有低，也可以看出口语的丰富性处于不同的水平。孩子口语的丰富性，有时候我们也可以说口语的质量，决定了儿童在看到书面文字的时候能否将之与所听到的口语字词对应起来，或者听到所说的话又能否将之用书面语言表达出来。毫无疑问，这是儿童学习阅读的基本能力。

（2）学习并欣赏书面语言符号的意识和动机。儿童对书面语言的兴趣和知识，是通过自身的经验而建立起来的。在日常生活中，孩子会有很多机会接触到书面语言符号。比如，居住小区的名字、门牌号码；附近超市的名字，货架上商品的名称和价格等；马路上的各种交通标志、商店的名字以及促销广告等，这些都是书面语言符号。每天的耳濡目染，孩子自然而然地会习得很多书面语言符号的知识。而孩子获得书面语言符号经验的最重要的一个途径，就是图画书阅读。在学前阶段，儿童需要拥有自己的书，需要有自己随时可以取到翻阅的图书，需要有人给他们讲述和朗读书上的内容，还要有机会经常看到别人阅读和写字。通过这样一些互动的过程，儿童可以理解书面语言的价值意义，同时建立起热爱阅读的情感动机，这也是为成为一个好的阅读者所作的必要准备。

（3）儿童对文字的敏感性和有关文字的知识。什么是对文字的敏感性呢？符号和文字在书写表现形式上有着独特性，理解文字在形式上的独特性是儿童对文字敏感性的表现，也是儿童辨析、识认汉字的基础。比如知道文字与图画和其他视觉符号是有区别的；知道汉字是方块字，由部件构成等等。那么什么是有关文字的知识呢？比如知道文字与符号能够表达一定的意义；知道文字有记录作用，能够将口头语言或意义记录下来；理解文字与符号跟口头语言之间的对应关系。孩子对文字的敏感性以及有关文字的知识有助于儿童对学习阅读产生兴趣并比较快地学习书面语言。

（4）支持阅读理解的基本的阅读策略技能。学前儿童只是一个初步的阅读者，即使是识了不少字的幼儿，那些被人们视为所谓神童的能够读报纸的幼儿，也称不上是一个流畅的阅读者，因为他们对阅读内容并没有也不可能真正地理解。要成为一个流畅的阅读者，需要各个方面的准备，其中最为重要的是整合阅读内容的阅读策略准备，这是学前阶段儿童需要学习的，也是他们自主阅读能力的重要组成部分。在理解阅读内容时产生作用的阅读策略技能主要有反思、预期、质疑和假设四种。

第二节　儿童自主阅读能力培育的指导原则

在对儿童的自主阅读能力有了基本的了解之后,那么如何提升孩子的自主阅读能力发展呢? 前文我们已经说过,家长在其中起着至关重要的作用。因此,家长在和孩子一起阅读的过程中,务必关注以下几个指导原则。

一、支持孩子语言的个性化需要

孩子口语的丰富性和语音敏感性是孩子阅读能力之一。我们认同孩子的语言发展既有人类语言的一般规律,又有非常明显的个别差异,因而就要给每一个孩子提供符合个别需要的教育机会。亲子阅读就是一个非常重要的途径。

那么,爸爸妈妈如何在亲子阅读过程中支持孩子语言学习的个别需要呢? 中国地域辽阔,生活在不同地区的人说着不同的语言,也就是我们说的方言。孩子们都要学习普通话,但是很多普通话的发音的确受到方言发音的影响,比如南京的孩子平舌音和翘舌音常常分不清楚,比如东北的孩子常常 zh 和 z 分不清楚。那么自己的孩子在学习说话的过程中,总会出现这样那样的问题,特别是语音语调方面的问题,爸爸妈妈们就可以利用图画书阅读帮助孩子解决个性化的问题。曾经有一个小男孩,他在升入中班时,非常骄傲地说:"我现在是大的的(哥哥)了!"他在语音上出现的问题就是"d"和"g"分不清楚。如果你只是简单地让他跟着你说"哥哥",不是"的的",恐怕最终的结果是他没有矫正过来,而你已经崩溃了。其实最简单的方法就是找一本图画书,当然里面含有比较多的带有声母"g"的词,和他一起阅读,或者大声地朗读,他的这个发音问题自然而然就可以妥善解决了。

所以爸爸妈妈们需要建立一个基本的习惯,那就是要对自己孩子在学说话过程中出现的问题比较敏感,并在日常活动中注意观察孩子的语言。根据孩子的语言情况,选择相应的图画书和孩子一起阅读,在阅读的过程中,对于发音的问题采取自然而然的引导,或者大声地朗读,让孩子获得更适合也更多的学习机会。所以我们说孩子的语言学习具有个别化的特点,家长与孩子的个别交流对孩子的语言发展具有特殊意义。

二、支持孩子开放且平等的阅读

儿童语言学习是开放而平等的学习。家长和孩子要构造愉快学习和交流过程的共同体。在阅读过程中孩子和家长的关系是合作学习者的关系，而非上对下的关系。当孩子有权利去作自我选择的时候，学习的效果会最好。

所谓开放且平等的阅读，是指在和孩子的阅读中，无论从阅读开始时对图画书的选取，还是阅读中节奏的快慢，甚至是对于阅读内容的讨论，成人或者家长都应该有一种开放的心态，给孩子平等的选择权利和机会，让孩子可以自主地进行他想要进行的阅读，而不是成人想要他进行的阅读。

对于3—6岁的孩子来说，他们对于图画书的阅读已经越来越会关注图画书中的文字，这是孩子自主阅读的发展规律。我们要遵循孩子自主阅读的发展规律，但这并不代表成人就无所作为。在这种开放且平等的阅读环境中，如果孩子只关注图画，那么成人除了要引导孩子关注图画中的关键信息，以帮助孩子更好地理解图画书的内容外，也要有意识地引导孩子看一看其中的文字，在孩子阅读完图画后，请孩子说一说这页图画上讲述了什么内容，然后把文字部分读给孩子听一听，让孩子体验一下书中文字是不是更加简练、精确地表述了图画的内容。如果孩子更多地关注文字而忽略了对图画部分的阅读，那么成人也不要生硬地要求孩子去看图画，而是问问孩子文字部分说了什么，是什么意思。然后让孩子去找一找和文字部分相联系的图画部分的内容，帮助孩子在文字和图画之间建立联系，让孩子逐步理解文字和图画一样，都是表达思想的一种方式，不断增加孩子对文字符号探究的兴趣。

三、支持孩子的自主性阅读

我们鼓励家长陪伴孩子一起阅读，但是陪伴阅读不代表家长要给孩子一页一页地讲解图画书的内容，或者一边讲解内容，一边提问让孩子回答。我们要清楚，我们最终是要培养一个成熟的阅读者，而一个成熟的阅读者首先是一个独立的阅读者。所以，爸爸妈妈们在和孩子一起阅读图画书的时候，要有意识地鼓励孩子独立阅读，随着孩子年龄的增长，随着孩子阅读经验的丰富，逐渐由合作的阅读者，向支持性的阅读者过渡。在孩子的自主阅读中，鼓励孩子思考并表达自己的观点，引导孩子在阅读过程中使用反思、预期、质疑和假设等基本的阅读策略，从而提升阅读的质量和水平。

反思的阅读策略是指在听故事看图书的过程中，对故事里所发生的事情，对故事的人物进行种种思考。比如这件事、这个人是这样吗？先怎样的，后来又怎么样的？听完故事或者看完图书之后，有对阅读内容的反思过程，将有利于孩子对阅读内容的理解。

预期的阅读策略是指在孩子积累了相当的听故事和阅读图书的经验之后，就有可能在听到或看到类似的内容时，对故事的事件发展和人物的取向作出推测。这样的预期能力，可以帮助孩子在未来的阅读学习中，比较快速地理解阅读内容。

质疑的阅读策略则是指在阅读理解过程中，还需要孩子有质疑阅读内容的经验。比如听完故事或者看完图书之后，问一问：为什么这个人会这样做？为什么这件事情会发生？养成思考为什么的习惯，有助于孩子在阅读时寻找到事件发生发展的某种原因，比较深入正确地理解阅读内容。

假设的阅读策略则是指听故事或者看图书之后，我们可以让幼儿假设：换一个条件或者情景，故事里的人或者动物会怎么样？事情会朝着什么样的方向发展？假如这样会如何，假如那样又怎么样？

反思、预期、质疑和假设这四种基本的阅读策略对于孩子的阅读理解能力的发展起到至关重要的作用，同时也是孩子成为一个独立的阅读者所不可或缺的条件。这些阅读技能的获得，可以将之推到未来书面语言的学习过程中去，将会对他们未来的阅读和写作产生极好的作用。

第三节　支持儿童自主阅读能力成长的指导措施

现在，很多家长已经认识到阅读的重要性，也愿意给孩子买图画书，但是，对于在阅读时如何支持孩子自主阅读能力的成长还是一头雾水，无所适从。比如很多家长自身没有正确良好的阅读习惯，给孩子买了书就认为自己的任务已完成，把书丢给孩子让他自己去读就行了；也有些家长会陪伴孩子一起阅读，但是偏重知识的灌输及技巧的训练；还有些亲子阅读既无目的，又无计划，过于随意。这些做法不但不利于激发孩子对于阅读的兴趣，提升孩子的阅读能力，还有可能让孩子讨厌读书，延误阅读，导致不可挽回的后果。那么，在亲子共读的过程中，家长如何做才能给孩子提供支持，以使得孩子的自主阅读能力得到发展和提升呢？我们认为家长至少需要做到三点：一是创设支持性的阅读环境；二是鼓励针对图画书内容的对话和讨论；三是让孩子成为亲子阅读的发起者和主导人。

一、创设支持性的家庭阅读环境

对于学前儿童来说，首先要让孩子喜欢图画书，喜欢阅读图画书。因为只有孩子喜欢了，只有孩子通过阅读获得快乐了，家长才可能帮助孩子形成好的阅读习惯以及相应的阅读能力。阅读环境分为物理环境和心理环境两种。安静的角落，温馨的氛围创设都属于物理环境，而爸爸妈妈和孩子一起阅读带给孩子心理上的舒适和愉悦感就属于一种心理环境。特别是在亲子阅读过程中，爸爸妈妈负责而认真地对孩子在图画书阅读过程中产生的各种需求和行为作出积极反应，是一种更加重要的心理环境。家长的责任和义务在于鼓励孩子阅读图画书，提高孩子对阅读的兴趣，这对于孩子成为一个积极的阅读者具有非常重要的意义和价值。所以，在亲子阅读中，为孩子提供支持性的家庭阅读环境是支持孩子发展自主阅读能力的前提条件。

有时候，孩子自己会拿出一本书安静地阅读，但是还有很多时候，孩子需要爸爸妈妈陪他一起阅读。年龄越小的孩子，主动要求爸爸妈妈陪他阅读的时候越多；而五六岁的孩子，特别是那些已经有了不短时间的阅读经历并有了相应的阅读经验后的孩子，貌似可以独立阅读图画书了，但其实依然需要爸爸妈妈陪伴他阅读。因为爸爸妈妈的陪伴,可以带给孩子一个舒适、愉悦和安全的心理环境,而这种心理上的安全感会引发孩子对图画书阅读的兴趣,能增加孩子图画书的阅读时间,并有助于孩子形成良好的阅读习惯。

很多家长会觉得,偶尔陪孩子阅读图画书不难,但是要做到每天都陪孩子阅读图画书还是有很大难度的。毕竟现在大部分的家庭都需要爸爸妈妈去上班,一天工作下来很辛苦,还有很多家长还需要在家里加班工作。那么如果是这样的情况,该怎么办呢?首先我们来理解一下陪伴的意义。陪伴,最基本的意思就是"在一起"。陪伴可以有很多层次:

(1)专业性地陪伴。家长一心一意地和孩子一起阅读图画书,并且和孩子是合作阅读的模式,在阅读过程中可以和孩子开展讨论和分析以及相应的活动,促进孩子阅读习惯的养成以及阅读能力的提升。

(2)全身心地陪伴。家长一心一意地和孩子一起阅读图画书,和孩子是合作阅读的模式,且做到每天至少30分钟,以及每天固定时间,比如睡觉前。

(3)认真地陪伴。家长一心一意地和孩子一起阅读图画书,但是无法做到每天或者固定时间。

(4)简单地陪伴。家长引导孩子阅读图画书,有时候和孩子一起阅读,但很多时候家长做自己的事情。

前面两种陪伴应该属于高质量的陪伴,对于孩子的阅读能力培养会起到非常大的支持作用。但是后两种陪伴可能是我们大多数家长在家里和孩子一起阅读的方式,或者说"简单地陪伴"的现象更加普遍。如果家长可以专业性地、全身心地陪伴孩子阅读图画书,并且能做到每日,做到固定时间,这当然是最好。不过,即使做不到这些,也可以做到一心一意地陪孩子一起阅读图画书。如果这些也做不到,对于能引导孩子阅读图画书,即使自己在工作或者做家务的家长也是要点赞的,因为至少家长有让孩子阅读的意识。只要有了这种意识,相信孩子会越来越进步,家长在陪伴方面也会做得越来越好。

创设支持性的家庭阅读环境,还包括家长作为支持者以及平等的交流者与幼儿互动。在这一过程中,家长重要的行为反应是"支持、鼓励、吸引幼儿与教师、同伴或其他人交谈,体验语言交流的乐趣……"这样,家长与孩子在阅读的过程中一起分享和协作,同时,家长也允许孩子通过不同方式探索如何使用语言,在幼儿有需求的时候及时给予指导和帮助。

二、鼓励针对图画书内容的对话和讨论

国外研究发现,在亲子共读中儿童参与阅读的方式对儿童词汇获得有显著影

响，母亲在亲子阅读中不同的指导方式和儿童的阅读成就相关。也就是说，不同的亲子共读行为、方式等会影响孩子早期阅读能力的发展。亲子共读不能停留在家长孩子同看一本书的层面，而需要爸爸妈妈和孩子在阅读中围绕图画书展开有效交流。

那么什么是有效的交流呢？爸爸妈妈在和孩子一起阅读图画书的时候，有效的交流要求一方面要关注孩子，另一个方面要关注图画书。其中关注孩子更重要。对孩子的关注包括以下两个方面：

（1）孩子是否专注于图画书的阅读？在阅读过程中，家长要随时注意孩子对图画书的反应，比如孩子是跟随着家长阅读的节奏，认真地观察画面内容，还是东看一眼西看一眼，无所事事地听着家长阅读图画书？又比如，家长可以根据儿童的表情和肢体动作来判断儿童对故事的理解程度，及时调整讲故事的语气和语调或改变讲故事的方式。如果孩子不专心，那么就可以停下来，弄清楚原因，是因为旁边有什么声音或者玩具干扰了孩子的注意力，还是因为图画书的内容不适合导致孩子没有兴趣。如果发现孩子没有兴趣阅读，那么最好停止，不要强迫孩子继续阅读下去，因为这样只会让孩子对阅读产生厌倦的心理，不利于长期阅读兴趣的培养。

（2）孩子是否愿意通过阅读文字获取图画书中的关键信息？有关学前儿童图画书阅读的眼动研究表明，学前儿童在阅读图画书时主要关注图画，很少关注文字。而对亲子阅读中亲子互动方式的研究结果表明，在亲子共读中，无论是通过语言还是手势，家长对文字的关注度也远远不够，家长总是倾向于利用图画和孩子交流。图画书由图画和文字共同构成，二者对于阅读都非常重要，对任何一方的忽视都会影响到阅读的质量和儿童阅读能力的发展。因此家长和儿童一起阅读图画书时，不能只阅读图画书的图画，也不能只对着图画书中的文字照本宣科，而是要通过阅读文字读出图画书中的关键信息。所谓图画书中的关键信息，是指图画书中最能帮助儿童理解故事内容的信息。不言而喻，从对故事意义的理解上来说，文字是图画书的灵魂，它蕴含了图画书中的关键信息。因此，在亲子阅读中，家长除了自己不能忽视图画书中的文字之外，还要有意识地引导儿童去关注图画书中的文字。家长对文字关注的目的不是教儿童识字，而是借助文字来帮助儿童建立对书面语言符号的敏感性，理解文字和图画的不同、文字在语言表达中的意义、口语和书面文字之间的对应关系等等。

图画书中的图画对于儿童而言也是一种理解世界的"语言"，图画语言是一种象征符号系统，它运用隐喻的方式传达意义，借助各种视觉艺术的要素传递出意念、情绪、抽象概念和格调等无法用语言直接传达的意味。因此，在儿童阅读图画书时，我们不仅要重视儿童对文字的敏感性，也要重视儿童对图画语言的理解和诠释。家长要指导孩子重视图画区域中最能反映文字所要讲述的故事内容的部分，即图画中的关键信息。孩子只有把图画书中的关键信息都阅读到了，才能准确理解故事内容。

除了关注孩子外，家长和孩子一起阅读时，还要注意孩子和图画书的关系，即图画书是孩子阅读的，孩子通过阅读图画书获得信息，获得阅读能力的提升。因此，非常重要的一点，就是还要围绕图画书的内容展开讨论和分析，特别是对于3—6岁的孩子来说，讨论非常重要。有质量的讨论具有以下三个方面的特点。

图 10-1　图画书《狮子和老鼠》

（1）从孩子的兴趣出发

很多优秀的图画书，文图精美，内容丰富，内涵深刻，有很多可以和孩子一起讨论的话题。比如图画书《狮子和老鼠》（图 10-1），故事的内容其实很简单：一头大狮子和一只小老鼠是邻居，狮子认为自己是最棒的、最强壮的，因此在小老鼠面前总是很傲慢。终于，小老鼠忍受不了而离开了这个骄傲的朋友。可是有一天，大狮子遇到了他害怕的东西——黑暗，他掉进了一个洞里。大狮子非常害怕，他大喊救命，喊小老鼠，他一个人待在漆黑漆黑的洞里，"我好想念小老鼠，可是他不在这里。真的对不起，小老鼠。不管你现在在哪里，我都要说对不起！"小老鼠听到了大狮子的求救声，跑来救出了大狮子。大狮子也明白了自己的问题，两个人成了真正的好朋友！

在这本图画书中，可以讨论这本书的主题——友谊的基础是平等，可以讨论什么是真正的好朋友，还可以讨论什么是恰当的说话方式。那么除了这些和内容以及内涵有关系的话题之外，还有可以讨论的话题吗？在和孩子一起读这本书的时候，笔者发现有个孩子对画面中的大狮子很感兴趣，他在研究了半天之后，对我说："你看，大狮子的头总是昂得高高的，鼻孔都翘到天上去了。"

果然啊，大狮子在向小老鼠炫耀自己的时候，总是头昂得高高的，鼻孔朝天！所以我们可以发现，其实孩子的观察是非常细微的，反而我们成人有时候会忽略这些其实孩子最感兴趣的细节。那么这样的话题可以讨论吗？当然可以，我们可以就孩子的这个兴趣点，去和孩子讨论：图画中大狮子的傲慢形象，画家是怎么体现出来的？我们还可以和孩子讨论：这样傲慢的人，别人会喜欢？等等。所以，在选取和孩子讨论的话题时，有一点请爸爸妈妈特别注意，那就是一定要选取孩子感兴趣的话题。千万不能是家长认为这个话题很重要、很有价值,即使孩子没兴趣也要"引导"(其实是逼)着孩子一起讨论,这样的讨论只能让孩子丧失讨论的兴趣,久而久之,对阅读也会逐渐失去兴趣,那我们就得不偿失了。

(2)关注孩子语言逻辑与表达

在选好一个孩子有兴趣的讨论主题之后,爸爸妈妈该怎么样推进和展开讨论,使得讨论的内容对于孩子阅读能力的提升有帮助呢?讨论中关注孩子的思维逻辑是非常重要的。比如图画书《停电以后》(图10-2),讲述了城市里一个普通的夏夜,大家都在家里忙忙碌碌地做着日常做的工作,妈妈在电脑前打字,爸爸在厨房里煮汤,姐姐在讲电话,妹妹想要找人陪她一起玩游戏,可是每个人都在忙着没有空理她。忽然,停电了!

图 10-2 图画书《停电以后》:楼顶上

很多孩子在阅读这本图画书的时候,对于停电以后发生的事情很感兴趣,因为这本书中讲述的内容和他们的生活经验非常接近,但是停电的经历对于他们是比较新鲜的,他们很喜欢去讨论发生了哪些有趣的事。爸爸妈妈在和孩子就这个话题进行讨论的时候,要注意逻辑结构:停电后到了屋顶上发生了什么事和停电后到了街上发生了什么事。也就是说,家长和孩子可以按照不同的地点(屋顶和街上)讨论,不要一会儿说说屋顶上发生了一件什么事,然后又说说大街上发生了一件什么事,而是要先选定一个地点,讨论在这个地点,发生了什么事情。

如图10-2,是停电后大家到了楼顶后,发生的有趣的事情:看到了平时没有注意的天空,星空点点,真是美丽!还有人在楼顶上吃烛光晚餐,有人在楼顶上唱歌,小朋友们在楼顶上玩游戏,等等。原来停电也不都是坏事,大家可以做很多平时不会做的事情呢!

图10-3是停电以后大街上发生的事情:消防员叔叔打开了消防栓,小朋友可以玩水纳凉;冰淇淋也免费提供给大家解暑;还有情侣弹着吉他在唱歌,多么温馨欢乐的场景啊!

我们在这里强调讨论的逻辑结构,是为了帮助孩子去理解图画书要表达的内容,帮助孩子去预期故事内容的后续发展,假设停电后还可以去哪里发现有趣的事情等,促进孩子阅读策略的形成。

图 10-3 图画书《停电以后》：大街上

讨论中关注孩子的语言表达也是非常重要的。促进孩子口语的丰富性是孩子基本阅读能力中重要的一方面，而讨论是促进孩子口语丰富性的一个主要途径。在讨论过程中，要多让孩子发表观点，多给孩子说话的机会，在孩子出现语言过于简单，过于口语化的情况时，家长要给予支持性的帮助。注意是支持性的帮助，不是包办代替，不是直接告诉孩子应该怎么说。比如，孩子在说大街上孩子们玩水这件事情的时候，如果孩子只是简单地说"小朋友在玩水"，这时候家长可以启发他："那水是从哪里来的呢？""为什么消防员叔叔会打开消防栓呢？""小朋友玩水的时候开心吗？你怎么知道的？"根据画面细节给孩子一些提示，引导孩子不断地丰富语言的表达，这样才是支持性的帮助，这样的帮助对于孩子的语言表达才会起到促进作用。

（3）关注阅读策略的运用

3—6岁的孩子只是一个初步的阅读者。即使是识了不少字的孩子，那些被人们称之为神童的能够读报纸的孩子，也算不上是一位流畅的阅读者，因为他们对阅读内容并没有也不可能真正地理解。要成为一个流畅的阅读者，需要各个方面的准备，其中最为重要的是整合阅读内容的阅读策略准备，这是学前阶段儿童，特别是3—6岁儿童需要学习的，也是他们自主阅读能力的组成部分。对于理解阅读内容时产生重要作用的阅读策略主要有反思、预期、质疑和假设。

比如图画书《打瞌睡的房子》，讲述了一个下雨天在一栋打瞌睡的房子里发生的故事。一个下着细细密密小雨的天气，安静得没有一点声音，连房子都在打瞌睡。房子里有一位老奶奶，一个小男孩，一只狗，一只猫，还有一只小老鼠，仔细看仔细看，那个桌子的陶罐上还有一个小小的跳蚤。他们在打瞌睡的房子里发生了什么有趣的故事呢？

原来，他们都在打瞌睡！

我们看一下下面连续的三页（图 10-4 至图 10-6）。

“打瞌睡的房子里有一张床。
温暖的床在打瞌睡的房子里，
房子里每个人都在睡觉。”

图 10-4　图画书《打瞌睡的房子》内页之一

“那张床上有一位老奶奶，打鼾的
老奶奶在温暖的床上，床在打瞌睡的
房子里，房子里每个人都在睡觉。”

图 10-5　图画书《打瞌睡的房子》内页之二

“那位老奶奶身上有一个小孩，
做梦的小孩在打鼾的老奶奶身上，
老奶奶在温暖的床上，
床在打瞌睡的房子里，
房子里每个人都在睡觉。”

图 10-6　图画书《打瞌睡的房子》内页之三

　　看了以上三页讲述的故事内容，你想一想下面会发生什么呢？（图 10-7，图 10-8）哦，小狗在伸懒腰了，小狗要跑到小孩身上了！是这样吗？这就是在引导孩子使用预期的阅读策略，根据故事发展的脉络，猜一猜下面会发生什么事情。

图 10-7　图画书《打瞌睡的房子》内页之四

看了这本图画书的都知道,猜对了! 小狗跑到了小孩身上,接着小猫又跑到了小狗的身上,连小老鼠也跑到了小猫身上! 真的吗? 真的吗? 老鼠不是怕猫吗? 老鼠敢跑到猫的身上去吗?(这就是质疑,鼓励孩子提出自己的疑问和问题,无论是针对故事内容,还是他由故事中的内容联想到他已有的相关经验。)

小老鼠真地跑到了小猫的身上哎! 你说说为什么小老鼠敢跑到小猫的身上呢?(因为小猫睡着啦! 哈哈! 因为小老鼠和小猫是好朋友,你看 Tom 和 Jerry 不就是好朋友吗?)

"呼呼大睡的老鼠在打盹儿的猫身上,

猫在昏昏欲睡的狗身上,

狗在做梦的小孩身上,

小孩在打鼾的老奶奶身上,

老奶奶在温暖的床上,

床在打瞌睡的房子里,

房子里每个人都在睡觉。"

-大家都在睡觉! 难道就这样一直睡下去吗?

-不会!

-不会? 那么后面会发生什么事情呢?

-会醒过来!

-真的吗? 那么怎么醒过来呢? 我看他们都睡得很香呢!

-打雷了,把他们吵醒了!

-哦,打雷,但是如果雷声不够大,吵不醒呢?

-床塌了!

-为什么床会塌呢?

-你看那么多都睡在床上,床都弯了!

-好像真的有点弯,那么我们接着看看到底他们醒了没有?

(这也是预期的阅读策略)

-哇,原来是跳蚤把大家吵醒啦! 哈哈,太有趣了!

如果没有跳蚤,会发生什么事呢?

假设一下,让孩子发挥想象力,编一个新的故事吧!

阅读的一个非常重要的功能是为了获取信息,不同策略的使用会提高信息获取的效率和质量,同时通过阅读促进儿童思维能力的发展。孩子在阅读过程中,会不断发展预期、质疑、反思和假设这四种基本阅读策略。阅读策略的使用情况对于判

图 10-8 图画书《打瞌睡的房子》内页之五

断一个人的阅读能力水平以及是不是一个成熟的阅读者都是非常重要的一个方面。家长在和孩子一起阅读的时候,一定要注意这些阅读策略的使用,并帮助孩子不断地丰富这些阅读策略的经验。

在阅读的讨论中,从孩子的兴趣角度选择话题,关注讨论中的逻辑结构,培养孩子反思、质疑、预期和假设的阅读策略;鼓励孩子大胆表达对故事的感受及想法,促进孩子口语表达的丰富性,这样的讨论质量高,这样的亲子共读互动质量好,能充分激发儿童的积极性和主动性,有助于儿童早期阅读能力的发展。

三、让孩子成为亲子阅读的发起者和主导人

3—6岁的孩子,自主性越来越强,这在图画书阅读中也体现出来。想想3岁前的孩子,阅读图画书的时候离不开爸爸妈妈的陪伴,主要靠爸爸妈妈讲解故事内容,无论是对话式阅读还是游戏式阅读抑或理解性阅读,爸爸妈妈在其中扮演着主导性的角色。但是,随着年龄的不断增加,孩子对于阅读哪本图画书,讨论什么话题,越来越有自己的主见。这是一件好事,爸爸妈妈一定要认识到孩子的这种变化和需求,在和孩子一起阅读的时候注意适应孩子的这种变化并给予满足。

(一) 做个"笨笨的"妈妈:倾听孩子的想法

孩子有时候会主动跑到你身边,和你讨论她看到的图画书的内容。有一次,女儿忽然跑到笔者身边,说:"妈妈,你知道苹果是怎么来的吗?"笔者马上就知道她看过了《你好,小苹果》这本图画书。当然,笔者没有说"你是看了《你好,小苹果》对吗?"因为,如果你这样说了,孩子要向你炫耀她的新本领的热情就被你一下子浇灭了,她要和你分享故事的兴趣也会消失不见。所以这时候,家长一定要装得笨笨的,

装作一无所知,并用充满渴望的眼神对孩子说:"苹果怎么来的? 不是树上结出来的吗? 难道还有什么特别的秘密吗?"孩子会非常得意地告诉你:"当然是树上结出来的,但是你知道怎么结出来的吗?""不知道哎!""那我来告诉你吧!""好啊好啊,快说吧!"(图 10 - 9)

图 10 - 9　图画书《你好,小苹果》

然后你就会听到孩子从苹果的种子在哪里可以发现讲起,什么时候把种子种到泥土里,种子在泥土里会发生什么样的变化,接着会发芽,然后不断地长出叶子,慢慢地长成一棵树。接着讲到了春天会开出漂亮的粉色的花,还需要蜜蜂去授粉,才能结出我们吃的小苹果。

孩子喜欢发表自己的观点和看法,孩子愿意说出自己的意见,孩子主动表达对待书中角色的态度,爸爸妈妈都要积极给予回应,给孩子机会表达,让孩子转变成为亲子阅读的主导者。如果有一天,当你和孩子打算一起阅读图画书的时候,孩子对你说:"我想要读这本,不想看你拿的那一本。"如果你说:"我觉得大狮子太骄傲了,我不喜欢他。"而孩子对你说:"大狮子其实也挺可爱的,你看他的确比小老鼠强壮啊!"希望你都可以微笑着抱抱孩子,表扬他有自己的想法和主见,鼓励他继续勇敢地思考,大胆地表达自己的看法。

(二) 做个"淡定"的妈妈:鼓励孩子关于图画书的延伸活动

"妈妈,我也想种一棵苹果树! 我想看看书上说的苹果的生长过程到底是不是真的?""我到哪里给你种苹果树? 书上说的当然是真的啦!"你可以这样回复孩子吗? 当然不可以! 如果你这样回应你的孩子,那么他对事物探究的兴趣,他敢于质疑权威的勇气,就被你粗暴地打压下去了。所以,在遇到孩子向你提出一些超出现实生活或者家长能力的要求时,我们该怎么办?

还是淡定一点吧,然后想想办法,看看怎么解决问题。在女儿向笔者提出种一棵苹果树的要求后,笔者想了半天,然后和她商量说:我们住在楼上,没有院子,苹果树怎么种呢？她想了一下说：是啊，但我们家有花盆，种在花盆里可以吗？笔者说：我不知道，你去看看那本图画书，看看是不是可以种在花盆里？经过反复认真地多次阅读，而且是带着问题地阅读，孩子说，小苗苗种在花盆里可以，但是等长大了就不行了。那怎么办？孩子一筹莫展。最后笔者建议说：要不和你们幼儿园商量一下，种到你们幼儿园的果园里去呢？孩子一下子跳了起来，开心地说：对啊对啊，每年春天我们都在植树节种树的！最后的讨论结果是，她把这本图画书带到班级里去，和小朋友们一起阅读，研究清楚苹果如何种、如何护理后，等到春天的时候，就号召全班小朋友一起，买一棵苹果树的树苗，种到幼儿园的果园里。

由这一本书的阅读引发了一个班级小朋友的阅读兴趣，探究兴趣，并且最终在幼儿园里种下了一棵苹果树，由他们日常去护理和观察，去研究一下苹果到底是怎么长大的！虽然等孩子在幼儿园毕业的时候，苹果树还没有结果实，但是，这个小种子已经牢牢地种在了孩子的心田里，并且会不断地发芽长大，最终开出美丽的花！

在孩子的成长过程中，阅读对于孩子整体发展的重要性毋庸置疑，作为成人或者孩子的家长，要做的是如何更好地、科学地为孩子提供支持，使得孩子喜欢阅读，喜欢探究，在长期的阅读过程中不断地提升其自主阅读的能力，向一个成熟的阅读者不断迈进。支持孩子自主阅读能力成长的指导策略主要有三个：一是为孩子创设支持性的阅读环境；二是鼓励阅读过程中针对图画书内容的对话和讨论；三是让孩子成为亲子阅读的发起者和主导人。这三个指导策略，无论从物理环境还是心理环境，无论是阅读的方式还是阅读的行为表现，都对成人或者家长提出了较高的要求。但是无论哪种要求，其实最核心的就是高质量的陪伴！陪伴需要家长在孩子身上花费时间，高质量的陪伴则需要家长除了付出时间之外，还需要思考和动脑，了解自己孩子的需求，了解孩子在阅读发展过程中的优势和不足，再给出有针对性的指导和帮助。我们期待每位家长都能重视孩子自主阅读能力的培养，都能给予孩子高质量的陪伴，相信如果做到了，那么孩子的发展一定可以给我们带来极大的惊喜，并让我们为之而自豪！

第十一章／
提高儿童早期读写能力的指导策略

刘宝根

　　"听说读写"是语言的四种能力，"听、说"是儿童对口头语言的输入和输出，而"读、写"是儿童对书面语言的输入和输出。儿童的早期读写（emergent literacy）是儿童语言能力的重要组成部分，儿童早期读写能力的学习与发展状况，直接影响儿童幼小衔接的顺利与否，更对基础教育阶段中的学业能力发展产生影响。

　　儿童早期读写能力的学习与发展不是自然而然发展的，而是在成人兴趣的激发、环境的营造、有目的的引导、适宜的教学过程中发展起来的。因此，适宜、有效的儿童早期读写能力指导策略，对儿童读写能力发展有着重要意义。在指导过程中，成人首先要澄清有关对早期读写的认识，并在图画书阅读和日常生活中积极促进儿童与文字的互动，发展儿童对读写的兴趣、信心和能力。

第一节 澄清有关早期读写的认识

一、儿童早期读写概念的由来

在 20 世纪 40 年代以前，以美国心理学家格赛尔（Arnold Lucius Gesell）为代表的研究者认为，儿童的发展主要取决于其生理和心理成熟的程度，在儿童的大脑、视觉能力还未发展之前，对儿童开展读写教育是"事倍功半"的。只有等到 6—7 岁，儿童生理发展基本成熟的时候，儿童才能开始真正读写，成人才有可能开始对其进行读写教育。所以在 20 世纪 40 年代以前，在家庭和早期教育机构中，人们并不对儿童开展读写教育。

进入 20 世纪 40 年代以后，行为主义心理学思想逐步在儿童发展理论中占据主导地位，人们认为在儿童接受正式的学校读写教育之前，应帮助儿童做好未来读写所需行为技能上的准备。通过对成人文字阅读所需技能的分析，研究者认为儿童应该在听觉分辨能力、视觉分辨能力、大肌肉动作技能和视觉运动技能四个方面做好准备。在这一时期，人们开发出了许多用来训练儿童这些技能的教玩具，比如著名的蒙台梭利教具中的听觉筒、插座圆柱体、图形嵌板等。

进入 60 年代以后，越来越多的研究者发现，儿童在很早的时候就开始表现出对文字的兴趣，他们在"进入学校前就获得了许多关于语言、阅读和书写方面的知识"，而且儿童的这种读写有着自身的特点和发展规律，是儿童读写能力发展必经的一个阶段和过程，因此越来越多的研究者用"早期读写"（early literacy）来特指儿童早期对文字和书写的知识、态度和技能，这种知识和技能不同于成人在文字阅读和文字书写中所运用到的技能，但又为未来的文字阅读和书写奠定了重要的基础。

在我国，为了将儿童的早期读写与成人的早期读写区分开来，研究者（周兢，2007）采用"前识字"和"前书写"两个概念以特指儿童与文字有关的阅读及书写能力。

（1）"前识字"的内涵

"前识字"是指儿童在接受学校教育之前，获得的有关符号和文字在功能、形式、规则上的意识,并在有意义的生活化情景中初步习得符号与文字的能力。"前识字"主要包括三种核心经验:一是"符号和文字功能意识"的经验;二是"符号和文字形式意识"的经验;三是"符号和文字规则意识"的经验。

（2）"前书写"的内涵

"前书写"是指儿童在采用文字正式书写之前,采用线条、图画、符号、图示、文字等来表达书写内容的一种书写形态。"前书写"主要包括四种核心经验:书写的主动性、书写的内容、书写的形式和书写的姿势。

二、儿童早期读写的独特性

相较于小学阶段或者成人的读写,包括"前识字"和"前书写"的儿童早期读写到底"前"在何处呢?

首先体现为学习目的上的"前"。儿童早期读写活动的目的不是为了去认字、写字,而是为了通过包含文字在内的符号去认识和探索世界,采用包括文字在内的符号、图画等形式表现自己对世界的认识、探索和想象。因此开展早期读写活动,不是去学习认字和写字,而是去发展儿童"前识字"和"前书写"的核心经验,从而帮助儿童奠基成为积极、主动、有效的文字和符号学习者。

其次体现为学习内容上的"前"。早期读写活动中的"前识字"和"前书写"在内容上不是抽象化、脱离儿童生活经验的简单认字和抄写,不是提前学习小学要习得的汉字,也不是要认读所谓常用的 2 500 个汉字,而是与儿童生活密切相关,儿童有着探究兴趣和表达需要的文字、符号、图画等;书写的是儿童自己所思、所想、所经历、所感受的经验、想法和实践等。

同时也体现为学习情境的"前"。儿童"前识字"和"前书写"能力不是通过大容量、枯燥的简单训练如反复跟读汉字、机械汉字抄写等习得的,而是在有意义的生活情境中,在丰富的读写环境中进行的,是在以儿童自主为导向,成人适宜引导的活动中习得的。儿童"前识字"和"前书写"的习得具有随机性和偶然性。

在理解儿童早期读写的特点时,教师和家长要尤其意识到儿童早期读写的独特性是儿童在早期对读写认识和表现的独特方式,应认识到儿童早期读写不是正式读写的简单阶段或低级水平,而是儿童读写能力发展在早期的一种状态,是儿童读写能力发展要经历的一个必经阶段,这个阶段不能跳过,也没有必要人为地、刻意地提速。就像儿童在 5—6 岁期间在书写(尤其书写数字)的时候,往往会出现大量的"镜像书写",这种镜像书写对儿童来说不是一种"错误书写",而是这个阶段儿童书写必然会出现的一种状态,对镜像书写的刻意纠正并不会减少儿童的"镜像书写",也不会让儿童更早地"正确书写",当儿童有着更多的书写经验后,在 6 岁开始,儿童自然就减少了"镜像书写"的现象。

三、树立科学的早期读写观念

在理解儿童早期读写独特性的基础上,我们需要进一步明确以下观念。

(一) 认字≠阅读

许多家长将认字的重要性看得非常高,急切地希望儿童早点识字,并早点认识更多的字,其背后的观念是认为阅读是通过识字来完成的,将识字等同于阅读。

而实际上,文字只是儿童阅读的一种载体,相对于文字材料来说,儿童阅读更重要的载体是图画书(绘本)。通过对图画书(绘本)中图画的关注和理解,结合成人对内容和文字的讲述,儿童获得了对图画书内容的理解,并在这个过程中发展出信息的筛选、理解、整合、运用等理解能力。因此文字阅读并不是儿童在早期最主要的阅读方式。

同时,即使是文字阅读,儿童认识很多的字,也并不等同于儿童就具备了更高的阅读能力。儿童需要将文字内容与上下文的关系进行整合,需要将文字内容的字面含义与具体情境相结合,需要判断文字内容所代表的情感和立场……这样才有可能真正理解文字内容,因此认字只是阅读理解中的一种能力,而不是全部能力。

在儿童早期,教师和家长要关注的是儿童阅读能力的发展,而不只是文字的习得,更不宜将识字等同于阅读。要通过图画书、生活、游戏等情境中的文字、符号、图画等发展儿童的阅读能力。

(二) 写字≠书写

家长对待写字态度上的问题也同样,许多家长会认为只有会写字,会写正确、好看的字才是会书写的,因此将写字等同于书写。

实际上,书写是一个"我以我手写我心"的过程,是一个通过大家能够理解的符号来表达自己的观点、想法、意见的过程,成人通过纸笔、电脑、手机等方式以文字的方式来进行书写,儿童是通过纸笔以符号、文字、图画、图示等方式来进行表达,这两种书写的本质是一样的,当儿童之间对符号、文字、图画和图示的表达有着共同的意义理解的时候,这样的书写符号就具有了意义,就能起到沟通和表达的作用,而在书写的过程中,重要的不是文字写得多么工整、多么规范、多么漂亮,而是儿童是否想要通过书写来表达,是否敢于大胆地通过书写来表达,以及在书写的表达中内容是否丰富、生动,这才是书写的重要要素。我们往往可以看到,在现实生活中,许多成人会写(文)字、会打(文)字,却连一份留言条,一封邀请信等都写不通顺、写不规范。

因此,写字不等于书写,字只是书写符号中的一种,字写得规范、漂亮固然重要,但更重要的是书写的内容本身。

（三）儿童为理解而识字，为运用而书写

有意义、生活化、有需要的学习是儿童学习的重要特点，在儿童读写能力发展的过程中，儿童对文字的识认、文字和符号的书写也是在有意义的情境中，在生活中进行的，是儿童有需要的学习。比如对于识字来说，我们可以发现，儿童首先认识的往往是自己的名字，自己小区或幼儿园的名字，因为这些文字对他（她）来说是有意义的，与他（她）的生活密切相关的；因为知道自己是属"兔"的，所以对"兔"就特别敏感，会将"免"字念成"兔"字；儿童能够很准确地根据成人所念的书名找到自己最喜欢的图画书，能够很快地在超市里面找到自己最喜欢的零食牌子，因为这些对他（她）来说是有意义的；儿童喜欢指着图画书中的文字，"装模作样"但又"像模像样"地读出书中的文字，并不是因为他（她）认识书中所有的文字，而是在理解了图画书中的画面之后，他（她）已经意识到自己所记住的话就是所看到画面的这一页中的文字，所以会很兴奋地读出来。

儿童会很兴奋地在纸上（或其他地方）涂涂画画，然后很兴奋地告诉家长自己的故事，因为这是他（她）的故事、想要说的话。因此只有当这些文字、符号和书写对儿童来说是有意义的时候，是儿童生活中需要运用、可以运用的时候，儿童才会真正地去理解，才能成为儿童真正的知识和能力。所以那种简单、机械、大容量的识字和写字训练，脱离了儿童的生活，缺乏运用的意义，对儿童来说，对文字的识别和书写就变成了一种任务，而且是一种又苦难又无趣的任务，一旦儿童形成了这样的认识，虽然通过训练，他可能会认识一些字、会写一些字的笔画，却丧失了对文字学习的兴趣，丧失了通过文字进行学习和表达的动力，反而得不偿失。

第二节　在图画书阅读中促进儿童早期读写能力的发展

　　儿童早期读写能力是在丰富、有意义的环境中,在生活实践的情境中萌发、发展起来的,因此,要促进儿童早期读写能力发展,不仅要摒弃那种机械、枯燥,以认字为目的枯燥练习和抄写等做法,还要为儿童创设丰富的读写环境,在有意义、生活化的情境中发展儿童的早期读写能力,其中图画书阅读是重要的情境。

　　图画书是儿童早期最适宜的阅读材料,也是儿童早期读写能力发展的重要素材和资源。图画书封面上的文字可以帮助儿童发展文字功能和文字形式的意识,图画书中文字与图画的"互文"关系可以帮助儿童形成文字功能的意识:成人对作品内容的朗读有助于发展儿童文字阅读规则的意识,让儿童意识到文字是从左到右、从上到下来阅读的;在熟悉一本图画书之后,儿童往往会自己朗读一本书,看着就像是在朗读文字,这种现象我们称之为假装阅读。若家长有意识地鼓励儿童续编图画书的故事,根据自身经历,写出自己对图画书故事的看法,则有助于发展儿童的书写能力。具体来说,我们可以从以下几个方面入手,在图画书阅读中更加有意识地渗透儿童早期读写知识和能力的发展。

一、重视对封面的阅读,发展儿童文字功能和文字规则意识

　　图画书的封面蕴含着许多发展儿童前识字核心经验的机会,以《好饿的毛毛虫》为例,在封面中呈现了图画书的标题,作者和画家的名字以及出版社等多个方面的信息,各个部分的文字大小和位置都是不一样的。我们与儿童经常阅读图画书,每次都把最大的那行字念出来,儿童很快就会意识到封面上大大的字表示的是书的名字,从而发展出了文字功能的意识;《好饿的毛毛虫》的封面中,就是一只一眼看过去就能识别的"毛毛虫",因此当家长念到"好饿的……"地方停顿时,儿童很自然就会接过去说出"毛毛虫",他就有机会逐渐意识到题目中最后三个字表示的是毛毛虫的意思,在发展文字功能意识的同时,还能发展出口语语言和文字对应的文字规则意识。

　　同样,在《鳄鱼怕怕牙医怕怕》一书的封面中(图 11 - 1),除了具有上述能够发展

图 11-1　图画书《鳄鱼怕怕牙医怕怕》封面

儿童文字功能意识、文字形式意识和文字规则意识的机会外，在这本书中，"怕怕"两个字在字体上与"鳄鱼"和"牙医"更不同，用类似眼睛的点来书写"怕怕"中的一横，形象地表达除了这个字的意义，能够让儿童通过文字就观察到怕怕的时候的眼部表情，从而理解"怕怕"的含义，加之两个"怕怕"在形式上基本类似，我们家长可以在念完"鳄鱼怕怕牙医……"时，鼓励儿童根据前面的标题猜测并说出后面的"怕怕"二字。通过这种文字形式的对应和比较，不仅可以发展儿童文字形式的意识，还能鼓励儿童猜测文字的意义和读音，从而初步发展出文字阅读的规则意识。

二、争取按照原文读故事，发展儿童的文字功能和文字形式意识

在图画书阅读中，我们建议教师和家长在第一遍阅读的时候争取忠实原文，为儿童朗读书中的文字故事，而不是随便更改图画书中的表达。忠实原文的"读故事"方式，会帮助儿童形成听觉的"书面语言"、图画语言和视觉的"书面语言"（文字）之间的联系，从而知道文字和符号具有特定传递口头语言的功能；文字和符号在形式上有特定的形象，与图画不同，有些文字段落开头的第一个汉字往往会用黑体进行标示，也有助于发展儿童的文字形式意识。

我们建议家长尽量按照原文来朗读图画书，但同时也强调家长要跟儿童一起解读、讨论图画书中的意义，所以在朗读文字前后，家长可以通过提问的方式促进儿童对内容的理解，从而帮助儿童更好地理解朗读文字所要表达的意义。有些图画书中的书面语言可能距离儿童的生活经验比较遥远，如果儿童理解有困难，自然会表现出疑问、困惑的表情或提出问题，此时，家长再加以解释也不为迟，但如果全部都按照家长自己的理解来讲，则会剥夺儿童接触和理解书面语言的机会。

三、讨论图画书中的功能性文字和符号，发展儿童的前识字核心经验

在图画书中，许多作者或者画家都会使用一些功能性文字和符号来辅助画面或文字，这些功能性符号有的是采用思维泡泡的方式，把图画书中角色的对话或想象表现出来。在阅读中，与儿童讨论这些功能性文字或符号，有助于发展儿童的前识字核心经验。

比如图画书《我的妹妹是跟屁虫》讲述的是兄妹二人因为下雨不能出去玩,妹妹以学哥哥说话为乐,兄妹二人"斗智斗勇"的趣事。整本图画书中哥哥和妹妹的情绪变化,乃至语气、语调的变化,不仅通过图画,而且还通过文字形式的变化淋漓尽致地展现出来。如图画书第九页(图11-2)上哥哥说的话"你是只讨厌的跟屁虫","跟屁虫"三个字大而粗,并呈跳跃式排列,结合故事情节的发展和画面表情的观察,就可以判断"跟屁虫"三个字在这里其实是传递了哥哥讨厌妹妹学说话而产生的生气情绪,而用间隔符号表示妹妹一字一顿重复哥哥的话,正是文字"跟屁虫"这种表达形式所要表达的真正含义。在这个时候,我们就可以请儿童学一学哥哥和妹妹的对话,在观察画面的基础上,继续观察文字的变化,从而意识到模仿哥哥的语气重点放在"跟屁虫"上的音调变化,而模仿妹妹则重点放在一字一顿上。在这种讨论中,儿童对文字功能、文字形式和文字规则的意识都有机会得到发展。

图11-2　图画书《我的妹妹是跟屁虫》内页

四、鼓励儿童书写自己的故事,发展儿童的前书写核心经验

在阅读完一本书之后,教师和家长可以鼓励儿童书写自己的故事,包括对这本图画书的喜好和看法,书写自己与图画书中人物相似的经历或经验,记录自己对故事后续发展的想象或自己所编的新故事,以及做一做书中所提到的相似的书写活动。

比如同样在《好饿的毛毛虫》一书的阅读之后,教师和家长可以鼓励儿童回忆一下自己今天吃过的食物、记录一下自己一个星期的菜单;在看完《我爸爸》之后,可以通过画一画、写一写的方式把自己爸爸的形象、工作和感受写下来;看完《蚯蚓的日记》之后,自己也尝试用日记的方式来记录自己的生活。当儿童有机会用书写的形式记录自己的经验、想法、故事的时候,儿童对文字的兴趣、书写的意愿及信心都会进一步增加。

在儿童书写自己的故事后,可以请儿童给教师和家长朗读他书写的故事。在这个过程中,重要的是倾听和欣赏,去倾听和理解儿童书写的内容,理解儿童所使用书写符号的独特方式,鼓励儿童用不同的方法表达自己想法的过程中所做的努力,适当地给予儿童书写的建议和帮助。比如:当儿童要求自己帮忙写某个字的时候,家长可以帮忙写出来;可以用文字在儿童书写的背后或下方记录儿童书写的话语;当儿童遇到困难的时候,鼓励儿童回忆以前的书写经验或提示儿童可以采用的方式。切忌嘲笑儿童书写是"鬼画桃符",甚至担心儿童的书写不正确,让儿童照着自己的示范进行抄写或禁止儿童使用多种书写符号进行书写。

第三节　在生活中促进儿童早期读写能力的发展

当代人类生活在一个文字和符号时刻环绕身边的环境，人们随时随地都在接触文字和符号，使用文字和符号。因此，儿童的生活实践是儿童读写能力发展最广阔的空间和平台，是儿童读写能力发展最有意义、资源最丰富，运用机会最多的情境。家长可积极在生活中从以下几个途径促进儿童读写能力的发展。

一、引导儿童关注生活中的功能性符号和文字

功能性符号和文字是指在生活中常见的，具有指示和表征功能的符号和文字，比如停车场的"P"，医院的红十字标志灯，安全出口的标识等。生活中常见的功能性符号和文字包括三类：名称类、警示类、指示类。名称类的符号和文字通常包括儿童自己的名字，小区、幼儿园和道路的名称，超市商店的名称和 Logo，物品、食品、玩具等的名称，菜单、清单上的名称和价格等。警示类的符号和文字主要包括交通标识（如红绿灯，停车、泊车、禁行、限速标识等），禁止标识（如禁烟地区的禁止吸烟，加油站中严禁烟火和禁止拨打手机，危险地带严禁靠近，水域地区严禁游泳等标识），注意标识（如小心滑倒、当心夹手、小心落物、注意行人等）。指示类的符号和文字主要包括信息提示类的符号和文字（比如加油站、停车场、休息区、洗手间、电梯、餐厅等），用来告诉人们常用的设施所在的方向和位置，还包括进程类的指示符号和文字，比如玩具、家具、电器的安装和操作步骤，地图导航的方向和进程，洗手的步骤等。这些功能性符号和文字极大地便利了人们的生活，也是我们儿童最早接触到的符号和文字，通过关注、理解、阅读这些符号，儿童不仅可以更好地融入现代生活，同时也发展着文字阅读能力。

要引导儿童关注生活中常见的功能性文字和符号，我们家长一方面应该在家庭和生活中给儿童树立一个良好的示范，有着读书看报的习惯，会定期去书店、图书馆阅读和借书，能够与家人、朋友时常讨论阅读内容或相关文字，可以在家中与儿童一起阅读宣传单、广告纸，根据说明书与儿童共同讨论玩具的拼装、电器的操作方法等。另一方面，在生活中有意识地提醒儿童关注这些名称类标识、警示类标识和指

示类标识,比如在开车的时候,让儿童找一找停车标识在哪里;在商场里,当儿童要上洗手间的时候,找找洗手间的标识在哪里;在超市里,根据标识找找不同的商品的位置在哪里;在陌生地方,根据标识找找出口在哪里;会跟儿童讨论不同应急电话(110、119、120 等)的标识和含义……这些活动随时自然地发生在儿童的生活里,与儿童的需求息息相关,借助这些机会的渗透最能激发儿童内在的学习动机,取得良好的读写成效。

二、鼓励儿童在生活中使用符号和文字

在生活中,儿童有许多机会可以使用符号、文字来表达自己的想法,记录自己的经验,书写自己的故事。以下列举了家长在生活中可以鼓励儿童使用符号和文字的活动。

第一,列清单。家庭中要去商场、超市购物的时候,家长可以鼓励儿童帮忙在纸上记录此次要去购买的物品清单,列出物品的名称、数量、品牌甚至价格。在餐馆、饭店吃饭的时候,鼓励儿童阅读菜单,并且记录大家点的菜的名称、分量等。外出旅游、长途旅行的时候,鼓励儿童列出所带物品的清单,并在整理的时候一一进行检核。在列清单的时候,儿童可以采用多种符号来进行书写和记录,只要儿童能够看懂并解释,尤其是能够根据自己所书写的清单去购物、点单、整理物品,家长就不需要进行过多指导。

第二,写信和写留言条。在儿童生日的时候,家长可以鼓励儿童给自己的好朋友写生日邀请信;新年和节日的时候给朋友、老师、长辈写祝福信;给在远方、许久不见的好朋友写思念信;给最喜欢的图画书作者写反馈信;想参加某个活动,从而给活动主办方写申请信;做错了事情,觉得抱歉,给别人写道歉信;给家里的爸爸、妈妈和其他人写便签、留言条……在儿童写信和写留言条的时候,家长可以先跟儿童讨论所要书写的内容,可以给儿童展示信件和留言的规范格式,可以在儿童书写完了后,在儿童书写的下方或背后附上规范书写,但一定不要越俎代庖。

第三,写愿望和列计划。在儿童生日、新学期、新年的时候,家长都可以鼓励儿童列出自己的愿望,期望的生日礼物,期望自己在新学期、新学年获得的能力或品格,期望家里、家人的成长和变化等。当计划做某件事情,如外出旅行,完成某项活动,周末一天活动的安排等,比如旅行中每日行程安排,要去的景点等;一天紧张的活动,先做什么,后做什么;完成某项工作的具体流程如何安排等,这些都可以鼓励儿童事先将计划书写出来。在儿童书写愿望的时候,家长要尊重儿童的意愿和隐私,可以用心愿瓶等方式帮助儿童保存好自己的愿望;与儿童仔细讨论计划,并让儿童明白计划的具体内容,鼓励儿童书写下来,并请儿童在行程中进行监督。

第四，做记录和做笔记。当儿童参加了一次聚会、晚会和活动，当儿童看了一个展览、参观了一家博物馆后，当儿童有了一次愉快的旅行体验后，当儿童度过了一个充实的假期之后，家长可以跟儿童聊一聊这些活动中他最感兴趣、觉得最有意义、最好玩、印象最深刻的人或事，听一听他在这些活动后的体验、感受和想法，然后鼓励儿童记录下这些活动中自己最想记录下来的人物、事件、感受和想法。当儿童读完了一本书，看了一场电影，欣赏完了一个儿童剧后，可以跟儿童讨论这些作品、节目：是否喜欢？喜欢哪个情节？最不喜欢哪个部分？如果你（儿童）是导演，你会怎么安排后面的变化？⋯⋯在和儿童讨论这些内容后，同样可以鼓励儿童把自己的一些想法和感受记录下来，作为自己的阅读笔记、观影笔记。

需要注意的是，儿童在生活中的这些书写首先是在有兴趣、有意愿的基础上进行的，如果儿童未能表现出书写的意愿和兴趣，家长需要做的是积极示范书写，等待和鼓励儿童的书写，而不是强迫儿童书写；在儿童书写前，家长可以和儿童讨论书写的内容，帮助儿童梳理和明确所要书写的内容；在书写的过程中，家长不对儿童书写的内容和形式进行负面的评价；在儿童书写之后，家长可以和儿童一起解读儿童的书写，帮助儿童检查是否遗漏了需要书写的内容，可以在儿童书写的下方或背后转录儿童的书写，可以适时提供一些书写的范例供儿童参考（比如信件的格式，信封的格式等）。

中文部分

1. 阿万纪美子,麦克·格雷涅茨.(2009).爸爸的围巾.蒲蒲兰译.南昌:二十一世纪出版社.

2. 埃尔斯·霍姆伦德·米纳里克,莫里斯·桑达克.(2022).亲爱的小熊(全5册).王林译. 贵阳:贵州人民出版社.

3. 埃尔维·杜莱.(2018).点点点.蒲蒲兰译.南昌:二十一世纪出版社.

4. 艾登·钱伯斯.(2016).说来听听:儿童、阅读与讨论.蔡宜容译.北京:北京联合出版公司.

5. 艾琳·克里斯特洛.(2010).五只小猴子床上蹦蹦跳.任溶溶译.长沙:湖南少年儿童出 版社.

6. 艾玛·戈德霍克,乔纳森·兰伯特.(2012)."聪明宝贝"互动手偶书:小羊兰姆.荣信文化 编译.西安:未来出版社.

7. 艾诺·洛贝尔.(2020).青蛙和蟾蜍(全4册).潘人木,党英台译.济南:明天出版社.

8. 艾瑞·卡尔.(2018).好饿的毛毛虫.郑明进译.济南:明天出版社.

9. 艾瑞·卡尔.(2011).爸爸,我要月亮.林良译.济南:明天出版社.

10. 安东尼·布朗.(2009).隧道.崔维燕译.南昌:二十一世纪出版社.

11. 安东尼·布朗.(2014).余治莹译.我爸爸.石家庄:河北教育出版社.

12. 安东尼·布朗.(2013).余治莹译.我妈妈.石家庄:河北教育出版社.

13. 奥黛莉·潘恩,茹丝·哈波,南西·理克.(2009).魔法亲亲.刘清彦译.济南:明天出版社.

14. 奥黛莉·伍德,唐·伍德.打瞌睡的房子.柯倩华译.上海:少年儿童出版社.

15. 芭贝·柯尔.(2009).我的爸爸真麻烦.曙光译.北京:中国电力出版社.

16. 白嬉娜.(2007).云朵面包.陈艳敏译.上海:上海人民美术出版社.

17. 贝西·艾芙瑞.(2007).生气汤.柯倩华译.济南:明天出版社.

18. 彼得·亨特.(2010).理解儿童文学(第二版).郭建玲,周惠玲,代冬梅译.上海:少年儿童 出版社.

19. 毕翠克丝·波特.(2009).彼得兔的故事.高天航译.哈尔滨:黑龙江美术出版社.

20. 毕翠克丝·波特.(2015).小兔彼得.马爱农译.武汉:长江少年儿童出版社.

21. 波·R·汉伯格,爱娃·艾瑞克松.(2007).我的爸爸叫焦尼.彭懿译.武汉:湖北美术出 版社.

22. 卜佳媚.(2015).拉呀拉呀拉.南京:南京师范大学出版社.

23. 布丽吉特·威宁格,安妮·默勒.(2014).谢谢你,小苹果.喻之晓译.北京:新星出版社.

24. 蔡皋.(2019).三个和尚.北京:教育科学出版社.

25. 曹思敏.(2009).汉语儿童早期自然习得汉字的研究.幼儿教育(36),19—22.

26. 曹思敏.(2010).汉语儿童前识字发展研究.华东师范大学.

27. 曾阳晴,万华国.(2020).妈妈,买绿豆.济南:明天出版社.

28. 车莹.(2015).探究李欧·李奥尼图画书中的自我认同.上海师范大学.

29. 陈会昌,庞丽娟,申继亮,周建达.(1994).中国学前教育百科全书(心理发展卷).沈阳:沈 阳出版社.

30．陈睿睿.(2013).以绘本为媒介实施品格教育的行动研究.南京师范大学.

31．达妮拉·库洛特.(2018).搬过来,搬过去.方素珍译.上海:少年儿童出版社.

32．达妮拉·库洛特.(2018).鳄鱼爱上长颈鹿.方素珍译.上海:少年儿童出版社.

33．大卫·卢卡斯.(2009).爸爸和我.林昕译.武汉:湖北美术出版社.

34．大卫·梅林.(2007).像爸爸一样.林昕译.武汉:湖北美术出版社.

35．大卫·梅林.(2007).像妈妈一样.林昕译.武汉:湖北美术出版社.

36．大西悟.(2005).谁藏起来了.蒲蒲兰译.南昌:二十一世纪出版社.

37．德鲁·戴沃特,奥利弗·杰夫斯.(2014).小蜡笔大罢工.戴美玲译.南宁:接力出版社.

38．邓正祺.(2010).葡萄.济南:明天出版社.

39．迪克·布鲁纳.(2009).米菲住院.阿甲译.北京:人民邮电出版社.

40．朵琳·克罗宁,哈利·布里斯.(2013).蚯蚓的日记.陈宏淑译.济南:明天出版社.

41．法兰克·艾许.(2009).月亮,生日快乐.高明美译.济南:明天出版社.

42．菲比·吉尔曼.(2010).爷爷一定有办法.宋珮译.济南:明天出版社.

43．菲利普·迪马.(2019).农场.李旻谕译.长沙:湖南美术出版社.

44．冯晓杭,张向葵.(2007).自我意识情绪:人类高级情绪.心理科学进展,15(06),878—884.

45．弗雷德里克·斯特赫.(2012).洗澡啦.武娟译.北京:连环画出版社.

46．高晓妹,周兢.(2010).汉语儿童图画书阅读的视觉关注特点研究.幼儿教育(Z3),23—26.

47．高晓妹.(2009).汉语儿童图画书阅读眼动研究.华东师范大学.

48．格雷古瓦·马比尔.(2010).绿扳手.郑迪蔚译.南昌:二十一世纪出版社

49．格扎维埃·德纳.(2012).神奇触摸认知书:农场.荣信文化编译.西安:未来出版社.

50．葛琳.(2015).情绪主题绘本促进大班幼儿情绪管理能力的实践研究.早期教育(教科研版)(1),16—20.

51．宫西达也.(2007).好饿的小蛇.彭懿译.南昌:二十一世纪出版社.

52．宫西达也.(2010).我爱你.蒲蒲兰译.南昌:二十一世纪出版社.

53．韩映虹,梁霄,梁慧娟.(2010).不同阅读方式对5—6岁幼儿阅读效果的影响比较.学前教育研究(09),44—48.

54．郝广才.(2009).好绘本如何好.南昌:二十一世纪出版社.

55．和歌山静子.(2012).我的故事(男生篇).王伦译.北京:北京科学技术出版社.

56．和歌山静子.(2012).我的故事(女生篇).王伦译.北京:北京科学技术出版社.

57．和歌山静子.(2020).两个人的故事.王伦译.北京:北京科学技术出版社.

58．和歌山静子.(2020).喂哎.蒲蒲兰译.北京:新世界出版社.

59．黄人颂.(1985).幼儿园各类游戏的特点和指导方法.幼儿教育(03),10—12.

60．黄缨.(2015).拔呀拔呀拔萝卜.南京:南京师范大学出版社.

61．黄永娴.(2020).浅析游戏化亲子阅读的设计策略.当代教研论丛(08),11—12.

62．火晓英.(2015).小学低年段绘本阅读与自我认知培养的研究.课外语文(16),162—162.

63．吉葡乐,素数花开,安培.(2014).人之初.北京:北京联合出版公司.

64．加达默尔.(1994).哲学解释学.夏镇平,宋建平译.上海:上海译文出版社.

65．贾尼·罗大里,西尔维娅·伯安妮.(2014).需要什么.方卫平编,赵文伟译.合肥:安徽少年儿童出版社.

66．简·R·霍华德,琳内·彻丽.(2010).当我想睡的时候.林芳萍译.石家庄:河北教育出版社.

67．杰罗尼摩·斯蒂顿.(2023).老鼠记者.王建全,邓婷,刘勇,何倩茹,文声译.南昌:二十一世纪出版社.

68．杰兹·阿波罗.(2017).抱抱.上谊编辑部译.济南:明天出版社.

69．金慧慧.(2010).成人陪伴对2—3岁婴幼儿阅读影响的眼动研究.幼儿教育(Z3),27—30+52.

70．金尾惠子.(2013).要跟着来噢.信谊编辑部译.济南:明天出版社.

71．进藤惠子.(2020).是谁留下的痕迹.彭懿译.南宁:接力出版社.

72．九儿.(2021).妹妹的大南瓜.北京:连环画出版社.

73．凯文·汉克斯.(2006).克利桑丝美美菊花.周兢译.上海:少年儿童出版社.

74．凯文·汉克斯.(2020).我的名字克里桑丝美美菊花.周兢译.济南:明天出版社.

75．凯文·亨克斯.(2019).阿文的小毯子.方素珍译.石家庄:河北教育出版社.

76．康立超,兰泽波,韩映虹.(2021).不同阅读方式下图画书重复阅读对4—5岁幼儿文字关注影响的眼动研究.心理与行为研究,19(03),368—374.

77．科尼莉亚·莫德·斯佩尔曼,凯西·帕金森.(2016).我的感觉——我好害怕.黄雪妍译.北京:电子工业出版社.

78．科尼莉亚·莫德·斯佩尔曼,凯西·帕金森.(2016).我的感觉——我想念你.黄雪妍译.北京:电子工业出版社.

79．克莱尔·海伦·韦尔什,阿什林·林赛.(2020).外公会忘了我吗?梁爽译.昆明:晨光出版社.

80．堀内诚一.(2013).血的故事.王维幸译.北京:新星出版社.

81．昆特·布霍茨.(2018).晚安,小熊.王星译.北京:北京联合出版公司.

82．赖马.(2011).我变成一只喷火龙了.石家庄:河北少年儿童出版社.

83．雷蒙·布力格.(2009).雪人.王星译.济南:明天出版社.

84．雷蒙·斯尼奇,乔恩·克拉森.(2014).黑暗.杨玲,彭懿译.贵阳:贵州人民出版社

85．李林慧,周兢,刘宝根,高晓妹.(2011).学前儿童图画故事书阅读理解研究.中国特殊教育(02),90—96.

86．李林慧,周兢,刘宝根,高晓妹.(2017).3—6岁儿童图画书自主阅读的眼动控制研究.中国特殊教育(10),88—96.

87．李林慧.(2011).学前儿童图画故事书阅读理解发展研究.华东师范大学.

88．李欧·李奥尼.(2011).西奥多和会说话的蘑菇.彭懿译.海口:南海出版公司.

89．李欧·李奥尼.(2010).亚历山大和发条老鼠.阿甲译.海口:南海出版公司.

90．李欧·李奥尼.(2011).自己的颜色.阿甲译.海口:南海出版公司.

91．李欧·李奥尼.(2017).鳄鱼哥尼流.阿甲译.海口:南海出版公司.

92．李欧·李奥尼.(2022).蒂科和金翅膀.阿甲译.海口:南海出版公司.

93．李欧·李奥尼.(2011).鱼就是鱼.阿甲译.海口:南海出版公司.

94．李欧·李奥尼.(2008).小蓝和小黄.彭懿译.济南:明天出版社.

95．李欧·李奥尼.(2010).这是我的!阿甲译.海口:南海出版公司.

96．李秀晗,朱启华,曲茜美.(2020).香港儿童的游戏化阅读教学研究:阅读大挑战.图书馆理论与实践(02),121—125.

97．李卓颖.(2106).公主怎么挖鼻屎.济南:明天出版社.

98．李紫蓉,林小杯.(2014).早安晚安.济南:明天出版社.

99．林崇德.(2003).心理学大辞典.上海:上海教育出版社.

100．林良,赵国宗.(2013).妈妈.济南:明天出版社.

101．林明子,松冈享子.(2021).我爱洗澡.彭懿译.海口:南海出版公司.

102．刘宝根,高晓妹.(2013).儿童前阅读核心经验及其发展阶段.幼儿教育(Z4),10—12.

103．刘宝根,李林慧.(2013).早期阅读概念与图画书阅读教学.学前教育研究(07),55—60.

104．刘宝根,周兢,高晓妹,李林慧.(2011).4—6岁幼儿图画书自主阅读过程中文字注视的眼动研究.心理科学,34(01),112—118.

105．刘宝根,周兢,李林慧,高晓妹.(2011).文字是幼儿图画书自主阅读中的关键信息吗?——来自幼儿在文字和主角上注视的眼动比较研究.中国特殊教育(01),80—86.

106．刘宝根,周兢,李林慧,张莉,高晓妹.(2013).文字突显程度对学前儿童图画书阅读中文字注视的影响.心理与行为研究,11(01),90—96.

107．刘宝根.(2011).4—6岁儿童图画书阅读中文字意识发展的眼动研究.华东师范大学.

108．刘宝根.(2013).学前儿童文字意识发展研究述评.幼儿教育(18),41—45.

109．刘宝根.(2013).幼儿"前识字"的核心经验及教育支持策略.幼儿教育(07),10—13.

110．刘宝根.(2018).幼儿学习与发展的核心经验探讨.幼儿教育(27);3—6+18.

111．刘大为.(2001).比喻、近喻与自喻:辞格的认知性研究.上海:上海教育出版社.

112．刘璐.(2014).绘本为主的读书治疗对小学中年级儿童自我概念的影响研究.苏州大学.

113．刘妮娜,王静,韩映虹,徐振平.(2014).自读、伴读和指读对2—3岁幼儿图画书阅读中文字注视的影响.心理发展与教育,30(01),39—45.

114．刘旭恭.(2014).谁的家到了?.济南:明天出版社.

115．柳生弦一郎,加古里子等.(2022).身体有个小秘密.王维秀译.北京:新星出版社.

116．露丝·布朗.(2019).一个黑黑、黑黑的故事.敖德译.石家庄:河北少年儿童出版社.

117．露丝·克劳斯,马克·西蒙特.(2019).快乐的一天.李剑敏译.北京:北京联合出版公司.

118．罗伦·乔尔德.(2006).我绝对绝对不吃番茄.冯臻译.南宁:接力出版社.

119．马场登.(2019).十一只小猫.章斌,张莺莺译.北京:北京联合出版公司.

120．马丁·霍华德,科林·斯廷普森.(2012).不洗手的战争.萧萍,萧晶译.武汉:湖北美术出版社.

121．马丁·韦德尔,芭芭拉·弗斯.(2008).你睡不着吗?.潘人木译.济南:明天出版社.

122．马丁·韦德尔,派克·宾森.(2009).小猫头鹰.林良译.济南:明天出版社.

123．马克斯·维尔修思.(2011).青蛙弗洛格的成长故事(全12册).王俊栋译.长沙:湖南少年儿童出版社.

124．玛格丽特·怀兹·布朗,克雷门·赫德.(2014).晚安月亮.阿甲译.北京:北京联合出版公司.

125．玛格丽特·怀兹·布朗,克雷门·赫德.(2005).逃家小兔.黄迺毓译.上海:少年儿童出版社.

126．玛丽·黛罗斯特,朱莉·诗赫载德.(2013).闻闻大自然的味道.荣信文化译.西安:未来出版社.

127．玛莉·荷·艾斯.(2008).在森林里.赵静译.南昌:二十一世纪出版社.

128．迈克尔·佩皮亚特.(2022).弗朗西斯·培根.李思璟译.长沙:湖南美术出版社.

129．麦克·巴内特,乔恩·克拉森.(2014).穿毛衣的小镇.李韧译.南宁:接力出版社.

130．麦克·格雷涅茨.(2017).月亮的味道.漪然,彭懿译.南昌:二十一世纪出版社.

131．麦克·格雷涅茨,细野绫子.(2006).彩虹色的花.蒲蒲兰译.南昌:二十一世纪出版社.

132．曼罗·里夫,罗伯特·劳森.(2008).爱花的牛.孙敏译.南昌:二十一世纪出版社.

133．米津祐介.(2013).变色龙捉迷藏.信谊编辑部译.济南:明天出版社.

134．米津祐介.(2013).移动的积木.信谊编辑部译.济南:明天出版社.

135．莫里斯·桑达克.(1994).厨房之夜狂想曲.郝广才译.台北:格林文化.

136．莫里斯·桑达克.(2009).野兽出没的地方.阿甲译.济南:明天出版社.

137．莫里斯·桑达克.(2014).野兽国.宋珮译.贵阳:贵州人民出版社.

138．莫里斯·桑达克.(2021).在那遥远的地方.王林译.海口:南海出版公司.

139．莫莉·卞.(2009).菲菲生气了.李坤珊译.石家庄:河北教育出版社.

140．尼古拉斯·艾伦.(2018).小威向前冲.漆仰平译.贵阳:贵州人民出版社.

141．帕斯卡尔·艾德兰,罗伯特·巴尔博里尼.(2012).我们的身体.荣信文化译.西安:未来出版社.

142．佩吉·拉特曼.(2010).晚安,大猩猩.爱心树译.海口:南海出版公司.

143．佩里·诺德曼,梅维丝·雷默.(2008).儿童文学的乐趣(第三版).陈中美译.上海:少年儿童出版社,36—38.

144．佩特·哈群斯.(2017).母鸡萝丝去散步.信谊编辑部译.济南:明天出版社.

145．彭懿.(2006).图画书:阅读与经典.南昌:21世纪出版社.

146．彭懿.(2012).图画书应该这样读.南宁:接力出版社.

147．彭懿.(2016).巴夭人的孩子.济南:明天出版社.

148．七尾纯,守矢琉璃.(2009).拉便便,真舒服.猿渡静子译.海口:南海出版公司.

149．七尾纯,小林真子等.(2020).可爱的身体.小林雅子译.北京:北京联合出版公司.

150．钱文.(2015).3—6岁儿童自我意识及其发展.幼儿教育,13(5),14—16.

151．乔安娜·柯尔,布鲁斯·迪根.(2011).神奇校车:在人体中游览.谢徽译.贵阳:贵州人民出版社.

152．乔安娜·柯尔,布鲁斯·迪根.(2014).神奇校车(套装共20册).施芳译.贵阳:贵州人民出版社.

153．庆子·凯萨兹.(2007).我的幸运一天.吴小红译.南京:江苏少年儿童出版社.

154．庆子·凯萨兹.(2017).小老鼠和大老虎.余丽琼译.南京:江苏少年儿童出版社.

155．琼·穆特.(2007).石头汤.阿甲译.海口:南海出版公司.

156．邱承宗.(2015).池上池下.太原:希望出版社.

157．瑞秋·威廉姆斯,卡诺维斯凯工作室.(2017).点亮自然.陈宇飞译.北京:中信出版社.

158．山本直英,佐藤真纪子.(2012).小鸡鸡的故事.蒲蒲兰译.北京:连环画出版社.

159．山胁恭,秦好史郎.(2008).嗯嗯太郎.周江译.海口:南海出版公司

160．石川浩二.(2009).小船的旅行.蒲蒲兰译.南昌:二十一世纪出版社.

161．斯蒂芬·克拉生.(2012).阅读的力量.李玉梅译,王林审译.乌鲁木齐:新疆青少年出版社.

162．松居直.(2007).幸福的种子:亲子共读图画书.刘涤昭译.南昌:二十一世纪出版社.

163．松居直.(1997).我的图画书论.季颖译.长沙:湖南少年儿童出版社.

164．苏珊·华莱.(2006).獾的礼物.杨玲玲,彭懿译.上海:少年儿童出版社.

165．孙雁.(2012).3—5岁幼儿生活自理能力现状调查及对策研究.河北大学.

166．汤姆牛.(2012).下雨了.北京:北京联合出版公司.

167．特蕾西·莫洛尼.(2007).我不想生气.萧萍译.广州:广州出版社.

168．特蕾西·莫洛尼.(2007).我不要妒忌.萧萍译.广州:广州出版社.

169．特蕾西·莫洛尼.(2007).我不愿悲伤.萧萍译.广州:广州出版社.

170．筒井赖子,林明子.(2014).第一次上街买东西.彭懿译.北京:新星出版社.

171．土屋麻由美,相野谷由起.(2019).乳房的故事.蒲蒲兰译.北京:连环画出版社.

172．歪歪兔关键期早教项目组.(2019).一看就会的思维导图启蒙绘本.北京:海豚出版社.

173．弯弯.(2014).黑米走丢了.济南:明天出版社.

174．万伽·欧尔特,玛努艾拉·欧尔特.(2010).根本就不脏嘛.贾如译.武汉:湖北美术出版社.

175．王津,周兢.(2013).知识类图画书的概念、价值及其阅读指导策略.学前教育研究(05),62—66.

176．王津.(2011).如何指导儿童理解科学知识图画书.幼儿教育(16),8—9.

177．王静,韩映虹.(2016).无字图画书故事理解特点研究.上海教育科研(04),90—93.

178．王敏宁,王继堃.(2021).关于绘本亲子阅读的研究综述.叙事医学,4(03),191—197+205.

179．王秋香.(2012).我的妹妹是跟屁虫.南京:南京师范大学出版社.

180．王早早,罗曦.(2008).快乐是什么.郑州:海燕出版社.

181．五味太郎.(2020).爸爸去哪儿了?猿渡静子译.北京:海豚出版社.

182．五味太郎.(2008).鳄鱼怕怕牙医怕怕.信谊编辑部译.济南:明天出版社.

183．五味太郎.(2014).小牛的春天.猿渡静子译.北京:新星出版社.

184．西卷茅子,神泽利子.(2018).阿立会穿裤子了.米雅译.济南:明天出版社.

185．希亚文·奥拉姆,喜多村惠.(2009).生气的亚瑟.柯倩华译.石家庄:河北教育出版社.

186．夏洛特·米德尔顿.(2012).一颗超级顽固的牙.彭懿译.北京:新星出版社.

187．萧袤,李春苗,张彦红.(2018).西西.郑州:海燕出版社.

188．小西英子.(2020).圆圆的真好吃.小林,小熊译.上海:少年儿童出版社.

189．小野薫.(2018).阿福去散步.信谊编辑部译.济南:明天出版社.

190．谢尔·希尔弗斯坦.(2013).爱心树.傅惟慈译.海口:南海出版公司.

191．信谊.(2016).莲花.南京:南京师范大学出版社.

192．许恩美,权赫道.(2013).跟着妈妈哒哒走.范鲁斯译.南京:南京师范大学出版社.

193．许银实,金东秀.(2007).呱呱坠地.宗黎娟译.北京:电子工业出版社.

194．亚东,麦克小奎.(2015).跑跑镇.济南:明天出版社.

195．岩村和朗.(2018).14只老鼠吃早餐.彭懿译.南宁:接力出版社.

196．岩村和朗.(2018).14只老鼠去春游.彭懿译.南宁:接力出版社.

197．岩井俊雄.(2018).100层的房子.于海洋译.北京:北京科学技术出版社.

198．岩井俊雄.(2018).海底100层的房子.肖潇译.北京:北京科学技术出版社.

199．岩井俊雄.(2018).天空100层的房子.肖潇译.北京:北京科学技术出版社.

200．姚佳.(2014).迟到的理由.济南:明天出版社.

201．伊索,苏珊娜·格里希.(2015).狮子和老鼠.程婉译.南昌:江西教育出版社.

202．礒深雪.(2008).我为什么讨厌吃奶.蒲蒲兰译.南昌:二十一世纪出版社.

203．尤塔·保尔.(2009).大嗓门妈妈.王星译.天津:新蕾出版社.

204．余丽琼,朱成梁.(2014).记事情.济南:明天出版社.

205．鱼改燕、世琳娜.(2012).车轮转转转系列发声书:消防车快快.荣信文化译.西安:未来出版社.

206．袁媛,刘宝根,徐可莉.(2017).近年来我国早期阅读研究的特点和趋势分析:基于2011—2015年学前教育主要期刊论文的内容分析.早期教育(教科研版)(02),22—26.

207．约翰·柏林罕.(2021).迟到大王.党英台译.济南:明天出版社.

208．约翰·伯宁罕.(2008).和甘伯伯去游河.林良译.石家庄:河北教育出版社.

209．约翰·罗科.(2013).停电以后.任溶溶译.贵阳:贵州人民出版社.

210．岳蕾.(2021).情景阅读游戏化教育活动六步曲.儿童与健康(09),27—29.

211．阅享阅美书友会,董肖娴等.(2021).荷花荷花几时开.北京:北京联合出版公司.

212．张莉,周兢,田怡楠,梁人文.(2019).阅读干预:促进学前流动儿童心理弹性发展的有效途径.学前教育研究(12):20—29.

213．长野英子.(2011).鲷鱼妈妈逛商场.蒲蒲兰译.北京:连环画出版社.

214．赵海燕.(2006).我国小学生自我管理能力的培养与研究.东北师范大学.

215．珍妮·威利斯,苏姗·华莱.(2014).床底下的怪物.火棘果子译.石家庄:河北少年儿童出版社.

216．正道薫,大岛妙子.(2023).我家是个动物园.游珮芸译.济南:明天出版社.

217．郑荔.(2014).学前儿童文学.南京:江苏凤凰教育出版社.

218．中川宏贵,长新太.(2020).哭了.蒲蒲兰译.南昌:二十一世纪出版社.

219．中华人民共和国教育部.(2012).3—6岁儿童学习与发展指南.北京:首都师范大学出版社.

220．中江嘉男,上野纪子.(2010).鼠小弟.赵静译.海口:南海出版公司.

221．钟彧.(2013).大纸箱.南京:南京师范大学出版社.

222．周兢,陈思.(2011).建立儿童学习的脑科学交管系统:脑执行功能理论对学前儿童发展与教育的启示.全球教育展望,40(6),28—33.

223．周兢,刘宝根.(2010).汉语儿童从图像到文字的早期阅读与读写发展过程:来自早期阅读眼动及相关研究的初步证据.中国特殊教育(12),64—71.

224．周兢,颜薏芬.(2012).多多什么都爱吃.南京:南京师范大学出版社.

225．周兢.(2005a).论早期阅读教育的几个基本理论问题——兼谈当前国际早期阅读教育的走向.学前教育研究(1),20—23.

226．周兢.（2005b）.在创意阅读中培养儿童的自主阅读能力.幼儿教育(03),14—16.

227．周兢.（2009）.幼儿园早期阅读教育研究的新进展:由汉语儿童早期阅读研究反思早期阅读教育问题.幼儿教育(36),14—18.

228．周兢.（2012）.促进幼儿前书写经验形成的教育支持策略.幼儿教育(34),13—16.

229．周兢.（2013）.促进儿童前阅读核心经验形成的教育活动与指导建议.幼儿教育(Z4),13—15.

230．周兢.（2016）.零岁起步:0—3岁儿童早期阅读与指导.深圳:海天出版社.

231．周兢.（2017）.从阅读到悦读:早期儿童阅读与读写成长之路.东方宝宝(保育与教育)(09),4—7.

232．周兢.（2020）.汉语儿童早期阅读与读写能力发展研究.上海:华东师范大学出版社.

233．周翔.（2013）.你好,点点.南京:南京师范大学出版社.

234．周翔.（2013）.荷花镇的早市.南昌:二十一世纪出版社.

235．茱蒂·巴瑞特,罗恩·巴瑞特.（2020）.动物绝对不应该穿衣服.沙水玲译.上海:上海人民美术出版社.

236．诸佳男.（2010）.基于读书治疗的图画书阅读对儿童情绪智力的影响研究.浙江师范大学.

237．佐野洋子.（2010）.活了一百万次的猫.唐亚明译.南宁:接力出版社.

英文部分

1. Al-Azawi，R.，Al-Faliti，F.，Al-Blushi，M.（2016）.Educational gamification vs. game-based learning:Comparative study. International Journal of Innovation，Management and Technology,7(4),132–136.

2. An，L.，Wang，Y.，& Sun，Y.（2017）.Reading Words or Pictures:Eye Movement Patterns in Adults and Children Differ by Age Group and Receptive Language Ability. Frontiers in Psychology,8,791.

3. Arizpe，E.，& Styles，M.（2003）.Children reading pictures:Interpreting visual texts. London:Routledge/Falmer.

4. Baldwin，C.G.（2015）.Shared book reading using fictional and informational texts:The effects of genre on interactive book reading. Rutgers, The State University of New Jersey-New Brunswick.

5. Beaty，J.J.，& Pratt，L.（2007）.Early literacy in preschool and kindergarten:A multicultural perspective. Pearson Merrill/Prentice Hall.

6. Blair，T.R.，Rupley，W.H.，& Nichols，W.D.（2007）.The effective teacher of reading:Considering the "what" and "how" of instruction. The Reading Teacher,60(5),432–438.

7. Blewitt，P.，Rump，K.，Shealy，S.，& Cook，S.（2009）.Shared Book Reading:When and How Questions Affect Young Children's Word Learning. Journal of Educational Psychology,101(2),294–304.

8. Burns，M.S.，Griffin，P.，& Snow，C.（1999）.Starting out right:a guide to promoting children's reading success. Washington DC:National Academy Press.

9. Dempsey，L.，& Skarakis-Doyle，E.（2019）.Story comprehension in pre-readers:understanding goal structure and generating inferences when a story has competing goals. Early Child Development and Care,189(10),1724–1736.

10. Dennis，L.R.，& Votteler，N.K.（2013）.Preschool Teachers and Children's Emergent Writing:Supporting Diverse Learners. Early Childhood Education Journal,41,439–446.

11. Deshmukh，R.S.，Zucker，T.A.，Tambyraja，S.R.，Pentimonti，J.M.，Bowles，R.

P., & Justice, L. M. (2019). Teachers' use of questions during shared book reading: Relations to child responses. Early Childhood Research Quarterly, 49, 59 – 68.

12. Duke, N. K. (2000). 3.6 minutes per day: The scarcity of informational texts in first grade. Reading Research Quarterly, 35, 202 – 224.

13. Duke, N. K., & Kays, J. (1998). "Can I say 'once upon a time'?" Kindergarten children developing knowledge of information book language. Early Childhood Research Quarterly, 13(2), 295 – 318.

14. Duke, N. K., Bennett-Armistead V. S., and Roberts E. M. (2001). Incorporating informational text in the primary grades. Chapter 3 of "Comprehensive reading instruction across the grade levels: A collection of·papers from the Reading Research".

15. Fein, G. G. (1981). Pretend play in childhood: An integrative review. Child development, 1095 – 1118.

16. Gibbons, G. (1984). Tunnels. New York: Holiday House.

17. Gibbons, G. (2004). The Giant Panda. New York: Holiday House.

18. Grolig, L., Cohrdes, C., Tiffin-Richards, S. P., & Schroeder, S. (2020). Narrative dialogic reading with wordless picture books: A cluster-randomized intervention study. Early Childhood Research Quarterly, 51, 191 – 203.

19. Hamari, J., Koivisto, J., Sarsa, H. (2014). Does gamification work? — a literature review of empirical studies on gamification, 2014 47th Hawaii Internaional Conference on System Sciences, 3025 – 3034.

20. Hong, J., Lee, W. (2019). The Use of Interactive Toys in Children's Pretend Play: An Experience Prototyping Approach. Archives of Design Research, 32(3), 35 – 47.

21. Hughes, B. (2012). Evolutionary Playwork. London: Talor & Francis Group.

22. International Reading Association and National Association for the Education of Young Children. (1998). Learning to read and write: Developmental appropriate practices for young children. The Reading Teacher, 52, 193 – 216.

23. Jacobs, J.S., Morrison, T.G., & Swinyard, W.R. (2000). Reading aloud to students: A national probability study of classroom reading practices of elementary school teachers. Reading Psychology, 21, 171 – 193.

24. Jimenez, S. R., & Saylor, M. M. (2017). Preschoolers' word learning and story comprehension during shared book reading. Cognitive Development, 44, 57 – 68.

25. Kaefer, T., Pinkham, A. M., & Neuman, S. B. (2017). Seeing and knowing: Attention to illustrations during storybook reading and narrative comprehension in 2-year-olds. Infant & Child Development, 26(5).

26. Kalantzis, M., & Cope, B. (2008). Language education and multiliteracies. in May, S. and Hornberger, N.H. (ed). Encyclopedia of Language and Education, 2nd Edition, volume 1: Language Policy and Political Issues in Education. New York: Springer, 195 – 211.

27. Konner M. (2010). The evolution of childhood: relationships, emotion, mind. Harvard University Press.

28. Kostelnik, M., Gregory, K., Soderman, A., & Whiren, A. (2011). Guiding children's social development and learning. Singapore: Gengage Learning Asia Pte. Ltd.

29. Lancaster, L. (2006). Moving into literacy: How it all begins. in Hall, N., Larson, J., & Marsh, J. (ed.). Handbook of Early Childhood Literacy. London: SAGE Publications, 145 – 153.

30. Lane, H.B., & Wright, T. L. (2007). Maximizing the effectiveness of reading aloud. The Reading Teacher, 60(7), 668 – 675.

31. Lane, M. (1981). The squirrel. Illustrated by K. Lilly. New York: The Dial Press.

32. Larkin-Lieffers, P. A. (2011). Finding informational picture books for beginning readers: An ecological study of a median income western Canadian urban neighborhood. A thesis submitted to the faculty of graduate studies and research in partial fulfillment of the requirements for the degree of Doctor of Philosophy. University of Alberta, Fall 2011.

33. Lennox, S. (2013). Interactive read-alouds — An avenue for enhancing children's language for thinking and understanding: A review of recent research. Early Childhood Education Journal, 41(5),381 – 389.

34. Leonard, M. A., Lorch, E. P., Milich, R., & Hagans, N. (2009). Parent — Child Joint Picture-Book Reading Among Children With ADHD. Journal of Attention Disorders, 12(4),361 – 371.

35. Leung, C. B. (2008). Preschoolers' acquisition of scientific vocabulary through repeated read-aloud events, retellings, and hands-on Science Activities. Reading Psychology, 29 (2):165 – 193.

36. Lever, R., & Sénéchal, M. (2011). Discussing stories: On how a dialogic reading intervention improves kindergartners' oral narrative construction. Journal of experimental child psychology, 108(1),1 – 24.

37. Lewis, D. (2001). Picturing text: The contemporary children's picturebook. London: Routledge/Falmer.

38. Li, X., Mok, S. W. Cheng, Y. Y. & Chu, S. K. (2008). An examination of a gamified E-quiz system in fostering students' reading habit, interest and ability. Proceedings of the Association for Information Science and Technology, 55(1),290 – 299.

39. Liao, C.-N., Chang, K.-E., Huang, Y.-C., & Sung, Y.-T. (2020). Electronic storybook design, kindergartners' visual attention, and print awareness: An eye-tracking investigation. Computers & Education, 144,103 – 703.

40. Marantz, K. (1977). The picture book as an art object: A call for balanced reviewing. Wilson Library Bulletin, October, 148 – 151.

41. McFadden, D., Train, K.. (2000). Mixed MNL models for discrete response. Journal of Applied Econometrics, 15(3),447 – 470.

42. McGee, L. M., & Schickedanz, J. A. (2007). Repeated interactive read-alouds in preschool and kindergarten. The Reading Teacher, 60(8),742 – 751.

43. McNamara, D. S., & Magliano, J. (2009). Chapter 9 Toward a Comprehensive Model of Comprehension. Psychology of Learning and Motivation, 297 – 384.

44. Neuman, S. B., & Dwyer, J. (2009). Missing in action: Vocabulary instruction in pre-K. The reading teacher, 62(5),384 – 392.

45. Nikolajeva, M., & Scott, C. (2000). The dynamics of picturebook communication. Children's Literature in Education, 31(4),225 – 239.

46. Pan, B. A. (2002). Basic measures of child language. In Handbook of research in language development using CHILDES. Hillsdale, NJ, US: Lawrence Erlbaum Associates, Inc., 26 – 29.

47. Pappas, C. C. (1986). Exploring the global structure of "information books". Paper presented at the Annual Meeting of the National Reading Conference (36th, Austin, TX, December 2 – 6,1986).

48. Pappas, C. C. (1991). Young children's strategies in learning the "book language" of information books. Discourse Processes, 14,203 – 225.

49. Paris, A. H., Paris S. G. (2003). Assessing Narrative Comprehension in Young

Children. Reading Research Quarterly, 38(1),36 - 76.

50. Partridge, H.A. (2004). Helping parents make the most of shared book reading. Early Childhood Education Journal, 32(1), 25 - 30.

51. Pentimonti, J. M., Justice, L. M. (2010). Teachers' Use of Scaffolding Strategies During Read Alouds in the Preschool Classroom. Early Childhood Education Journal, 37,241.

52. Pressley, M., Rankin, J., & Yokoi, L. (1996). A survey of instructional practices of primary teachers nominated as effective in promoting literacy. The Elementary School Journal, 96,363 - 384.

53. Robbins, C., & Ehri, L.C. (1994). Reading Storybooks to Kindergartners Helps Them Learn New Vocabulary Words. Journal of Educational Psychology, 86(1),54 - 64.

54. Roche, M. (2014). Developing children's critical thinking through picturebooks: A guide for primary and early years students and teachers. Routledge.

55. Shonkoff, J.P., & Phillips, D.A. (2000). From neurons to neighborhoods: The science of early childhood development. National Academies Press.

56. Skibbe, L. E., Thompson, J. L., & Plavnick, J. B. (2018). Preschoolers' Visual Attention during Electronic Storybook Reading as Related to Different Types of Textual Supports. Early Childhood Education Journal, 46(4),419 - 426.

57. Sutton-Smith, B.S. (1997). The ambiguity of play. Cambridge: Havard University Press.

58. Van den Broek, D., Bloemberg, G. V., & Lugtenberg, B. (2005). The role of phenotypic variation in rhizosphere Pseudomonas bacteria. Environmental Microbiology, 7(11),1686 - 1697.

59. Whitehurst, G.J., Falco, F.L., Lonigan, C.J., Fischel, J.E., DeBaryshe, B.D., Valdez-Menchaca, M.C., & Caulfield, M. (1988). Accelerating language development through picture book reading. Developmental psychology, 24(4),552.

60. Zevenbergen, A.A., & Whitehurst, G.J. (2003). Dialogic reading: A shared picture book reading intervention for preschoolers. In Van Kleeck, A., Stahl, S.A. & Bauer E.B. On reading books to children: Parents and teachers. Mahwah, NJ: Lawrence Eribaum, 177 - 200.